TRAITÉ

DE LA

GRANDE VOIRIE

ET DE LA VOIRIE

DES

VILLES, BOURGS ET VILLAGES,

par

M. J.-L. GILLON, DÉPUTÉ,

M. STOURM, AVOCAT A LA COUR ROYALE.

PARIS,

P. DUPONT ET Cie,
Rue de Grenelle-Saint-Honoré, n. 55.

MOUTARDIER,
Rue des Grands-Augustins, n. 25.

1836.

TRAITÉ

DE LA

GRANDE VOIRIE

ET DE LA VOIRIE

DES

VILLES, BOURGS ET VILLAGES.

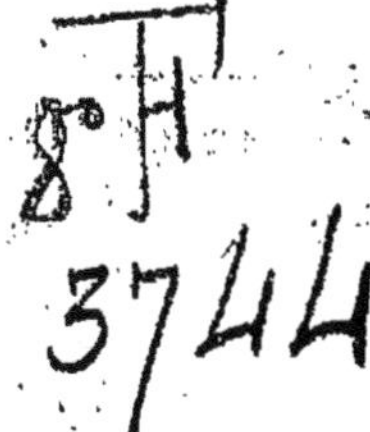

.PARIS, IMPRIMERIE DE PAUL DUPONT ET Cie
Rue de Grenelle-St-Honoré, 55.

TRAITÉ

DE LA

GRANDE VOIRIE

ET DE LA VOIRIE

DES

VILLES, BOURGS ET VILLAGES,

par

M. J.-L. GILLON, DÉPUTÉ,

M. STOURM, AVOCAT A LA COUR ROYALE

PARIS,

P. DUPONT ET Cⁱᵉ,   MOUTARDIER,
Rue de Grenelle-Saint-Honoré, n° 55.   Rue des Grands-Augustins, n° 25.

1836.

INTRODUCTION.

La voirie a pour objet immédiat l'établissement, la confection, la conservation, l'entretien, la direction et l'alignement, de toutes les voies ou communications publiques.

Son but, que ce nom si vulgaire de *voirie* ne révèle cependant pas à beaucoup d'esprits, s'élève aux conséquences les plus importantes. C'est la prospérité du commerce, la richesse de l'agriculture, la sûreté de l'état, la santé publique, l'éducation et la civilisation des peuples, la liberté enfin. C'est la voirie qui ouvre de nouveaux débouchés aux marchandises, qui facilite la marche des troupes, le transport des denrées et des approvisionnements, qui établit des relations entre les citoyens et entre les nations, qui porte les fruits de l'intelligence jusque dans les lieux les plus reculés, et révèle à l'homme sa puissance et sa dignité. « Labourez les routes, disait M. Royer-Collard à un gouvernement qui voulait détruire la liberté; car tant qu'il existera entre les citoyens des moyens de commu-

nication, ils se concerteront pour résister à l'oppres-
sion. » Ouvrez des routes, dirons-nous à notre tour
à l'administration , entretenez celles qui existent en
bon état de viabilité; vous prouverez ainsi que vous
ne redoutez pas la liberté, et que l'esprit de progrès
doit trouver en vous appui et faveur.

Le premier devoir d'un gouvernement est de diriger la société vers la plus grande prospérité possible, non pas seulement pour satisfaire des intérêts
matériels, mais aussi dans le but plus noble de développer la moralité nationale. Arrivés à un état de
civilisation avancée, ce n'est que dans le bien-être
que les hommes peuvent trouver la liberté d'esprit
nécessaire pour user de toutes les forces de leur intelligence, s'élever à la dignité de l'indépendance,
s'instruire de leurs devoirs, se pénétrer de leurs
droits, en réclamer l'exercice, et repousser les atteintes qui seraient portées à l'estime qu'il leur est
permis d'avoir d'eux-mêmes, soit comme hommes
soit comme citoyens.

La prospérité tient principalement au perfection-
nement des voies de communication. Le gouvernement semble avoir pris à tâche d'apporter dans cette
partie du service public de grandes améliorations;
Dieu veuille qu'il soit animé d'un esprit de persé-
vérance! Combien de départements, dans l'intérieur
de la France. sont séparés du reste du pays par
des barrières à peu près infranchissables! Étrangers

au progrès de notre civilisation et aux produits de nos manufactures, rien n'y arrive et rien n'en sort. C'est en vain que leurs terres sont fertiles; ils ne leur demandent que le peu de nourriture dont ils ont besoin. Ils ont des forêts qui dépérissent sur pied, des mines et des carrières qui restent ignorées. Dans les départements mêmes qui semblent plus favorisés, à combien de frais inutiles sont soumises les exploitations, par la difficulté des transports et le mauvais état des chemins!

Depuis long-temps les divers gouvernements qui se sont succédé en France ont porté leur attention sur le mal que nous venons de signaler, et ont fait de nombreux efforts pour y remédier. Efforts presque toujours impuissants! Il en devait être ainsi. Les gouvernements, dans ce qu'ils ont fait pour la voirie, n'ont guère été dirigés jusqu'à présent que par une seule vue d'intérêts matériels. On calculait les dépenses d'une route; on mettait en regard les produits; et comme les produits actuels étaient inférieurs à la dépense, la route était abandonnée pour des travaux de luxe ou des monuments qui avaient le très grand avantage de procurer des jouissances immédiates et de provoquer l'admiration de la bourgeoisie de quelques villes privilégiées. Les intérêts matériels, d'ailleurs, dont on s'occupait exclusivement, étaient souvent en opposition avec les intérêts de quelques grands propriétaires, égoïstes par ignorance. Dans

ce conflit d'intérêts de même nature, les gouvernements se prononçaient pour les grands propriétaires, dont ils croyaient recevoir en force et en splen-
deur ce qu'ils leur donnaient en complaisance.

Ainsi s'évanouissaient les projets les mieux conçus ; ainsi restaient sans exécution des lois bienfai-
santes. Il en sera de même tant que les bénéfices
purement matériels et les convenances de la grande
propriété seront seuls pris en considération. Les
gouvernements ne trouveront de force pour faire un
bien réel et durable que lorsque leurs désirs d'amélioration se porteront sur les classes les plus nombreuses, sur le peuple en général, et que les développements de l'intelligence, ainsi que les progrès
de la moralité nationale, deviendront leur mobile le
plus puissant. Les voies de communication appa-
raîtront alors sous un jour nouveau. On calculera
bien plus les bienfaits de la civilisation qu'elles doivent apporter au sein des populations ignorantes,
que les produits en argent qui doivent en ressor-
tir. On reconnaîtra que les pierres placées sur un
grand chemin reçoivent un emploi non moins utile
pour la véritable dignité du pays que lorsqu'elles
sont élevées en arc de triomphe ou en châteaux de
plaisance.

On trouvera enfin dans les inspirations du bien
public la force de vaincre les obstacles et de réduire
au silence l'opposition des intérêts particuliers.

C'est ce que n'a pu faire l'ancien régime, où l'utilité publique était toujours subordonnée à l'utilité du trône, et surtout à celle de l'aristocratie. Nous n'en citerons qu'une preuve : un édit du mois de février 1776 supprima la corvée pour la réparation des routes. Cet impôt était d'autant plus odieux, qu'il était inefficace et laissait tous les chemins du royaume dans un état déplorable. Les privilégiés et les parlements se révoltèrent. Il fut nécessaire de recourir à un lit de justice pour l'enregistrement forcé de l'édit. Mais bientôt les réclamations devinrent tellement vives, que le roi fut contraint, par une déclaration du 11 août suivant, de rétablir provisoirement la corvée et de supprimer la prestation en argent qui l'avait remplacée. La prestation en argent devait être payée par les propriétaires : tel était le motif des plaintes violentes qui s'élevèrent contre l'édit de février.

La bonne volonté cependant ne manquait point alors de la part des administrateurs, à en juger par le nombre de lois et d'édits qui furent rendus en matière de voirie ; mais on sentait tellement le vice des institutions, que l'on crut nécessaire, pour assurer l'exécution de ces lois et de ces édits, de les placer sous la protection d'un grand seigneur. On créa donc, en 1559, une charge de grand-voyer, qui devint une des premières dignités de l'état. Sully en fut revêtu. Malgré cette haute illustration, la voirie n'y gagna que peu de chose. Les fonctions du grand-voyer, mal définies, donnèrent lieu à de nombreux conflits entre lui et les juridictions antérieures, qui avaient conservé la plus grande partie de leurs attributions. Les collisions devinrent tellement vives que, par un édit de 1626, le roi fut forcé de supprimer la charge de grand-voyer et d'en réunir les fonctions à celles des présidents-trésoriers-généraux de France, chacun pour le ressort de sa généralité. Les trésoriers de France exerçaient, depuis plusieurs siècles, une sorte de magistrature, instituée, dans le principe, pour l'administration du trésor des rois de France. Plus tard, ils avaient été chargés, par divers édits, notamment ceux des mois d'octobre 1489, octobre 1508 et janvier 1551, de visiter les chemins publics et de veiller à leur entretien et à leur conservation. Ils formaient, dans chaque généralité, une juridiction nommée *bureau des finances*. Leurs fonctions consistaient dans le pouvoir d'ordonner et de faire exécuter les travaux des ponts-et-chaussées, et de prononcer sur les difficultés qui s'élevaient à l'occasion de ces travaux. Pour cette partie de leur juridiction, ils relevaient du conseil-d'état. Ils relevaient des parlements pour la partie de juridiction en vertu de laquelle ils avaient le droit de juger en première instance les contraventions relatives à la voirie. Après la suppression de la charge de grand-voyer, les attributions des trésoriers de France furent confirmées dans un grand nombre d'édits, lettres-patentes, ordonnances, qui leur remirent le soin de faire exécuter toutes les lois touchant la voirie. Cet état de choses dura jusqu'en 1789, où la conservation des chemins, la direction et l'exécution des travaux pour la confection des routes, canaux et autres ouvrages publics, furent confiées aux administrations départementales. Les lois des 16-24 août 1790 et 14 octobre suivant, firent ensuite la distinction de la grande et de la petite voirie, telle qu'elle existe encore aujourd'hui, et placèrent la dernière dans les attributions de l'autorité municipale. Ces deux lois forment la base de tout notre édifice législatif en matière de voirie; mais elles ne renferment que des principes généraux, que les lois postérieures n'ont développés que d'une manière très imparfaite; de sorte que, dans le plus grand nombre des cas, on est obligé d'avoir recours aux anciens édits dont l'autorité a été maintenue par la loi du 19-22 juillet 1791.

Sous l'ancien régime, la *grande voirie* comprenait non-seulement les routes royales, mais aussi les chemins des communes et toutes les rues des villes, bourgs et villages, qu'elles fussent ou non la prolongation des routes royales ou des chemins ordinaires.

On entendait par *petite voirie* l'exercice des droits de police qui consistaient dans la conservation de ces routes, chemins et rues, et à empêcher leur détérioration, leur encombrement, ou leur rétrécissement. De là résultait pour les agents de la petite voirie la mission principale de permettre ou de défendre de placer des auvents, de planter des bornes, de suspendre des enseignes, de poser des devantures de boutiques, des étalages et autres choses semblables.

On voit que la distinction entre la grande et la petite voirie était fondée sur la nature des attributions et non pas sur la nature des voies publiques, qui toutes faisaient partie de la grande voirie; la police seule étant comprise dans la petite. C'est précisément aujourd'hui le contraire.

La grande et la petite voirie puisent principalement leur distinction dans la nature des voies publiques, dont il a été fait deux classes, les unes appartenant à la grande, les autres à la petite voirie. Les routes royales et départementales, ainsi que les rues des villes, bourgs et villages qui en sont la prolongation, forment la première classe, dans laquelle sont comprises aussi les rivières navigables ou flottables, et les canaux qui en sont la dérivation. Ces diverses voies de communication appartiennent à l'état, et sont en général à la charge du trésor public, sauf les contributions des individus, des communes, des arrondissements ou des départements, en raison des avantages particuliers qu'ils en retirent. (Carré. *De la compétence.*)

Dans la seconde classe on renferme les chemins

vicinaux ou communaux, les rues des villes, bourgs et villages qui ne font pas suite à des grandes routes, et les cours d'eau non navigables ni flottables, quoique ces derniers ne puissent pas être considérés comme des voies de communication, et n'appartiennent par conséquent que fort indirectement à la voirie. Les rues et chemins de la seconde classe sont à la charge des communes, sauf les contributions des particuliers.

C'est donc la différence de nature des voies publiques qui constitue la distinction de grande et petite voirie et non pas la différence d'attributions : car les attributions des officiers de la petite voirie sur les chemins qui font partie de leur juridiction sont, à peu de chose près, les mêmes que celles des officiers de la grande voirie sur les grandes routes.

On voit par là que les mots de grande et de petite voirie n'expriment plus aujourd'hui les mêmes idées qu'autrefois. La petite voirie n'est plus réduite à des droits de police, de surveillance et de conservation. Elle est chargée, comme la grande, de la confection, de l'entretien, de la direction et de l'alignement de celles des voies publiques qui sont soumises à son autorité.

Mais au dessus de la grande et de la petite voirie plane l'autorité du roi, qui résume en lui les attributions les plus relevées des deux voiries et conserve le caractère de grand-voyer du royaume. C'est à lui qu'il

appartient, sur le rapport du ministre du commerce
et des travaux publics, d'arrêter en conseil d'état les
plans généraux d'alignement des villes; de faire la
classification des routes, de déterminer les rues qui,
dans l'intérieur des villes, font partie des routes royales ou départementales qui les traversent; d'autoriser et de régler l'ouverture et la largeur des nouvelles rues dans les villes. (Cormenin, *Droit administratif*, page 624.) C'est à lui qu'il appartient, également d'autoriser et de régler l'ouverture et la largeur des nouvelles routes. Ce dernier droit a été li-
mité par la loi du 7 juillet 1833, art. 3, qui dispose
qu'une loi sera nécessaire pour autoriser l'exécution
des routes, canaux et chemins de fer, et ne permet
au roi d'accorder, par ordonnance, cette autorisation que lorsqu'il s'agit de routes, canaux et chemins
de fer d'embranchement de moins de vingt mille mètres de longueur. Ainsi l'office de grand-voyer est aujourd'hui partagé entre le roi et le pouvoir législatif.
Ce partage ressort des principes sur lesquels repose
le gouvernement représentatif, qui ne permettent
une application de subsides à la confection des travaux publics qu'autant qu'elle a été votée par les
chambres.

La voirie, qui se divise en grande et petite voirie,
se subdivise en voirie urbaine et voirie rurale.

La voirie urbaine comprend tout ce qui concerne
les voies de communication dans l'intérieur des villes;

la voirie rurale comprend tout ce qui concerne les mêmes voies de communication dans les bourgs et villages et dans les campagnes.

Outre l'action de la voirie, les voies publiques sont soumises à l'action de la police. La voirie confectionne les routes et les rues, les conserve, les répare, les aligne; la police y maintient l'ordre, la propreté, la salubrité, la sûreté et la commodité de la circulation. La voirie et la police sont donc deux choses différentes. Cependant elles ont été toujours confondues, et de cette confusion est résulté un grand nombre d'embarras. La confusion remonte à l'ancienne législation, qui appelait grande voirie, ainsi que nous l'avons vu ci-dessus, la voirie proprement dite, et petite voirie tout ce qui appartient à la police. Ces qualifications ainsi entendues présentaient à l'esprit un sens défini. On savait que, lorsqu'on disait petite voirie, cela ne voulait dire que police. Mais aujourd'hui que la petite voirie renferme, comme son objet principal, le droit de confectionner, de réparer, de redresser et d'aligner, les voies publiques qui ne sont pas grandes routes, comment peut-on encore comprendre *la police* sous le terme de petite voirie? Quelle idée peut présenter à l'esprit une expression qui s'applique à deux choses aussi distinctes? Ainsi l'on répète chaque jour que le préfet de police exerce sur les rues de Paris les droits de la petite voirie; que les maires des villes exercent les mêmes droits

sur les rues qui sont la prolongation des grandes routes. Cela veut-il dire que le préfet de police et les
maires aient le droit de faire réparer, redresser,
aligner, l'un les rues de Paris, et les autres les rues
qui forment le prolongement des grandes routes?
Nullement. Cela ne signifie autre chose si ce n'est
que le préfet de police et les maires exercent les
droits de la police sur les rues dont il s'agit; car les
droits de la voirie sur ces rues sont confiés exclusivement aux préfets du département. Alors, pour rendre son idée, on est obligé d'expliquer que les droits
de petite voirie dont on parle ne sont pas les droits
de petite voirie proprement dite, mais seulement les
droits de police. Pourquoi ne pas dire tout simplement *les droits de police.* On éviterait ainsi des cir-
conlocutions fatiguantes et surtout des erreurs très-
préjudiciables à la prompte expédition des affaires
et quelquefois même à la fortune du citoyen.

Les administrés, auxquels on n'a cessé de répéter
que le préfet de police à Paris, et les maires dans
les autres villes, exercent les droits de la petite voirie sur toutes les rues de leur juridiction, ne pouvant supposer qu'une expression légale doive recevoir une double signification, s'adressent à ces magistrats pour obtenir des alignements et des permissions de bâtir ou de réparer sur des rues qui dépendent de la grande voirie. Leur démarche est inutile;
et, après une perte de temps plus ou moins longue,

on les renvoie a l'autorité compétente. Il y a plus : c'est que les administrateurs eux-mêmes, et jusqu'au gouvernement, se laissent tromper par cette expression inexacte de petite voirie appliquée aux rues qui dépendent de la grande voirie. Les préfets de police et les maires ont cru fréquemment avoir des attributions de *voyers* à remplir sur ces rues, où ils n'avaient que des attributions de police; et, pensant que le mot de petite voirie avait quelque valeur, ils se sont mis en conflit avec l'autorité des préfets. On a vu aussi le gouvernement accorder au préfet de police des droits sur les constructions faisant saillie sur la voie publique, qui évidemment ne dépendent pas de la police et ont été soustraites à l'autorité du préfet de la Seine fort mal à propos et au grand préjudice de l'unité de l'administration.

Nous reviendrons encore sur cet objet dans le cours de cet ouvrage et dans notre Traité sur la voirie de Paris.

Mais dès ce moment nous avons cru qu'il était nécessaire de séparer bien nettement la voirie de la police, et de repousser une confusion qui amenait ce résultat tout au moins extraordinaire : c'est qu'une même rue se trouvant soumise, tout à la fois, à la grande et à la petite voirie, semblait être en même temps une grande route et une voie communale, et paraissait dépendre, pour les mêmes objets, de deux autorités différentes.

D'après ce que nous avons dit plus haut, il est facile de juger qu'il n'existe pas sur la voirie un corps complet de dispositions législatives. Les règles auxquelles cette matière si importante est soumise sont éparses dans les recueils immenses qui renferment les monuments de notre législation ancienne et moderne. Ces règles, rendues à des époques diverses, et sous des influences différentes, ne procèdent point du même esprit et contiennent souvent des contradictions difficiles à concilier. Le Conseil d'état et la cour de cassation ont été appelés à résoudre de nombreuses difficultés que présentait l'application de cette législation incohérente. Leurs décisions, qui portent la lumière sur une foule de points obscurs, ont créé cependant un autre genre d'embarras, en multipliant à l'infini le nombre des volumes à consulter. Le principal but de notre travail a été de réunir en un corps de doctrines, et surtout de classer d'une manière méthodique tous les lambeaux disséminés qui constituent les règles en matière de voirie.

DE LA VOIRIE.

La voirie comprend les règles propres à l'établissement, à la conservation, à l'entretien et à la police de toutes les voies de communication.

Les voies de communication se divisent en routes royales et départementales, en chemins vicinaux et chemins de déblave, qui répondent à la division adoptée par les Romains, qui reconnaissaient trois espèces de chemins : *vias publicas*, qu'ils subdivisaient en *regales*, *militares*, *consulares*, qui conduisaient de ville à ville, à la mer, aux ports des fleuves et rivières navigables ou dans une autre voie royale ; *vias vicinales*, *quæ in vicos ducebant*, qui conduisaient d'un village à un autre ; *vias privatas*, *quas agrarias quidam appellabant*, les chemins de déblave, qui étaient consacrés à l'exploitation de certains héritages.

Les routes royales et départementales font partie de la grande voirie ; les chemins vicinaux et chemins de déblave, ou chemins agraires, font partie de la petite voirie.

La grande voirie comprend en outre les cours d'eau navigables et flottables, et les rues des villes, bourgs et villages, qui sont le prolongement des routes royales ou départementales.

Les autres rues appartiennent à la petite voirie.

L'établissement, l'entretien, la réparation et la police de ces rues, forment une des parties les plus importantes de la petite voirie. On la désigne sous le nom de voirie urbaine; de sorte que la petite voirie se distingue en voirie urbaine et voirie vicinale.

On distingue, en outre de la grande et de la petite voirie, la voirie de Paris, qui tient pour ainsi dire le milieu entre l'une et l'autre, et participe des règles qui leur sont propres.

Dans ce volume, nous traiterons de la grande voirie et de la voirie urbaine.

La voirie de Paris, en raison de son importance, formera un volume particulier.

Dans un autre volume, nous renfermerons ce qui concerne la voirie vicinale ou rurale et les cours d'eau.

Quoiqu une partie des cours d'eau appartiennent à la grande voirie, nous n'en dirons que peu de chose dans ce volume, afin de réunir sous un même titre toutes les règles relatives aux cours d'eau navigables et flottables et à ceux qui ne le sont pas : on y trouvera l'avantage de pouvoir ainsi embrasser l'ensemble d'une législation dont plusieurs dispositions sont communes aux cours d'eau de toute nature.

TITRE PREMIER.

DE LA GRANDE VOIRIE

1. La grande voirie est la partie de l'administration publique qui comprend la création, la conservation et la police des grandes routes.

Le roi, comme chef suprême de l'état, et exerçant la puissance exécutive, fait les règlements et ordonnances nécessaires pour assurer l'exécution des lois sur cette matière. Le ministre des travaux publics veille à l'observation de ces règlements et ordonnances. Les préfets sont chargés d'en faire l'application dans les départements.

L'administration centrale des ponts-et-chaussées, créée par le décret du 19 janvier 1791, n'a qu'un simple pouvoir d'instruction ; le conseil d'état a reconnu, dans plusieurs circonstances, qu'elle n'a pas de juridiction particulière : ainsi elle prépare des décisions, mais elle n'en rend pas.

2. Les anciens règlements sur la grande voirie, ont été confirmés provisoirement par la loi du 19-22 juillet 1791 ; ils continuent à être observés autant qu'ils ne sont pas contraires aux principes de la législation actuelle. Voir le n° 337, art. 471, n° 15, note *l*.

Avant d'exposer en quoi consiste l'administration en matière de grande voirie, nous avons trois choses à considérer : la *classification*, la *propriété* et l'*inaliénabilité* des grandes routes.

CHAPITRE PREMIER.

DE LA CLASSIFICATION DES ROUTES.

3. Les grandes routes du royaume sont divisées en routes *royales* et routes *départementales*. (Décret du 16 décembre 1811, art. 1er.) Les routes royales sont celles qui, parcourant des lignes d'une vaste étendue, ouvrent des communications d'un intérêt général; les routes départementales sont destinées à faciliter le mouvement de la circulation dans l'intérieur d'un seul département ou entre deux départements voisins.

Il y a trois classes de routes royales. (Décret du 16 décembre 1811, art. 2.) Celles de la 1re classe conduisent de la capitale aux frontières ou aux villes maritimes d'une grande importance; celles de la 2e se dirigent également de la capitale vers les frontières ou vers les côtes, mais aboutissent à des lieux moins considérables; enfin, celles de la 3e classe assurent les communications des provinces sans remplir les mêmes conditions, c'est-à-dire sans partir de la capitale pour arriver aux frontières.

Il n'y a qu'une seule classe de routes départementales.

La classification des routes royales a été réglée par le décret du 16 décembre 1811; celle des routes départementales l'a été par le décret du 7 janvier 1813. On y a compris les anciennes routes de 3e classe, qui avaient été rejetées de la nouvelle classification des routes royales (Décret du 16 décembre 1811, art. 3.) ; et les chemins vicinaux, que, dans leur session de 1812, les conseils-généraux, procédant en vertu de l'art. 13 du même décret, avaient jugés assez importants pour faire partie du système des routes départementales.

4. Pendant un grand nombre d'années, un règlement d'administration publique a été regardé comme suffisant pour faire passer une route départementale dans la classe des routes royales. Aussi, les classements prononcés depuis le décret du 16 décembre 1811, jusqu'à l'année 1832, l'ont-ils été par des ordonnances. Aujourd'hui une loi est nécessaire, soit pour autoriser l'inscription d'une route déjà ouverte sur le tableau des routes royales (Loi du 21 avril art. 10), soit pour ordonner la construction d'une nouvelle route aux frais de l'état. (Loi du 7 juillet, 1833, art. 2.) Cette loi doit indiquer la classe à laquelle la route appartiendra. (Décret du 16 décembre 1811.) Cependant, si la route royale qu'il s'agit d'ouvrir devait avoir moins de vingt mille mètres de longueur et formait embranchement avec une autre route, une ordonnance royale suffirait pour en autoriser l'exécution, pourvu qu'il n'y eût pas nécessité d'un subside. (Loi du 7 juillet 1833, art. 3.)

Quant aux routes départementales, elles peuvent être autorisées par de simples ordonnances, sur la demande des conseils-généraux. (Décret du 16 déc. 1811, art. 21 et 22.) La loi du 7 juillet 1833 n'a rien innové à cet égard. Ainsi la distinction admise par l'art. 3 de cette loi entre les routes royales qui ont plus ou moins de vingt mille mètres de longueur ne s'applique pas aux routes départementales. Quelle que soit la longueur de ces dernières, une ordonnance royale suffit, dans tous les cas, pour en autoriser l'exécution, parce que, ces routes étant le résultat des délibérations d'un corps qui représente le département, il n'est pas nécessaire de les soumettre à la sanction d'une loi. C'est ce qui a été expliqué par M. de Rambuteau, à la chambre des députés, séance du 1er février 1833. Afin de consacrer cette opinion, la chambre a ajouté le mot *royales* après celui de *routes*, dans le 1er § de l'art. 2 de la loi du 7 juillet 1833.

5. Les routes royales de 1re classe doivent avoir 42 pieds (14 m]) de largeur; celles de la 2e, 36 pieds (12 m); celles de la 3e, 30 pieds (10 m). (Arrêt du 6 février 1776).

Les routes départementales, étant assimilées aux routes royales de 3e classe, ont, comme celles-ci, 10 m de largeur.

Ces dimensions peuvent être augmentées ou diminuées selon les localités, soit à raison des obstacles naturels, soit pour faciliter les abords des grandes villes, sans que la largeur soit dans aucun cas portée au-delà de 60 pieds (20 m). (Ib.) Elles ne comprennent d'ailleurs ni l'emplacement des fossés, ni les empâtements des talus ou glacis. (Ib.)

Toutes les fois qu'on ouvre des routes nouvelles, la règle générale que nous venons de poser est d'un faible intérêt pour les propriétaires, puisque l'administration a le droit de la modifier dans l'application; mais elle devient d'une grande importance lorsqu'on recherche contradictoirement avec le riverain les limites des routes ouvertes depuis 1776; à défaut de plans particuliers, il est permis de supposer que ces routes ont reçu, dans l'origine, les dimensions prescrites par l'arrêt, suivant la classe à laquelle elles appartenaient.

CHAPITRE II.

DE LA PROPRIÉTÉ ET DE L'INALIÉNABILITÉ DES ROUTES.

§ 1ᵉʳ: DE LA PROPRIÉTÉ DES ROUTES.

6. L'établissement des grandes routes, intéressant le pays tout entier, était considéré autrefois comme une charge de l'état. Les lois des 26 frimaire an 2 et 22 frimaire an 7 en ont placé les dépenses au nombre des dépenses générales auxquelles tous les citoyens doivent pourvoir. Le décret du 16 décembre 1811 a modifié à cet égard l'ancienne législation. Il a décidé que les routes royales de 1ʳᵉ et de 2ᵉ classe seraient construites, réparées et entretenues, aux frais du trésor public (art. 5); que les frais de construction, de réparation et d'entretien des routes de 3ᵉ classe, seraient supportés concurremment par le trésor et par les départements qu'elles traverseraient (art. 6); enfin, que la construction, la réparation et l'entretien des routes départementales resteraient à la charge des départements, arrondissements et communes, qui participeraient plus particulièrement à leur usage (art. 7).

Ce partage de dépenses a été de courte durée; les lois des finances, notamment les lois des 25 mars 1817 et 15 mai 1818, en introduisant la spécialité dans les budgets de l'état, des départements et des communes, ont définitivement mis à la charge de l'état les travaux des routes royales; elles n'ont rangé dans la catégorie des dépenses variables des départements que les *travaux des routes départementales et autres d'intérêt local non compris au budget des ponts-et chaussées*, sans réserver d'ailleurs le concours des arrondissements et des communes.

Ainsi, l'état supporte seul aujourd'hui les frais de construction et d'entretien des routes royales de toute classe ; les départements supportent seuls aussi les frais de construction et d'entretien des routes départementales.

Toutefois la règle n'est pas sans exception. Il arrive souvent que, par forme de transaction, et pour accélérer l'exécution des travaux, les départemens contribuent à la dépense des routes royales, et les communes fournissent des subventions pour les routes départementales.

7. Aux termes de l'article 538 du code civil, les routes et rues à la charge de l'état sont considérées comme des dépendances du domaine public. Les routes royales, étant construites, réparées et entretenues aux frais de l'état, font nécessairement partie de son domaine.

Cette propriété ne se borne pas au so. des routes proprement dites : elle comprend les arbres qui y sont plantés, l'emplacement des fossés, les talus, les murs de soutènement, les ponts, ponceaux, aqueducs, et généralement tous les ouvrages d'art qui, ayant été construits pour assurer la circulation, sont entretenus, comme les routes elles-mêmes, aux frais du trésor public.

8. La question de propriété des plantations anciennement exécutées sur les routes a occupé, à diverses reprises, l'attention du législateur. Une grande partie de ces plantations avaient été effectuées par les seigneurs, sur le refus des propriétaires riverains, conformément aux dispositions de l'arrêté du 3 mai

1720 ; elles étaient dès lors entachées de féodalité ; les droits féodaux ayant été supprimés, il fallait statuer sur le sort des arbres ; mais la solution offrit tant de difficultés qu'on fut obligé de l'ajourner. C'est ce qu'on peut voir par l'article 18 de la loi du 28 août 1792, ainsi conçue :

Jusqu'à ce qu'il ait été prononcé relativement aux arbres plantés sur les grandes routes nationales, nul ne pourra s'approprier lesdits arbres et les abattre ; leurs fruits seulement, les bois morts, appartiendront aux propriétaires riverains ; il en sera de même des émondages, quand il sera utile d'en faire, ce qui ne pourra avoir lieu que de l'agrément du corps administratif, à la charge par ledit riverain d'entretenir lesdits arbres et de remplacer les morts.

La loi du 9 ventôse an 13, qui a imposé aux riverains l'obligation d'établir des plantations sur le sol des routes, a laissé en suspens la question de propriété des anciens arbres. Le décret du 16 déc. 1811 l'a enfin tranchée. Faisant implicitement application du principe posé au commencement de l'article 553 du code civil, et d'après lequel les plantations existantes sur un terrain sont présumées faites par le propriétaire à ses frais, il décide ainsi :

Art. 86. Tous les arbres plantés avant la publication du présent, sur les routes impériales, en dedans des fossés et sur le terrain de la route, sont reconnus appartenir à l'état, excepté ceux qui auront été plantés en vertu de la loi du 9 ventôse an 13.

Art. 87. Tous les arbres plantés, jusqu'à la publication du présent décret, le long desdites routes, et sur le terrain des propriétés communales ou particulières, sont reconnus appartenir aux communes ou aux particuliers propriétaires du terrain.

Le décret, comme on le voit, n'admettait pas la preuve contraire, et dérogea à cet égard à la règle contenue dans la disposition finale de l'article 553 du code civil. Mais en 1825 on a fait revivre les principes du droit commun. Aux termes de la loi du 12 mai de cette année :

Sont reconnus appartenir aux particuliers les arbres existants sur le sol des routes royales et départementales, et que ces particuliers justifieraient avoir légitimement acquis à titre onéreux ou avoir plantés à leurs frais , en exécution des anciens règlements.

La loi précitée fixe le dernier état de la législation sur cette matière.

9. Quant aux arbres anciennement plantés par les ordres et aux frais du roi, sur les terrains qui bordent les routes, ils appartiennent définitivement aux riverains, d'après l'article 87 du décret du 16 décembre 1811. La loi du 12 mai 1825, oubliant une juste réciprocité, n'a pas autorisé l'état à prouver qu'ils formaient, dans l'origine, une dépendance du domaine public.

10. Plusieurs jurisconsultes ont examiné la question de savoir si les fossés des routes appartiennent à l'état ou aux riverains, ou s'ils sont mitoyens. Cette question ne nous paraît pas douteuse. Les fossés ne sont pas destinés à servir de ligne de démarcation entre le domaine de l'état et celui des particuliers; ils ont pour but de recevoir les eaux pluviales qui découlent du sommet des chaussées : aussi sont-ils compris dans les projets de construction des routes et exécutés en même temps que les routes. L'état fait l'acquisition du terrain nécessaire pour les ouvrir; il en acquitte le prix : il doit donc en conserver la propriété. Si le décret du 16 décembre 1811 (art. 109) a imposé aux riverains l'obligation d'entretenir et de curer les fossés, c'est uniquement à titre de servi-

tude et par compensation des avantages qu'il retirent du voisinage immédiat des routes; il n'a point entendu leur en concéder la propriété. Néanmoins nous devons admettre une exception à la règle établie plus haut. Si un riverain démontrait qu'il a fait lui-même le fossé, à ses frais, soit pour défendre l'accès de ses terres, soit pour en faciliter l'irrigation, on ne pourrait le troubler dans sa jouissance que pour cause d'utilité publique et en lui payant une juste et préalable indemnité. La loi du 12 mai 1825, qui a mis à la charge de l'état l'entretien et le curage des fossés des routes, reconnaît en effet d'une manière implicite que quelques-uns de ces fossés peuvent se trouver hors du domaine de la grande voirie.

À dater du 1er janvier 1827, dit l'art. 2, le curage et l'entretien des fossés *qui font partie de la propriété des routes royales et départementales* seront opérés par les soins de l'administration publique et sur les fonds affectés au maintien de la viabilité desdites routes.

11. Nous avons dit que la propriété des routes comprend les murs de soutènement; la preuve contraire doit être accueillie dans tous les cas. Si le mur était antérieur à la construction de la route, s'il servait de clôture à un domaine particulier, il n'aurait pu changer de maître, à moins que l'état n'en eût acquis la possession par titre ou par prescription.

Il en est de même des ponts et des aqueducs.

12. Les rues des villes, bourgs et villages, servant de prolongement aux routes royales, sont également à la charge de l'état et soumises au régime de la grande voirie. Ces rues, sans lesquelles il y aurait de nombreuses lacunes dans les grandes lignes de communication, livrent passage aux voitures de roulage et aux voitures publiques; elles sont aussi plus

fréquentées que les autres et exposées à des dégra-
dationsplus considérables; il ne serait pas juste d'obliger les localités à pourvoir à leur entretien.

13. Les places publiques traversées par les routes
ne cessent pas de faire partie des biens communaux; la règle établie par la loi du 10 juin 1793 ne
souffre à cet égard aucune restriction. L'état est tenu
toutefois d'entretenir le pavé sur une largeur égale à
celle des chaussées qui sont à sa charge dans les rues
adjacentes. Mais cette obligation qu'il accomplit ne
lui confère aucun droit de propriété sur la partie des
places qui forment le prolongement des routes.

14. Lorsqu'une ville est à la fois le point de départ
et le point d'arrivée de deux routes royales différentes , les rues qui les joignent, et qui assurent le
passage de l'une à l'autre, sont considérées comme
des dépendances de ces routes, et entretenues sur
les mêmes fonds.

Dans l'espèce précédente, si l'une des deux routes
est royale et l'autre départementale, les rues qui les
mettent en communication appartiennent à la route
royale. En général, les embranchements établis entre
les routes de classe différente suivent le sort des
routes de la classe la plus élevée.

15. Ici se présente la question de savoir si les routes
départementales font également partie du domaine
public, ou si elles appartiennent aux départements.
La solution de cette question dépend de celle d'une
première question non moins importante : les départements sont-ils propriétaires ?

Quelques jurisconsultes , parmi lesquels nous citerons MM. Garnier et Daloz, pensent que les départements forment de simples circonscriptions administratives, et qu'il n'est point entré dans l'intention
du législateur d'en faire des personnes civiles, ca-
pables de contracter, d'acquérir, de posséder. Leur

opinion se fonde sur le silence de nos codes, qui, nulle part, ne font mention du domaine départemental.

La doctrine contraire nous paraît plus conforme à l'esprit de la législation.

Il est vrai que le code civil (art. 537 et suivants) ne distingue que trois espèces de propriétaires : l'état, les communes et les particuliers. Les départements n'avaient point encore de domaine; aux termes de la loi du 22 frimaire an 7, les édifices affectés à des établissements publics devaient continuer d'être des propriétés nationales. Les départements n'étaient point tenus d'en faire construire de nouveaux à leurs frais; ils étaient seulement obligés de pourvoir à l'entretien de ceux qui leur avaient été confiés; ils n'étaient, de fait, que de simples usufruitiers, et le moment n'était pas venu de les ranger au nombre des propriétaires. Mais les lois et les décrets postérieurs, en mettant définitivement et exclusivement à leur charge des dépenses qui, jusque là, avaient fait partie des dépenses générales de l'état, n'ont pas tardé à les *individualiser*, et à leur conférer, en quelque sorte, une existence civile. C'est ce qui résulte évidemment du décret du 9 avril 1811, ainsi conçu :

Sur le rapport de notre ministre des finances, relatifs aux bâtiments nationaux occupés par les corps administratifs, duquel il résulte que l'état ne reçoit aucun loyer de la plus grande partie de ces bâtiments; que néanmoins notre trésor impérial a déjà avancé des sommes considérables pour leurs réparations; que l'intérêt particulier de chaque département, autant que celui de notre trésor, serait que les départements, arrondissements et communes, fussent *propriétaires* desdits édifices, au moyen de la vente qui leur en serait faite par l'état, et dont le prix capital serait converti en rente remboursable par dixième;

Vu les lois des 23 octobre 1790, 7 février et 6 août 1791; l'art. 11 de la loi du 24 août 1793, et l'avis de notre conseil d'état approuvé par nous le 3 nivôse an 13, la loi du 11 frimaire an 7, ensemble les arrêtés du gouvernement ds 26 ventôse et 27 floréal an 8, et du 25 vendémiaire an 10, et notre décret du 26 mars 1806;

Considérant que les bâtiments dont il s'agit n'ont pa cessé d'être la propriété de l'état;

Voulant néanmoins donner une nouvelle marque de notres munificence impériale à nos sujets de ces départements, en leur épargnant les dépenses qu'occasioneraient tant l'acquisition desdits édifices que le remboursement des sommes avancées par notre trésor impérial pour réparations

Notre conseil d'état entendu,

Nous avons décrété et décrétons ce qui suit :

ART. 1. Nous concédons gratuitement aux départements, arrondisssements ou communes, *la pleine propriété* des édifices et bâtiments nationaux actuellement occupés pour le service de l'administration, des cours et tribunaux, et de l'instruction publique.

ART. 2. La remise de la propriété des bâtiments sera faite par l'administration de l'enregistrement et des domaines aux préfets, sous-préfets ou maires, chacun pour les établissements qui le concernent.

ART. 3. Cette concession est faite à la charge, par lesditi départements, arrondissements ou communes, chacun en ce qui le concerne, *d'acquitter d l'avenir la contribution foncière*, et de supporter à l'avenir les grosses et menues réparations, suivant les règles et dans les proportions établies pour chaque local par la loi du 11 frimaire an 7, sur les dépenses départementales, municipales et communales, et par l'arrêté du 27 flor. an 8 pour le paiement des dépenses judiciaires.

Depuis cette époque, les lois des finances ont imposé aux départements l'obligation de construire à leurs frais les nouveaux bâtiments qui deviendraient nécessaires. C'est ainsi qu'en vertu de loi du 15 mai 1818, ils font des acquisitions de terrains;

ils passent des marchés pour l'établissement des hôtels de préfecture, des tribunaux; des prisons., des dépôts, des casernes, etc. ; ils prennent à loyer des bâtiments servant provisoirement de logement aux préfets; ils paient les contributions des édifices départementaux. Pourquoi ne resteraient-ils pas propriétaires des biens qu'ils ont créés et dont ils ont supporté seuls la dépense ?

On objecte que les départements, simples fractions de l'état, ne peuvent acquérir ni construire que pour le compte de l'état, mais qu'ils ne sauraient se constituer un domaine particulier.

Il est facile de répondre à cette objection.

D'après la loi du 22 frimaire an 7, les actes d'acquisition faits au nom de l'état sont enregistrés *gratis*. Si donc les départements acquéraient pour le compte de l'état, il est bien évident qu'ils ne devraient payer aucun droit d'enregistrement. Cependant les lois des 16 juin 1824 et 18 avril 1831 assujettissent, la première au droit fixe, la seconde au droit proportionnel, pour l'enregistrement et la transcription hypothécaire, les actes d'acquisition faits au profit des départements. Ne faut-il pas en conclure que le domaine de l'état et le domaine départemental sont distincts l'un de l'autre? Autrement, les départements enrichiraient l'état en le rendant propriétaire de nouveaux immeubles, et en même temps ils lui paieraient des droits pour l'enregistrement d'actes dont lui seul profiterait. On ne peut supposer au législateur des vues aussi contradictoires.

La question a été tranchée plus nettement encore par la loi du 7 juillet 1833, sur l'expropriation pour cause d'utilité publique.

S'il s'agit de biens *appartenant à des départements*, dit

l'art. 26, les préfets pourront valablement accepter les offres énoncées en l'art. 23, s'ils y sont autorisés par une délibération du conseil-général.

Comment admettre que les immeubles acquis par les départements entrent dans le domaine de l'état? S'il en était ainsi, l'état aurait-il besoin d'exproprier les départements et de leur payer une juste et préalable indemnité?

Ce ne sont pas seulement les actes du pouvoir législatif, ce sont aussi les actes du pouvoir exécutif, qui tendent sans cesse à séparer le domaine de l'état du domaine départemental. On peut citer, entre autres, une ordonnance du 25 février 1827, ainsi conçue :

Vu l'avis du conseil d'état, approuvé le 22 février 1808, d'après lequel les biens de l'état sont, comme les biens des particuliers, susceptibles *d'être aliénés* pour cause d'utilité publique départementale ou communale ;

Nous avons ordonné, etc. :

Le préfet des Pyrénées-Orientales est autorisé à concéder au département qu'il administre, moyennant le prix de 3,100 fr. ; un terrain couvert de plantations, borné, etc.

Il faut donc reconnaître, en résumé, que, si le principe de la propriété départementale ne se trouve pas énoncé dans le code civil, il s'est introduit peu à peu dans la législation postérieure. Les départements sont devenus, par la force même des choses, de véritables propriétaires ; ils achètent et ils vendent ; ils paient à l'état des droits d'enregistrement; ils acquittent la contribution foncière de leurs immeubles. Ils feraient donc tous les actes de la propriété sans en avoir les droits ?

Les départements, d'ailleurs, ont pris rang aujourd'hui dans la hiérarchie sociale. On ne peut plus les considérer comme de simples divisions administratives. Ce sont des corps politiques, dont le droit de propriété est un des principaux attributs.

16. C'est ici le lieu de reprendre la question posée plus haut : les routes départementales appartiennent-elles aux départements ?

Il ne peut y avoir le moindre doute en ce qui concerne les routes qui, conformément aux dispositions du décret du 16 décembre 1811, ont été ouvertes, construites, et sont aujourd'hui entretenues aux frais des départements. Elles font évidemment partie du domaine départemental. La solution est moins facile à l'égard des routes ouvertes avant la révolution de 89, et qui étaient connues sous le nom de routes de 3e classe. Ces routes ont été entretenues aux frais de l'état, jusqu'à l'année 1812; elles formaient, par conséquent, des dépendances du domaine public. On pourrait soutenir, jusqu'à un certain point, que l'article 7 du décret du 16 décembre 1811, en les plaçant dans la classe des routes départementales, et en déclarant qu'à l'avenir elles seraient entretenues par les départements, n'a point entendu les aliéner au profit de ces mêmes départements. Toutefois, il convient d'observer que les anciennes routes de 3e classe ne sont pas entrées de plein droit dans le système des nouvelles routes, appelées routes départementales. Le décret a laissé aux conseils-généraux le soin de choisir celles qu'il leur paraissait nécessaire de comprendre dans ce système. D'après l'article 13, les routes exclues ont dû être inscrites au tableau des chemins vicinaux, et même supprimées, selon la circonstance. Ne pourrait-on pas dire que, si le décret avait voulu réserver au profit de l'état la propriété des anciennes routes, il aurait prescrit des mesures propres à assurer le retour de celles qui n'auraient pas été acceptées par les départements? Cette omission, et la règle implicitement établie par l'art. 538 du code civil, que les routes non entretenues aux frais de l'état ne sont pas des dépendances du domaine public, ne doivent-elles pas faire penser qu'il y a eu, de la part de l'état, plein et entier abandon de ses droits, surtout dans un moment où le décret du 9 avril 1811 venait de constituer le domaine départemental? Cette opinion n'acquiert-elle pas plus de force encore lorsque l'on remarque que le décret du 7 janvier 1813 a confondu, dans la classification des routes départementales, les anciennes routes de 3ᵉ classe, non comprises aux tableaux des routes royales, et les chemins vicinaux désignés par les conseils-généraux des départements? Ne perdons pas de vue d'ailleurs que la plupart de ces anciennes routes n'existaient que de nom, et que les départements n'ont pas même encore accompli la tâche qui leur a été imposée de les terminer. Que si l'on objectait le principe de l'inaliénabilité du domaine public, on répondrait que le domaine public est inaliénable en ce sens qu'on ne peut en retirer la jouissance au public, mais qu'il est permis d'en concéder des parties à un département, à une ville, à charge d'en conserver la destination et de pourvoir aux dépenses d'entretien. C'est ainsi qu'une loi a concédé à la ville de Paris la place de la Concorde et les Champs-Élysées, à charge par elle d'y exécuter des travaux d'embellissement. Si l'on objectait encore que les départements n'ont jamais réclamé le prix des routes départementales élevées au rang de routes royales, et qu'ils ont reconnu ainsi n'avoir aucun droit à exercer, nous ferions observer que la propriété des routes est une propriété onéreuse; c'est toujours sur les instances des conseils-généraux qu'on les débarrasse du fardeau de leurs routes départementales; il ne leur vient pas dans la pensée d'en exiger le prix.

Il faut donc conclure de ces observations que les routes départementales appartiennent indistinctement aux départements, puisque seuls ils en supportent les frais d'achèvement, de construction et d'entretien.

17. Nous avons établi que les anciennes routes de 3ᵉ classe non inscrites aux tableaux des routes royales n'étaient pas entrées nécessairement dans la classification des routes départementales. Aux termes de l'art. 13 du décret du 16 décembre 1811, les conseils-généraux ont eu la faculté de désigner celles qu'ils jugeaient devoir être rangées dans la classe des chemins vicinaux ou même supprimées. Les motifs développés ci-dessus nous portent à penser que les routes placées dans la classe des chemins vicinaux appartiennent aux communes. Quant aux routes dont la suppression a été arrêtée, et qui dès lors n'ont pris rang ni parmi les routes départementales, ni parmi les chemins vicinaux, elles n'ont pas cessé de faire partie du domaine de l'état.

§ 2. INALIÉNABILITÉ DES ROUTES. — PRESCRIPTION.

18. Les routes royales et les routes départementales, tant qu'elles conservent la destination qui leur a été assignée, sont inaliénables et imprescriptibles. On ne peut en effet, d'après l'article 2226 du code civil, prescrire la propriété des choses qui ne sont pas dans le commerce. Par la même raison, on ne saurait acquérir par titre ou par prescription des servitudes actives sur le sol des routes, excepté toutefois les servitudes qui ne sont pas de nature à entra-

ver la circulation, telles que les rues et l'égout des toits. Voir les numéros 154 et suiv.

19. La règle de l'inaliénabilité fléchit dans plusieurs circonstances.

Ainsi, lorsqu'un nouveau plan d'alignement, adopté par l'administration, a pour effet de réduire la largeur de la route, les portions de terrains situées en dehors de ces alignements deviennent aliénables. (Argument de l'article 53 de la loi du 16 septembre 1807.) Faut-il en conclure qu'on pourrait les acquérir par prescription? Nous ne le pensons pas. Le plan d'alignement n'est qu'un simple projet, souvent même ignoré des propriétaires riverains; tant qu'il n'a pas reçu d'application, les terrains placés hors de ses limites n'ont pas cessé de faire corps avec la route et d'être affectés à un service public. Ils suivent le sort de la route elle-même aussi long-temps qu'ils n'en sont pas distraits par le fait d'une concession volontaire de la part de l'administration. Il ne nous paraît pas d'ailleurs, lorsqu'il s'agit du domaine public, que ce qui est aliénable soit essentiellement prescriptible. Le gouvernement est juge du cas où il convient de faire rentrer dans le commerce quelques parties de ce domaine; mais, jusqu'à ce qu'il ait pris un parti définitif à cet égard, on doit opposer aux détenteurs le principe posé en l'article 2226 du code civil et repousser la conséquence qu'ils voudraient tirer de leur possession.

On peut encore vendre les talus d'une route à un tiers sous la condition qu'il ne fera aucune entreprise propre à occasioner la chute de la chaussée et à interrompre la circulation. Cette clause forme une condition résolutoire. Si elle n'était pas remplie, l'administration aurait le choix ou de forcer l'acquéreur à s'y conformer, ou de résilier le contrat. (Art.

1184 du code civil.) Du reste, le riverain qui aurait usurpé le talus d'une route ne serait pas admis à invoquer la prescription. Les motifs que nous avons exposés précédemment trouvent ici leur application.

Lorsqu'un propriétaire riverain sollicite l'autorisation de construire sur un mur de soutènement, il est d'usage d'accueillir sa demande, à charge par lui de payer à l'état la mitoyenneté du mur et de contribuer aux frais de réparations et d'entretien, dans la proportion de l'avantage qu'il en retire.

20. Un propriétaire qui, pour l'irrigation de ses champs, veut y faire arriver les eaux d'une source située de l'autre côté de la route, peut être autorisé à exécuter à ses frais un aqueduc sous la chaussée, à charge par lui de l'entretenir en bon état, et de prévenir toute espèce d'accident. Mais cette tolérance ne lui confère aucun droit de propriété ; elle ne constitue même pas une véritable servitude dont il soit admis à réclamer plus tard l'exercice contre l'administration, puisque d'après l'art. 2232 du code civil, les actes de pure faculté et ceux de simple tolérance ne peuvent fonder ni possession ni prescription. Il doit être prêt à détruire l'ouvrage dès qu'une circonstance imprévue en fait reconnaître la nécessité dans l'intérêt de la sûreté publique.

21. Nous avons dit que les routes sont inaliénables et imprescriptibles, tant qu'elles conservent leur destination. Du moment qu'elles cessent d'être affectées à un service public, elles rentrent dans le commerce ; elles sont dès lors suceptibles d'être vendues ou acquises par prescription, comme les biens qui composent le domaine ordinaire de l'état. Ce changement de condition est assez fréquent. Les routes anciennes ayant été généralement ouvertes sur des tracés défectueux, et avec des pentes excessives, surtout dans les pays de montagnes, l'administration

moderne, plus éclairée, s'occupe de les faire rectifier, afin de diminuer les obstacles que rencontre le
roulage. Des portions de route plus ou moins longues
se trouvent ainsi soustraites au régime de la grande
voirie.

On ne procède à l'aliénation de ces portions de
routes qu'après s'être assurés, au moyen d'une
enquête, qu'elles ne sont utiles ni pour les relations
de la commune, ni pour l'exploitation des propriétés particulières. On respecte toujours les
droits d'usage que le temps a consacrés. Si la
route abandonnée est nécessaire à la commune,
elle passe dans la classe des chemins vicinaux. Si
elle est indipensable pour l'accès de maisons ou pour
l'exploitation de biens ruraux, on la transforme en
chemin de service; l'entretien en est mis alors à la
charge des intéressés. Mais, dans l'un et l'autre cas,
la route est réduite aux dimensions, soit d'un chemin
vicinal, soit d'un chemin de service, et les portions
excédant ces dimensions deviennent aliénables.

Avant d'ordonner la vente des terrains sur lesquels les anciennes chaussées étaient assises, on
doit en proposer la cession aux propriétaires riverains, moyennant un prix fixé à l'amiable ou à dire
d'experts. Les terrains ayant été occupés, dans l'o-
rigine, pour cause d'utilité publique, et cette cause
venant à cesser, il est de toute justice de les resti-
tuer aux successeurs des anciens propriétaires. C'est
ainsi que l'administration a coutume de procéder; et
ce n'est que sur le refus des riverains que l'on vend
les terrains aux enchères. Cette marche a été rendue
obligatoire par les art. 60, 61 et 62 de la loi du
7 juillet 1833.

CHAPITRE III.

DE LA JURIDICTION VOLONTAIRE DES PRÉFETS, DU MINISTRE DES TRAVAUX PUBLICS, ET DU ROI.

22. L'administration en matière de grande voirie, qui avait été confiée aux corps administratifs par le décret du 11 septembre 1790, appartient aujourd'hui aux préfets. Elle consiste :

1° A autoriser, sur les propriétés particulières, l'étude des projets de routes ;

2° A soumettre les plans de routes nouvelles à une enquête locale, afin d'être à même d'en déclarer l'utilité publique ;

3° A déterminer, lorsque l'utilité publique a été constatée, les points où les travaux seront dirigés, les terrains auxquels l'expropriation est applicable, et l'époque à laquelle il sera nécessaire d'en prendre possession (art. 11 de la loi du 7 juillet 1833, — Voir notre commentaire sur cette loi) ;

4° A requérir la cession ou l'expropriation du terrain nécessaire à l'exécution des travaux (art. 13 de la loi du 7 juillet 1833) ;

5° A ordonner l'occupation temporaire des terrains sur lesquels il est indispensable d'établir des passages provisoires ;

6° A autoriser l'extraction de matériaux pour l'exécution des travaux publics ;

7° A prescrire l'essartement des bois qui bordent les routes ;

8° A enjoindre aux propriétaires riverains de planter des arbres, sur leurs propres fonds, le long des routes;

9° A autoriser l'abattage ou l'élagage des arbres existants;

10° A déterminer l'alignement des constructions ou reconstructions que les propriétaires veulent entreprendre sur le bord des routes ou des rues qui en sont le prolongement;

11° A donner ou à refuser la permission de réparer les anciens bâtiments ou d'en modifier les dispositions;

12° A autoriser ou à défendre l'établissement de saillies le long des routes;

13° A ordonner la réparation ou la démolition des bâtiments menaçant ruine;

14° A prendre des arrêtés pour assurer l'exécution des lois et règlements sur la grande voirie;

15° A poursuivre la répression des contraventions à ces lois ou règlements;

16° A faire exécuter les décisions rendues par les conseils de préfecture en cette matière;

17° A revendiquer la connaissance des affaires de la compétence de l'autorité administrative dont les tribunaux auraient été mal à propos saisis.

Nous allons reprendre et développer les attributions que nous venons de reconnaître aux préfets.

§ I.   ÉTUDES DE PROJETS DE ROUTES.

23. Le préfet peut, de son propre mouvement, autoriser les agents de l'administration à suivre, sur les propriétés particulières, l'étude des projets d'une

route à ouvrir, lorsque l'établissement en a été ordonné en principe, soit par une loi, si la route appartient à la classe des routes royales, soit par une ordonnance, si elle a été mise au rang des routes départementales.

À l'égard des routes royales, on doit assimiler à des dispositions législatives les décrets ou ordonnances intervenus à une époque où il appartenait au gouvernement d'en prononcer le classement: ainsi le décret du 16 décembre 1811, qui a fixé la classification des routes royales, et les ordonnances qui, jusqu'à la promulgation de la loi du 7 juillet 1833, ont introduit de nouvelles routes dans cette classification, conservent nécessairement toute leur force. On est fondé à les invoquer pour enjoindre aux particuliers de souffrir, sur leur propriété, l'étude des diverses directions entre lesquelles il y a à choisir pour une route non encore ouverte.

Lorsque les études ont pour objet d'éclairer l'administration sur l'utilité d'une route nouvelle, dont la construction n'a pas encore été légalement décrétée, il est nécessaire qu'elles soient autorisées par une ordonnance du roi. Cette ordonnance sert ensuite de base à la décision préfectorale.

Les arrêtés du préfet sont notifiés à la diligence des sous-préfets et des maires. Ils doivent réserver aux propriétaires tous droits à une indemnité, dans le cas où ils éprouveraient quelque dommage par suite des études faites sur leur terrain.

§ 2. ENQUÊTES A OUVRIR AVANT LA DÉCLARATION D'UTILITÉ PUBLIQUE D'UNE ROUTE NOUVELLE.

24. Aux termes de la loi du 7 juillet 1833 (art. 3), tout projet de route nouvelle à ouvrir aux frais de l'état ne peut être exécuté qu'en vertu d'une loi;

cette loi doit être précédée d'une enquête administrative qui permette d'apprécier les avantages ou les inconvénients de l'entreprise. Les formes de l'enquête n'ont pas été fixées par la loi ; on a laissé au gouvernement le soin de les déterminer par un règlement d'administration publique.

En attendant qu'un mode nouveau ait été adopté pour arriver à la déclaration d'utilité publique, on se conforme à celui qui est indiqué par l'ordonnance du 28 février 1831. Ainsi les projets sont déposés aux chefs-lieux des départements ou arrondissements traversés par la ligne des travaux ; des registres, destinés à recevoir les observations des intéressés, restent ouverts pendant un délai qui ne peut excéder quatre mois ; à l'expiration de ce délai, une commission, formée par le préfet, donne son avis sur les réclamations qui ont été présentées ; les chambres de commerce, les chambres consultatives des arts et métiers, sont appelées à émettre leur opinion ; enfin on consulte les conseils-généraux de départements et les conseils d'arrondissements, s'ils sont assemblés au moment où l'enquête a lieu.

24 *bis.* La loi du 7 juillet 1833 n'a disposé que pour l'avenir ; il n'est pas nécessaire de soumettre à une enquête les projets de route dont l'établissement a déjà été autorisé par des décrets ou par des ordonnances, mais qui n'ont pas encore été mis à exécution.

25. S'il n'était pas question d'ouvrir une nouvelle route, mais seulement d'élever au rang des routes royales une route départementale déjà ouverte, la loi devrait-elle être précédée d'une enquête ? Nous ne le pensons pas. L'enquête n'est prescrite que pour reconnaître l'utilité publique des travaux, et investir l'autorité administrative du droit d'expropriation. Du moment que la route est entièrement

construite, il n'y a plus d'expropriation à prononc-
cer; le classement n'est plus qu'une simple mesure
financière, qui fait passer la route du domaine départemental dans le domaine de l'état.

Cette solution est également applicable au cas où
l'on voudrait faire entrer un chemin vicinal dans la
classe des routes départementales.

Il est vrai de dire, cependant, que la mesure qui
fait passer une route départementale dans la classe
des routes royales, comme la mesure qui fait passer
un chemin vicinal dans la classe des routes départementales, constitue une expropriation vis-à-vis du
département ou de la commune auxquels est enlevée
la propriété de la route ou du chemin; mais cette
expropriation ne produit pas les effets de l'expropriation ordinaire. En effet, le département et la commune continuent à jouir de la voie publique qu'on
leur enlève, mais ils sont déchargés des frais d'entretien qu'ils supportaient antérieurement. Aussi les
départements et les communes regardent-ils comme
un bienfait les espèces d'expropriation dont nous
parlons. Ils les sollicitent, ou au moins ne s'y op-
posent jamais : car la propriété des routes et des
chemins est pour eux une propriété onéreuse. Il
y a donc de leur part consentement à l'expropriation. Ce consentement explique le motif pour lequel toutes les formalités de l'expropriation ne sont
pas observées. Mais si la route enlevée au département ou si le chemin enlevé à la commune étaient
plus tard supprimés, le département ou la commune
auraient certainement le droit de revendiquer la propriété du sol, ou au moins une indemnité, conformément à l'art. 26 de la loi du 7 juillet 1833.

§ 3. **Désignation des points où les travaux doivent être exécutés. Indication des propriétés soumises a l'expropriation.**

26. Lorsque l'utilité publique d'une route est légalement constatée, les plans de tracé en sont arrêtés par le préfet, s'ils ne l'ont pas été par la loi ou par l'ordonnance royale qui a autorisé les travaux. Le préfet détermine ensuite, par un arrêté spécial, les propriétés qui doivent être cédées, et indique l'époque à laquelle il sera nécessaire d'en prendre possession. (Art. 2 et 11 de la loi du 7 juillet 1833.) Mais avant de rendre cette dernière décision, il faut que les intéressés aient été mis à même de contredire l'application des plans.

Nous avons expliqué dans notre commentaire sur la loi du 7 juillet 1833 au moyen de quelles formalités on recueille les observations des propriétaires. Nous sommes dispensés d'entrer ici dans de nouveaux détails.

§ 4. **Acquisition ou expropriation du terrain nécessaire a l'exécution des travaux.**

27. Nous renvoyons également à notre commentaire en ce qui concerne cette matière.

§ 5. **Occupation temporaire des terrains.**

28. Lors de la discussion de la loi du 7 juillet 1833, sur l'expropriation pour cause d'utilité publique, il a été reconnu que l'administration avait le droit d'occuper temporairement les terrains nécessaires au rétablissement provisoire des communications. (Voir notre commentaire sur cette loi, art. 66.) A défaut de conventions amiables avec les

propriétaires, elle n'est pas tenue de recourir à l'intervention des tribunaux; l'occupation temporaire ne constitue pas en effet une véritable expropriation, mais une simple privation de jouissance. Les terrains n'entrent point dans le domaine de l'état; ils sont restitués aux propriétaires dès que le dommage a cessé. Ainsi, un arrêté du préfet suffit pour autoriser la prise de possession, contre le gré des particuliers; l'utilité publique est un motif qui ne souffre pas de contradiction et auquel on est obligé de se soumettre, sauf à se faire indemniser du tort qu'on a souffert. Mais, pour que le préfet soit fondé à troubler les propriétaires dans leur jouissance, pour que son arrêté soit à l'abri de tout reproche d'arbitraire, il faut que la circonstance offre le caractère de force majeure et de nécessité absolue. Quelques exemples rendront plus sensibles les limites dans lesquelles le droit d'occupation doit être renfermé. Une route est interceptée par un éboulement considérable, par un affaissement du sol, par un débordement: il est évident, dans ce cas, que la circulation ne saurait rester interrompue sans porter un grave préjudice au commerce ou à l'agriculture, et que le préfet, chargé du soin de l'intérêt public, peut faire ouvrir un passage provisoire dans les champs voisins. Un pont est emporté par une crue; il devient impossible de communiquer d'un bord à l'autre de la rivière; il faut, en toute hâte, construire un pont provisoire: dans ce cas, il y a encore péril en la demeure, et le préfet a le droit d'autoriser la prise de possession des terrains qui doivent servir d'emplacement au nouveau pont et à ses abords. Ce droit doit aller jusqu'à ordonner le renversement des clôtures et la destruction des plantations qui gênent l'exécution des travaux, sous la condition, par l'administration, de remettre plus tard les lieux dans leur premier état, et d'indemniser les propriétaires des dommages qui leur ont été causés.

En l'absence d'une nécessité absolue, l'administration n'a plus aucun privilége à exercer; elle rentre sous l'application du droit commun. Ainsi, lorsqu'elle a besoin de terrains pour y former des chantiers, ou de bâtiments pour y loger ses équipages et ses machines, elle doit se les procurer au moyen d'un bail dont les conditions sont réglées à l'amiable. On ne peut s'écarter du respect dû à la propriété que dans les circonstances graves où l'intérêt public, qui est la suprême loi, en fait un devoir à l'administration, et met par là sa responsabilité à couvert.

§ 6. EXTRACTION DE MATÉRIAUX POUR L'EXÉCUTION DES TRAVAUX D'UTILITÉ PUBLIQUE.

29. L'arrêt du conseil du 7 septembre 1755 (1) autorise les entrepreneurs des ponts et chaussées à prendre dans les propriétés de l'État, des communes et des particuliers, les matériaux dont ils ont besoin pour l'exécution de leurs travaux. Cette faculté s'étend même sur les forêts. (Art. 169 et suivants de l'ordonnance du 1ᵉʳ août 1827.) Mais l'arrêt précité recommande expressément de ne diriger les fouilles dans les forêts qu'autant qu'on ne pourrait chercher des matériaux ailleurs sans augmenter considérablement le prix des ouvrages.

Lorsque le lieu où les matériaux doivent être extraits n'est pas désigné au devis de l'entreprise, il faut qu'il soit indiqué par un arrêté spécial du préfet. (Arrêt du 7 septembre 1755.) Cette indication est faite sans frais (ib.). Si, avant l'achèvement des

(1) Voyez cet arrêt à la fin de l'ouvrage.

travaux , les carrières signalées à l'entrepreneur viennent à s'épuiser, le préfet en détermine d'autres.

Le droit d'exploiter une carrière appartenant à autrui emporte celui d'ouvrir des chemins pour opérer le transport des matériaux enlevés.

Le préfet ne peut autoriser des fouilles dans les lieux fermés de murs ou autre clôture équivalente , suivant les usages du pays. (*Ib.*) Ainsi en Bretagne, où il est d'usage d'entourer les terres de haies vives, un domaine clos de cette manière est affranchi de la servitude commune. Des fossés remplis d'eau, et qui mettent obstacle au passage des voitures, constituent de véritables clôtures dans le sens de l'arrêt. Les fossés sans eau, servant de lignes de séparation des héritages, n'ont point ce caractère.

Aux termes de l'article 4 (section 4) de la loi du 6 octobre 1791 , le droit de clore et de déclore les héritages résulte essentiellement du droit de propriété : si donc le propriétaire d'une carrière exploitée pour un service public prenait le parti de l'enclore, la faculté accordée à l'entrepreneur cesserait à l'instant même, et l'exploitation devrait être suspendue. (Arrêt du conseil d'Etat du 5 novembre 1828.)

L'autorisation donnée à un entrepreneur d'exploiter une certaine carrière dans un domaine privé ne lui confère pas le droit d'en ouvrir une autre sur ce même domaine; la permission doit toujours être spéciale; toutes les fois qu'il en excède les termes , l'entrepreneur perd le privilége attaché à la qualité d'entrepreneur de travaux publics; il s'expose à une action en dommages-intérêts de la part du propriétaire. (Arrêt du conseil d'Etat, du 27 avril 1825.)

L'entrepreneur est tenu d'avertir le propriétaire avant de commencer l'extraction. (Art. 1er, section 6, titre 1er du code rural du 6 octobre 1791.) Cet avertissement préalable est de toute rigueur. Il est prescrit afin de mettre le propriétaire à même de prendre les précautions convenables ou de former opposition à l'arrêté qui autorise l'extraction.

L'art. 1er de la section 1re du même code de 1791 ordonne en outre que le propriétaire soit justement et préalablement indemnisé à l'amiable ou à dire d'experts. Voir le n° 272.

Lorsque le règlement de l'indemnité totale ne peut se faire immédiatement, il doit être au moins payé un à-compte au propriétaire, à titre de réparation du dommage qui doit se réaliser de suite; et pour les dommages futurs, l'entrepreneur doit convenir du mode et des bases de l'appréciation, si l'appréciation actuelle n'en est pas possible. (Arrêt du cons. d'État du 21 juillet 1824.) Dans le cas où la propriété changerait de maître, l'entrepreneur serait obligé d'avertir le nouveau propriétaire avant de continuer l'exploitation. Il ne pourrait se prévaloir, à son égard, des conventions passées avec l'ancien maître, qu'autant qu'elles auraient une date certaine. Autrement, il se trouverait dans la nécessité non seulement de mettre en demeure le nouveau propriétaire, mais encore de lui faire accepter les bases d'appréciation des dommages. (*Id.*)

Un entrepreneur n'est point un agent de l'administration publique. En cas de refus du propriétaire, il n'a pas le droit de passer outre à l'ouverture de la carrière; il faut qu'il soit accompagné d'un ingénieur ou d'un conducteur des ponts et chaussées, d'un maire, d'un adjoint, ou de tout autre officier ou agent de l'autorité administrative, investi du pouvoir de verbaliser et porteur de l'arrêté du préfet. Le propriétaire ne pourrait prolonger sa résistance sans encourir la peine portée par l'article 471 C. pén.

L'arrêt du 7 septembre 1795 avait affranchi de tous droits d'octroi les matériaux destinés aux travaux des ponts et chaussées; mais l'art. 105 de l'ordonnance royale du 9 décembre 1814 a rapporté implicitement cette disposition en déclarant que nulle personne, quels que fussent ses fonctions, ses dignités ou son emploi, ne pourrait prétendre sous aucun prétexte à la franchise des droits d'octroi.

§ 7. ESSARTEMENT DES BOIS LE LONG DES ROUTES.

30. Aux termes de l'ordonnance de 1669, sur les eaux et forêts (tit. 28, art. 3), les bois, épines et broussailles qui se trouvent dans l'espace de 60 pieds *ès-grands chemins* traversant les forêts, doivent être essartés et coupés, afin que le passage soit plus libre et plus sûr.

Cette servitude s'applique non seulement aux forêts de l'Etat, mais aussi à celles des communes, des établissements publics et des particuliers.

L'ordonnance précitée n'a point été, comme on pourrait le croire, rapportée par l'art. 218 du nouveau code forestier. Cet article, en abrogeant les lois, ordonnances, édits et arrêts intervenus antérieurement *sur les matières réglées par le nouveau code;* conserve implicitement les dispositions relatives aux matières qui ne sont pas entrées dans les nouvelles prévisions du législateur. Le nouveau code forestier n'a posé aucune règle à l'égard de l'essartement des bois qui pourraient servir d'abri aux malfaiteurs : il a donc laissé subsister le tit. 28 de l'ordonnance de 1669.

Des doutes se sont élevés sur la question de savoir si par cette expression, *dans l'espace de soixante pieds ès-grands chemins,* l'ordonnance a voulu dire que l'essartement serait opéré à une distance de 60 pieds de chaque côté du chemin, ou si elle a entendu que les bois et broussailles seraient enlevés sur un espace de

60 pieds, y compris la largeur de la voie publique. Il nous semble que, l'article 1er du titre 28 de cette ordonnance ayant fixé à 72 pieds la largeur des grands chemins, dans la traversée des forêts, il n'a pu entrer dans l'esprit de l'article 3 de n'ordonner l'essartement des bois que sur un espace de 60 pieds. D'ailleurs il s'agit ici d'une mesure d'exception prescrite dans l'intérêt de la sûreté publique; le but du législateur serait manqué si elle ne recevait d'application que sur un espace de 60 pieds. Cette interprétation a été adoptée par les comités réunis de l'intérieur et des finances; dans un avis du 18 novembre 1824, ils ont reconnu que par ces mots, *dans un espace de* 60 *pieds ès-grands chemins,* l'ordonnance a voulu dire que l'essartement devait être opéré sur 60 pieds *de chaque côté des routes.*

L'essartement n'étant prescrit par l'ordonnance que pour les grands chemins, il faut en conclure qu'on ne peut en réclamer l'exécution dans l'intérêt des chemins vicinaux.

Le défrichement avait d'abord été mis à la charge du domaine, des communautés et des particuliers, propriétaires des forêts; l'arrêt du 3 mai 1720 a décidé ensuite que dans tous les cas les frais en seraient supportés par le roi.

31. On a demandé si les propriétaires avaient droit à une indemnité pour le tort que pouvait leur causer l'essartement. Cette question n'est pas encore résolue par la jurisprudence; mais il est facile de voir que ni l'ordonnance de 1669, ni l'arrêt du 3 mai 1720, n'accorde de dédommagement pour ce fait. L'obligation de couper les bois et les broussailles sur les bords des routes constitue une servitude légale, servitude assez largement compensée par les avantages que les propriétaires retirent du voisinage des routes pour l'exploitation de leurs forêts. Il ne faut

pas perdre de vue d'ailleurs qu'elle n'ôte pas aux propriétaires la jouissance de leur terrain ; ils sont seulement tenus d'en changer le mode de culture sur une zone de 60 pieds.

Cette opinion a trouvé cependant des contradicteurs. Quelques personnes pensent que, si l'exercice de la servitude ne confie pas aux riverains un droit à indemnité lorsqu'il s'agit de routes déjà ouvertes à l'époque de la promulgation de l'ordonnance de 1669 et de l'arrêt du 3 mai 1720, il doit en être autrement pour les routes établies depuis cette époque et pour celles que le gouvernement ferait construire aujourd'hui. Une telle distinction ne saurait être admise. Il résulte évidemment des termes dans lesquels sont conçus les deux règlements précités qu'ils ont disposé pour l'avenir et entendu appliquer la servitude aux routes déjà ouvertes comme à celles qui seront ouvertes plus tard.

« S'il était jugé nécessaire de faire de nouvelles routes pour la facilité du commerce et la sûreté publique en aucune de nos forêts, dit l'art. 28 de notre ordonnance, les grands-maîtres feront leurs procès-verbaux, etc.

32. C'est aux préfets, chargés de l'administration en matière de grande voirie, qu'il appartient de requérir l'essartement sur les points où la sûreté publique leur paraît exiger cette mesure. Les arrêtés qu'ils prennent à cet effet doivent être soumis au ministre des travaux publics, et même au ministre des finances, lorsque les bois qu'il est indispensable de couper font partie du domaine de l'Etat.

Le propriétaire doit être mis en demeure d'exécuter l'arrêté dans un délai déterminé. S'il y consent, les frais de l'essartement sont réglés à l'amiable ou à dire d'experts, et le remboursement en est effectué

par l'Etat. S'il n'y consent pas ou s'il n'exécute pas
dans le délai prescrit, le préfet fait opérer l'essartement par régie ou par adjudication, à son choix. Les
frais de la régie ou de l'adjudication restent toujours
à la charge de l'Etat. (Arrêt du 3 mai 1720.)

On remarque que c'est le propriétaire qui doit
avoir la préférence pour l'exécution. Il s'agit en effet
de disposer de ce qui lui appartient. Il est donc juste
de s'adresser d'abord à lui pour faire sur sa propriété les travaux que l'utilité publique réclame,
travaux qu'on rend moins dommageables en lui laissant le soin de les exécuter.

§ 8. DE LA PLANTATION DES ROUTES.

33. Les anciens règlements, et notamment l'arrêt
du 3 mai 1720, imposaient aux propriétaires riverains des routes l'obligation de planter des arbres sur
leurs propres fonds, le long de ces routes, et à la distance d'une toise du bord extérieur du fossé. Ces plantations étaient prescrites à titre de servitude, et dans
des vues d'utilité publique. La loi du 9 ventôse an 13
a confirmé à cet égard l'ancienne législation, avec
cette différence toutefois que les arbres devaient être
plantés sur le terrain appartenant à l'état, et non sur
les fonds riverains. Le décret du 16 décembre 1811
l'a maintenue définitivement, mais en reproduisant
la règle posée par l'arrêt du 3 mai 1720, c'est-à-dire
en décidant que les plantations seraient effectuées
en dehors des fossés. C'est ce qui résulte des articles
suivants :

ART. 88. Toutes les routes royales non plantées, et qui
sont susceptibles de l'être sans inconvénient, seront plantées
par les particuliers ou communes propriétaires riverains de

ces routes, dans la traversée de leurs propriétés respectives.

ART. 89. Ces propriétaires ou ces communes demeure-
ront propriétaires des arbres qu'ils auront plantés.

ART. 90. Les plantations seront faites au moins à la distance d'un mètre du bord extérieur du fossé, et suivant
l'essence des arbres.

On a plusieurs fois contesté la légalité du décret
du 16 décembre 1811; on a prétendu qu'il n'avait
pas force de loi, et que dès lors les particuliers n'é-
taient pas tenus de s'y soumettre. Cette doctrine n'a
pas eu de succès. Le décret a statué sur matière législative; il n'a point été attaqué pour cause d'incon-
stitutionnalité : il a dû par conséquent être considéré
comme une véritable loi. Le conseil d'état a tran-
ché la question d'une manière nette et précise; il a
déclaré que le décret avait force de loi. (Ordonnance
des 28 octobre 1831 et 1er février 1833.)

Ainsi qu'on a pu le remarquer, le décret n'ordonne la plantation des routes que lorsque cette mesure *est sans inconvénient*. Les arbres pourraient en
effet nuire par leur ombrage à des cultures pré-
cieuses et causer un grave préjudice aux riverains.
C'est l'administration qui est juge des cas où il y
a lieu de s'écarter de la règle. (Décret précité,
art. 91.)

34. Un arrêté du préfet, approuvé par le ministre,
indique pour chaque route l'alignement des plantations à faire, l'essence des arbres qu'il convient
de choisir, et le délai dans lequel les riverains sont
tenus de se conformer à la réquisition de la loi. (Ib.)

Le décret n'ayant pas fixé l'espacement des arbres
il convient de se reporter à l'arrêt du 3 mai 1720, qui
prescrivait un intervalle de 30 pieds.

En cas d'inexécution de la part des particuliers ou communes propriétaires, le préfet ordonne l'adjudicätion des plantations non effectuées ou mal exécutées. (Ib., art. 95.) Il rend ensuite exécutoires les états de frais de ces plantations, qui sont recouvrés par les agents de l'enregistrement et des domaines.

Tous les arbres morts ou manquants doivent être remplacés par les riverains dans les 3 derniers mois de l'année, sur la simple réquisition de l'ingénieur en chef. (Ib., art. 93.) S'ils refusent d'obéir à cette réquisition, les travaux sont exécutés à leurs frais par le moyen d'une adjudication. (Ib., art. 96.)

§ 9. ABATAGE ET ÉLAGAGE DES ARBRES PLANTÉS AU BORD DES ROUTES.

35. Les arbres plantés sur les terres riveraines ne peuvent être coupés et arrachés qu'avec l'autorisation des préfets, ct lorsque le dépérissement a été constaté par les ingénieurs, (Ib., art. 99, et ordonnance du 29 mai 1830.) Il en est de même des arbres situés sur le sol des routes, et dont les riverains auraient été reconnus propriétaires, soit pour les avoir acquis à titre onéreux, soit pour les avoir plantés à leurs frais, en vertu des anciens règlements ou conformément aux dispositions de la loi du 9 ventôse an 13. (Loi du 9 ventôse an 13, art. 3. Loi du 12 mai 1825, art. 1.)

L'abatage ne devrait être autorisé que lorsque le dépérissement des arbres est constaté par les ingénieurs; pendant plusieurs années, on a même observé cette disposition dans toute sa rigueur. Mais on a fini par reconnaître que, ne permettant l'enlèvement des arbres qu'à l'époque où ils avaient dépéri, on causait un tort considérable aux planteurs, puisque des bois qui auraient pu être propres à la charpente, au charronnage et à la boissellerie, n'étaient plus susceptibles d'aucun emploi utile. L'intérêt de la propriété l'a emporté sur la sévérité du règlement, et l'usage est aujourd'hui généralement répandu de laisser couper les arbres du moment qu'ils ont atteint leur dernier degré de croissance.

L'abatage n'est ordonné qu'à la charge du remplacement immédiat. (Décret du 16 décembre 1811, art. 99.) Toutefois, il est bien entendu que les arbres situés sur le sol des routes ne peuvent être remplacés sur ce même sol; les nouvelles plantations doivent être établies par les riverains, sur leurs propres fonds, en dehors des fossés, ainsi que l'exige le décret de 1811. Il ne dépend de l'administration ni d'ordonner ni de permettre qu'elles soient faites sur la route.

Il est défendu d'élaguer les arbres autrement qu'aux époques et suivant les indications contenues dans un arrêté des préfets, sous peine de poursuites comme pour dommages causés aux plantations des routes. (Ib., art. 105.)

§ 10. ALIGNEMENTS POUR LES CONSTRUCTIONS ET RE- CONSTRUCTIONS SUR LES GRANDES ROUTES, ET DANS LA TRAVERSÉE DES VILLES, BOURGS ET VILLAGES.

36. La sûreté et la salubrité publique, non moins que les règles de la symétrie, exigent que les bâtiments bordant les grandes routes soient placés sur des lignes régulières. Il faut empêcher les enfoncements qui pourraient servir de refuge aux malfaiteurs et de dépôt aux immondices et qui en même temps détruiraient l'harmonie si désirable dans la disposition

des façades. L'administration ne saurait donc laisser aux propriétaires la faculté de choisir, à leur gré, l'emplacement des constructions qu'ils veulent entreprendre ; elle doit déterminer elle-même un emplacement, en consultant à la fois les intérêts généraux pour lesquels la route a été établie, et l'intérêt particulier de la localité.

Le droit dont se trouve investie l'administration, de fixer les alignements des maisons le long des routes, a une origine déjà fort ancienne. Il lui a été conféré par de nombreux règlements, notamment par l'édit du mois de décembre 1607, la déclaration du roi du 16 juin 1693 et l'arrêt du conseil du 27 février 1765 (a). Cet arrêt forme le dernier état de la législation sur la matière ; il continue à être exécuté sans contradiction. Il en résulte sans doute pour les riverains une véritable servitude ; mais cette servitude est adoucie, sinon balancée, par l'accroissement de valeur que les bâtiments reçoivent toujours du voisinage immédiat des routes. Elle ne constitue donc pas, pour l'administration, un droit qui paraisse exorbitant.

Ainsi, en règle générale, nul ne peut construire, soit dans l'intérieur des villes, bourgs et villages, soit en pleine campagne, sur un terrain bordant les grandes routes ou les rues qui leur servent de prolongement, sans une permission spéciale de l'autorité administrative.

37. Les trésoriers de France, à qui il appartenait autrefois de délivrer cette permission, sont remplacés aujourd'hui par les préfets, chargés de l'admi-

---

(a) Voir ces règlements à la fin du volume. Nous croyons devoir rappeler qu'ils ont été confirmés par la loi du 19-22 juillet 1791.

nistration de la grande voirie. Ils ont seuls le pouvoir de fixer les alignements des constructions
nouvelles. L'autorisation émanée d'un maire serait
nulle de plein droit; le propriétaire qui l'aurait ob-
tenue ne saurait s'en prévaloir pour se soustraire
aux poursuites dirigées contre lui. (Arrêt du 27 février 1765. Ordonnance du 29 août 1821.) Voir le
n° 226.

Il importe toutefois d'observer que la juridiction
du préfet ne comprend pas les portions de route
traversant les places publiques. Ainsi que nous
l'avons dit plus haut, au n° 13, les places publiques
font partie des biens communaux, et la présence
d'une route royale ou départementale n'en change
pas la condition; l'Etat n'y exerce qu'un simple droit
de passage, et non de propriété; elles ne cessent pas
dès lors d'être soumises au régime de la voirie urbaine. Ainsi, c'est aux maires, et non aux préfets, à
donner les alignements des maisons dans les limites
de ce plan. Cette doctrine a été adoptée par le conseil d'Etat. (Ordonnance du 16 janvier 1828.)

38. Aux termes de l'arrêt du 27 février 1765, il
doit être dressé des plans généraux d'alignements
pour les portions de route situées dans l'intérieur
des villes, bourgs et villages; ces plans, déposés
aux archives des préfectures, servent de base aux
décisions préfectorales.

Est-il nécessaire que les plans généraux d'alignement soient approuvés par des règlements d'administration publique? La négative n'est pas douteuse.
Du moment que l'ouverture d'une route a été autorisée par une loi ou par une ordonnance, l'utilité en
a été constatée légalement, et le droit d'expropriation est acquis à l'administration. L'autorité législative ou l'autorité royale a rempli sa mission; elle
n'a plus à intervenir dans les détails d'exécution, qui

dès ce moment rentrent dans le domaine du pouvoir ministériel. L'arrêt de 1765 n'exige pas d'ailleurs l'homologation du roi, et la loi du 16 septembre 1807 ne renvoie à l'examen du conseil d'Etat que les plans d'alignements qui ne font pas partie des grandes routes. Voir le n° 200. Une décision du ministre doit dès lors suffire pour rendre les plans exécutoires, soit pour l'ouverture d'une route nouvelle, soit pour l'élargissement d'une route déjà ouverte.

Néanmoins, l'administration a introduit en 1808 l'usage de soumettre les plans à l'approbation du chef du gouvernement, non pas qu'elle s'y crût obligée, mais pour donner à ces plans un caractère plus authentique et plus solennel. Depuis cette époque, on a constamment suivi la même voie, surtout pour les plans d'élargissement, qui, ne recevant ordinairement leur exécution qu'à la suite des reconstructions entreprises successivement par les riverains, embrassent un long avenir et doivent servir de règle moins aux propriétaires actuels qu'à leurs successeurs. Mais il ne faut pas perdre de vue que, si l'administration agit ainsi, c'est volontairement et de son propre mouvement. On ne pourrait donc contester l'application d'un plan général d'alignement par le seul motif qu'il n'aurait pas été approuvé par le roi en son conseil d'Etat.

Du reste, le règlement général des alignements d'une route, dans l'intérieur d'une ville, est un acte de pure administration, non susceptible d'être attaqué devant le conseil d'Etat par voie contentieuse. (Ordonnance du 22 nov. 1829.)

39. Un plan d'alignement peut-il être mis à exécution sans qu'au préalable il ait été soumis aux formalités d'enquête prescrites par le titre 2 de la loi du 7 juillet 1833, c'est-à-dire sans que les parties

intéressées aient été à même de fournir leurs contre-dits ? Il y a ici une distinction fort importante à établir. Si l'admini.tration entreprenait pour cause d'utilité publique l'ouverture d'une route nouvelle, ou l'élargissement d'une ancienne route, elle procéderait par voie d'expropriation : il est évident alors que l'exécution du plan devrait, conformément au vœu de la loi, être précédée d'une enquête locale. Mais si l'administration se borne à fixer les alignements auxquels les propriétaires devront se conformer lorsqu'ils voudront bâtir sur leurs terrains, elle n'use pas du droit d'expropriation ; elle règle seulement l'étendue de la servitude dont les fonds riverains sont grevés ; en un mot, elle procède par voie d'alignement. Dans ce dernier cas, elle est tout naturellement dispensée d'ouvrir une enquête. Les plans qu'elle adopte ne sont susceptibles d'aucune controverse ; on peut obliger les propriétaires de s'y conformer toutes les fois qu'ils forment le projet d'élever des constructions sur leurs terrains ou qu'ils démolissent volontairement leurs maisons pour en construire de nouvelles, sauf, toutefois, leur droit de recours, ainsi que nous l'établirons au chapitre *De la juridiction contentieuse.*

Cependant, il est d'usage d'appeler l'examen des propriétaires sur les plans d'alignement, au moyen de l'accomplissement des formalités d'enquête indiquées par le titre 2 de la loi précitée du 7 juillet 1835. En les livrant ainsi à une sorte de discussion publique l'administration se place dans une position plus favorable pour résister aux réclamations ultérieures des intéressés ; elle prévient des débats qui se renouvelleraient peut-être dans chaque circonstance où il y aurait lieu de tracer les alignements des nouvelles constructions. Il peut arriver d'ailleurs que l'accroissement de la circulation ne permette pas de retarder plus long-temps des élargissements qu'on n'avait d'abord l'intention d'opérer que successivement et à mesure des démolitions faites volontairement par les riverains; s'il fallait recourir à l'expropriation forcée, l'enquête se trouverait terminée à l'avance, et les poursuites judiciaires n'éprouveraient pas de retard.

40. L'arrêt du 27 février 1765 a prévu le cas où il n'existerait pas encore de plans généraux d'alignement pour les localités habitées par ceux qui voudraient bâtir; il décide que, même dans ce cas, on ne peut rien entreprendre sans l'autorisation des trésoriers de France, auxquels il attribue le droit de fixer des alignements partiels d'après des rapports circonstanciés des ingénieurs. L'action de l'administration, en cette matière, ne saurait en effet être suspendue sans qu'il en résultât un grave préjudice pour les intérêts publics. Le droit de fixer des alignements partiels, en l'absence de plans généraux, fait donc essentiellement partie des attributions des préfets. Le conseil d'État l'a jugé ainsi par un arrêt dont voici les termes :

« Considérant que la rue de l'Argenterie, à Bayonne, faisant partie de la route royale n° 10 de Paris en Espagne, est placée sous le régime de la grande voirie ; que les formalités dont le sieur Detroyat signale l'omission (a) sont prescrites par des instructions ministérielles relatives à l'exécution de l'art. 52 de la loi du 16 septembre 1807, lequel article ne concerne que les plans généraux d'alignement des rues qui ne sont pas grandes routes; *qu'à défaut d'un plan géné-*

(a) Le sieur Detroyat prétendait que le plan d'alignement partiel aurait dû être publié, soumis au conseil municipal, et approuvé par le roi.

ral d'alignement approuvé par nous, c'est au préfet qu'il appartient, en matière de grande voirie, de déterminer un alignement partiel, etc. (Arrêt du 26 août 1829, Macarel, t. 11, p. 350.) Cette doctrine a été confirmée par un second arrêt du 15 février 1833 (Macarel, 2ᵉ série, t. 3, p. 112.)

41. Les plans d'alignement sont-ils obligatoires non seulement pour les propriétaires dont les maisons rétrécissent la voie publique, mais encore pour ceux qui se trouvent en dehors des alignements arrêtés ? En d'autres termes, si l'administration a le droit de faire reculer les bâtiments, peut-elle également les faire avancer ?

Nous remarquerons que l'arrêt du 27 fév. 1765 n'admet aucune exception ; il prohibe toute construction ou reconstruction *le long des routes*, sans un alignement déterminé par l'autorité locale. Il serait difficile de concevoir en effet que les bâtiments situés en retraite ne fussent pas soumis à l'obligation d'avancer. On ne parviendrait jamais à réaliser un système complet d'alignement, puisqu'on laisserait subsister à différents intervalles des enfoncements qui seraient un obstacle perpétuel à la régularité des rues.

Il ne faut pas s'arrêter à cette objection, que, du moment où la voie publique a reçu partout la largeur reconnue nécessaire, on n'est plus en droit d'exiger de nouveaux sacrifices des riverains. Comme nous l'avons établi plus haut, l'alignement des maisons n'a pas seulement pour but de procurer à la circulation un espace convenable ; il tend aussi à empêcher les enfoncements où les malfaiteurs pourraient se réfugier, et qui recevraient en même temps des dépôts d'immondices. Nous n'hésitons donc pas à poser en principe que la servitude légale créée par l'arrêt du 27 février 1765 atteint à la fois lés bâtiments en saillie comme ceux qui sont en retraite.

On pourrait croire, au premier aperçu, que l'ancienne législation a été modifiée à cet égard par l'article 53 de la loi du 16 septembre 1807, dont nous rapportons ici les termes :

Au cas où, par les alignements arrêtés, un propriétaire pourrait recevoir la faculté de s'avancer sur la voie publique, il sera tenu de payer la valeur du terrain qui lui sera cédé. Dans la fixation de cette valeur, les experts auront égard à ce que le plus ou le moins de profondeur de terrain cédé, la nature de la propriété, le reculement du reste du terrain bâti ou non bâti *de la nouvelle voie*, peuvent ajouter ou diminuer de valeur relative pour le propriétaire.

Au cas où le propriétaire ne voudrait point acquérir, l'administration publique est autorisée à le déposséder de l'ensemble de sa propriété, *en lui en payant la valeur telle qu'elle était avant l'entreprise des travaux.*

Si on veut bien faire attention aux mots imprimés en caractères italiques, on reconnaîtra sans peine que la prévision de l'article précité s'applique uniquement au cas où l'on entreprend l'ouverture d'une nouvelle rue, c'est-à-dire au cas où l'administration procède par voie d'expropriation. S'il importait à l'embellissement de la ville que toutes les maisons bordant la nouvelle voie fussent placées immédiatement sur les alignements arrêtés, l'administration publique aurait la faculté de déposséder les propriétaires qui refuseraient d'avancer. Tel est le sens de l'art. 53. Mais lorsque l'administration procède par voie d'alignement, lorsque le propriétaire, décidé à reconstruire sa maison, lui demande sur quelle ligne il doit en placer les fondations, elle peut le contraindre à se porter en avant conformément au plan qu'elle a réglé. Ce n'est plus la loi de 1807 qui sert de base à sa décision, c'est l'arrêt du 27 février 1765 (a).

M. Dalloz combat cette opinion; il s'appuie sur une ordonnance du 4 février 1824, qui semble avoir décidé qu'un terrain situé en dehors du plan d'alignement n'est pas soumis au régime de la grande voirie. Mais, dans l'espèce jugée par l'ordonnance précitée, la maison reconstruite sans autorisation préalable ne touchait pas la voie publique; elle en était séparée par un terrain appartenant au même propriétaire; d'ailleurs celui-ci avait offert de placer une clôture sur l'alignement arrêté, et le préfet avait autorisé cet arrangement. Il nous semble donc que le conseil d'État a puisé les motifs de sa détermination dans les circonstances du fait, et que la question reste entière. Nous pourrions même considérer son arrêt comme étant conforme à notre propre doctrine, puisqu'il a reconnu implicitement que, si un particulier n'est pas tenu d'avancer ses bâtiments sur l'alignement de la route, il faut du moins qu'il établisse une clôture sur ce même alignement. Nous adoptons volontiers cette solution, qui concilie l'intérêt public et l'intérêt privé. Au moyen d'une clôture le long de la route, le propriétaire reste libre de conserver ses anciennes fondations; on voit en même temps disparaître des enfoncements contraires à l'embellissement des villes et funestes à la sûreté des habitants.

On doit conclure de ces observations qu'un propriétaire établi en arrière de l'alignement n'est pas

(a) Il en est autrement lorsqu'il s'agit du reglement de l'indemnité due par le propriétaire. C'est aux dispositions de la loi de 1807 qu'il faut recourir dans ce cas. Voir le n° 253 et suivants.

dispense de recourir à l'autorité préfectorale lorsqu'il a le projet de reconstruire ses bâtiments. Il est tenu de s'avancer ou de se clore sur l'alignement, si le préfet lui en impose la condition, soit que cette condition résulte d'un plan général approuvé par le gouvernement, soit qu'elle dérive d'un plan partiel.

42. Le propriétaire dont le bâtiment se trouve déjà situé sur l'alignement arrêté n'est point libre de le reconstruire sans l'autorisation du préfet. Il ne peut lui appartenir de juger lui-même la question de savoir s'il est ou s'il n'est pas soumis à l'obligation de reculer ou d'avancer.

43. Les principales règles que nous venons d'énoncer régissent plus particulièrement les portions de route traversant les villes, bourgs et villages. Il n'est pas d'usage de dresser des plans généraux d'alignement pour les routes établies en pleine campagne. Hors des lieux habités, les préfets fixent les alignements d'après des plans partiels. Aucun règlement n'établit la distance à laquelle ils doivent être tracés. Les préfets déterminent cette distance suivant les circonstances locales et les usages du pays. Ici on autorise les riverains à construire sur le bord même du fossé; là on les oblige à se placer sur la ligne des plantations, c'est-à-dire à s'éloigner du fossé d'un mètre au moins.

44. Si, par suite de l'alignement qui lui est donné, le propriétaire se voit obligé de céder une partie de son terrain, il a droit d'en être justement indemnisé. Dans le cas où l'administration procède par voie d'expropriation, l'indemnité est réglée en raison de la valeur du terrain et de celle des bâtiments ou plantations qui le couvrent. Lorsque l'administration procède au contraire par voie d'alignement, c'est-à-dire lorsque le propriétaire fait volontairement démolir sa maison, ou lorsqu'il est

forcé de la démolir pour cause de vétusté, il n'a droit à indemnité que pour la valeur du terrain délaissé. (Loi du 16 sept. 1807, art. 50.) Dans l'un et l'autre cas, le règlement de l'indemnité, à défaut de conventions amiables, doit être déféré à un jury spécial, conformément aux dispositions de la loi du 7 juillet 1833 sur l'expropriation pour cause d'utilité publique. (V. notre commentaire sur cette loi et les n°s 377 et 379 du présent ouvrage.)

44 *bis*. Un plan d'alignement, en assignant à la route des limites plus étroites, ne peut avoir pour effet de restreindre la propriété de l'État à ces nouvelles limites, et de faire considérer comme appartenant soit à la commune, soit aux riverains, la portion de terrain dont la voie publique n'a plus besoin. Si donc un propriétaire, en plaçant sa maison sur l'alignement, s'empare d'une partie du sol de la route, il doit en payer la valeur. L'arrêté qui l'autorise à avancer sa construction lui cède en même temps le terrain qu'il doit réunir à sa propriété.

45. La déclaration du 16 juin 1693 avait accordé aux trésoriers de France un droit de six livres pour l'alignement de chaque maison ; mais ce droit a été supprimé par l'arrêt du 27 février 1765, portant, en termes précis, que les alignements seront donnés sans frais. Nos lois de finance n'ont maintenu la perception du droit de voirie qu'en matière de petite voirie. (V. la loi du 28 juin 1833.)

Nous renvoyons aux n°s 248 et suiv. pour les conséquences que l'exécution des plans d'alignement doit produire à l'égard des voisins ou des locataires.

§ 11. DES PERMISSIONS DE RÉPARER LES BATIMENTS LONGEANT LA GRANDE ROUTE ET LES RUES QUI LEUR SERVENT DE PROLONGEMENT.

46. Nous venons de voir que l'administration publique est investie du droit de régler les plans d'alignement des routes dans l'intérieur des villes, bourgs et villages. Ces plans ne recevraient leur exécution que dans un avenir fort éloigné, s'il était permis aux riverains de réparer sans cesse leurs bâtiments et d'en prolonger la durée : aussi l'arrêt du 27 février 1765 porte-t-il la défense de faire aucune réparation aux édifices sans une autorisation spéciale.

Les plans d'alignement étant obligatoires non seulement pour les propriétaires dont les maisons sont en saillie, mais encore pour ceux qui se trouvent en retraite, ceux-ci, comme les premiers, sont tenus de se munir d'une autorisation avant d'entreprendre aucun ouvrage quelconque. Il dépend des préfets de refuser cette autorisation, de l'accorder purement et simplement, ou d'y mettre telles conditions qu'ils jugent nécessaires, suivant la nature des ouvrages que les propriétaires veulent exécuter. Toutefois, ce pouvoir ne saurait aller jusqu'à l'arbitraire; ils doivent l'exercer avec équité et de manière à concilier l'intérêt public avec l'intérêt privé. Ce serait méconnaître l'esprit des règlements de grande voirie que d'interdire sans exception toute espèce de changement aux façades des maisons. Quel est le but de l'administration ? C'est d'obtenir le plus promptement possible, dans l'intérêt de tous, l'élargissement de la route. Elle atteindra ce but si elle se borne à veiller avec soin à ce qu'au moyen de travaux confortatifs on n'éloigne pas indéfiniment l'époque où elle pourra exercer la servitude établie par la loi. Il

y a donc une distinction à faire entre les travaux propres à consolider un bâtiment et ceux qui tendent
seulement à en augmenter l'étendue ou à l'embellir. Les premiers sont absolument prohibés ; il y
aurait une extrême injustice à défendre les autres.
Cette distinction doit servir de base aux décisions
des préfets.

47. Il s'agit d'examiner maintenant quels sont les
ouvrages que l'on doit considérer comme propres à
prolonger la durée d'un bâtiment, et que les préfets
peuvent frapper d'interdiction.

Il n'y a aucun inconvénient à permettre l'exhaussement d'une maison. L'addition d'étages supérieurs, loin d'avoir le caractère d'un ouvrage con-
fortatif, a au contraire pour effet d'accélérer la ruine
du rez-de-chaussée, en lui faisant supporter un poids
plus considérable. Néanmoins, si le mur de face
n'était pas en état de résister à une telle charge, il
y aurait lieu de refuser au propriétaire la permission qu'il aurait demandée, et de prévenir les suites
fâcheuses que son imprévoyance pourrait avoir pour
la sûreté publique.

Dans le cas même où l'exhaussement d'un bâtiment ne présente aucun danger, il convient d'imposer au propriétaire l'obligation de renoncer à toute
indemnité pour la valeur des ouvrages ajoutés, si
plus tard, et sans attendre que le bâtiment tombe
de vétusté, l'administration reconnaissait la nécessité de le faire reculer par voie d'expropriation. Il
ne faut pas perdre de vue qu'en compensation des
avantages qu'ils retirent du voisinage immédiat de la
voie publique, les riverains sont soumis à une servitude dont l'administration peut réclamer tôt ou tard
l'exercice ; tout en se prêtant aux modifications que
les riverains veulent opérer dans leurs constructions,
elle est parfaitement fondée à leur en laisser le ris-

que, et à déclarer qu'elle ne les tolère que moyennant renonciation à une indemnité pour l'accroissement de valeur résultant de ces modifications.

La suppression d'étages supérieurs a constamment été autorisée par les instructions ministérielles, soit que le mur de face du rez-de-chaussée fût en bon état, soit qu'il menaçât ruine.

Des ouvertures nouvelles, telles que portes et fenêtres, ne doivent être permises qu'avec de prudentes réserves, pour empêcher que, profitant de la permission de l'autorité, les propriétaires ne consolident les murs de face. Il est indispensable que les ingénieurs, sur le rapport desquels il est statué, examinent l'état des murs, se rendent compte de l'intention véritable du propriétaire, et indiquent les précautions à prendre pour prévenir les abus. Dans des circonstances semblables, ils doivent s'opposer à ce qu'on soutienne les ouvertures par de fortes pièces de décharge ou par des chaînes en pierre de taille : car il est évident qu'à l'aide de travaux accessoires habilement exécutés, les ouvertures auraient un résultat tout contraire à celui qu'elles paraîtraient produire, c'est-à-dire qu'elles augmenteraient la solidité de l'édifice et en prolongeraient la durée.

La fermeture d'anciennes ouvertures tend ordinairement à consolider un mur de face : elle ne saurait être autorisée lorsque le mur est en mauvais état. Cependant, si, après un examen attentif des lieux, on reconnaissait que la fermeture des ouvertures est une conséquence forcée d'une nouvelle distribution de l'habitation, si d'ailleurs le mur était parfaitement solide, il serait trop rigoureux de mettre obstacle à l'exécution du plan conçu par le propriétaire. Dans ce cas, comme dans celui qui précède, la décision du préfet doit dépendre de l'appréciation des circonstances.

Les règles qu'on a posées au sujet des ouvertures nouvelles et de la fermeture d'ouvertures anciennes s'appliquent exclusivement au mur du rez-de-chaussée. En ce qui concerne les étages supérieurs, il n'y a pas de motifs d'empêcher les changements que le propriétaire voudrait effectuer. Il est facile de concevoir que le sort de la maison entière est attaché au rez-de-chaussée. C'est sur cette partie du bâtiment que l'administration doit exercer sa vigilance et faire porter ses prohibitions ; les changements faits dans la partie supérieure sont sans importance.

Les lézardes et autres dégradations survenues aux murs de rez-de-chaussée ne peuvent être réparées dans aucun cas et sous aucun prétexte. Autrement, les propriétaires donneraient à ces murs une durée presque indéfinie ; ils retarderaient le moment où la servitude devrait s'accomplir.

Un crépi a été quelquefois considéré comme un simple ouvrage de conservation et d'embellissement ; il peut en être ainsi pour les murs en pierre de taille ; mais il est incontestable qu'un crépi appliqué à un mur en moellon tend à le consolider et à en prolonger la durée. Aussi la jurisprudence de l'administration, long-temps incertaine à cet égard, prohibe-t-elle maintenant d'une manière absolue les ouvrages de cette nature.

Un badigeonnage ne fortifie pas un mur ; c'est un travail de pur embellissement, qu'il est partout d'usage de laisser exécuter.

La police de la grande voirie peut-elle s'exercer dans l'intérieur d'un bâtiment ? L'administration a-t-elle le droit de s'opposer à la réparation du mur de refend ? Si nous plaçons ici le principe exposé plus haut, il faut conclure que les réparations des murs de refend doivent être tolérées toutes les fois que le mur de face n'en reçoit aucune force nou-

velle , et que la durée du bâtiment tout entier n
se trouve pas augmentée. Cette question sera traité
avec plus de développement au titre *De lu voirie ur*
baine. V. les n°s 235 et suiv.

Si le mur mitoyen de deux maisons éprouvai
quelque dégradation par suite du reculement de l'u-
ne de ces maisons , le propriétaire de l'autre maison pourrait-il faire à ce mur les réparations nécessaires pour en prévenir la ruine? Les instructions
ministérielles ont prononcé l'affirmative. Le reculement d'un bâtiment est une circonstance de force
majeure, dont le propriétaire voisin ne saurait souffrir ; la réparation des arrachements causés au mur
mitoyen rentre avec d'autant plus de raison dans la
catégorie des ouvrages susceptibles d'être autorisés,
qu'il n'en résulte pour le mur de face aucun accroissement direct de solidité.

La solution serait la même si l'une des maisons,
au lieu d'être reculée, avait été détruite par un incendie. Dans ce cas, le voisin devrait obtenir la permission de réparer le mur mitoyen.

Lorsque le propriétaire d'une maison reculée ou
incendiée a fait restaurer le mur qui sert d'appui à
son propre bâtiment, il rentre sous l'application du
droit commun. Il lui est dès lors interdit de crépir
ce mur, de reprendre les lézardes qui s'y manifeste-
raient plus tard et d'y faire aucune réparation quelconque.

§ 12. ETABLISSEMENT DE SAILLIES AUX FACES DES
BATIMENTS SITUES LE LONG DES ROUTES.

48. L'arrêt du 27 février 1765 contient encore la
défense d'établir des échoppes ou choses saillantes
le long des routes sans une permission de l'autorité
locale. Cette défense comprend les saillies mobiles

comme les saillies fixes. M. Fleurigeon paraît croire que les attributions des préfets en cette matière souffrent quelques restrictions. Selon lui, la grande voirie est uniquement intéressée à empêcher les saillies qui peuvent rétrécir la voie publique et gêner la circulation, c'est-à-dire les saillies que l'on voudrait établir contre le mur de face depuis le niveau du sol jusqu'à la hauteur du premier étage. Telles sont les marches, les bornes, les bancs, les balcons, les auvents, les *travails* de maréchaux, les portes ouvrant en dehors, etc. Mais lorsque les saillies sont projetées aux étages supérieurs, elles lui paraissent rentrer dans les attributions de l'autorité municipale.

Nous ne partageons pas cette opinion. Il est facile de concevoir que, s'il importe peu à la facilité de la circulation qu'il y ait ou qu'il n'y ait pas de saillies au-dessus du premier étage, l'administration est éminemment intéressée à empêcher qu'à l'occasion de l'établissement de ces saillies, on n'exécute des ouvrages confortatifs aux bâtiments dont le reculement a été jugé nécessaire. Il pourrait fort bien arriver que la construction d'un balcon, par exemple, ne fût qu'un prétexte pour reprendre en sous-œuvre la partie du mur de face qui doit le supporter, et pour en prolonger ainsi la durée. Il y aurait donc de graves inconvénients à poser des limites au droit de surveillance attribué à l'administration et à en déléguer une partie à l'autorité municipale : la double juridiction du préfet et du maire serait constamment la source de conflits préjudiciables aux particuliers. Il est possible d'ailleurs qu'on ait résolu de faire démolir pour cause d'utilité publique la maison à laquelle le propriétaire voudrait ajouter des ouvrages en saillie : pourquoi laisserait-on accroître la valeur d'un bâtiment voué à la destruction ! Or, les préfets, mieux informés que les maires

des intentions de l'administration, sont plus à mêm
de savoir si une maison est soumise à l'expropria
tion, et si dès-lors les additions qu'y feraient les pro
priétaires ne seraient pas en pure perte. On do
conclure de ces observations que les préfets seul
sont compétents pour autoriser des saillies aux éd
fices situés le long des grandes routes.

49. L'arrêt du 27 février 1765 ne détermine pa
les dimensions des saillies fixes ou mobiles ; c'est au
préfets à les régler selon les localités et les circon
stances. S'ils sont investis du droit d'interdire les o
vrages saillants, à plus forte raison peuvent-ils re
treindre les termes des autorisations qu'ils accorde
aux particuliers.

§ 13. DEMOLITION DES BATIMENTS MENAÇANT RUINE.

50. Le devoir de l'administration n'est pas seul
ment de procurer aux citoyens, sur les routes, u
passage commode et facile ; il consiste encore à pré
venir tous les accidents qui pourraient comprome
tre la sûreté publique. Nous plaçons ici au nombr
de ces accidents la chute des bâtiments situés l
long des rues. Les déclarations des 18 juillet 1729 e
17 août 1730, qui n'ont été faites que pour Paris
mais dont les dispositions doivent être étendues à l
voirie en général, à titre de conseil et de direction
(arrêt du conseil d'État du 19 mars 1823, Macarel
t. 5, p. 208), recommandent, à cet égard, aux com
missaires voyers, la plus grande vigilance. Dè
qu'une maison menace ruine, il doit en être dress
procès-verbal, et le propriétaire peut être contrain
de la démolir après une expertise contradictoire
Voir les n°s 280 et suiv.

Les déclarations précitées ont prévu le cas où l
péril serait imminent, et où dès lors une procédur

administrative occasionerait de fatales lenteurs ; elles ont décidé que dans ce cas l'autorité pourrait ordonner provisoirement ce qu'elle jugerait absolument nécessaire pour la sûreté publique. Il appartient donc aux préfets d'apprécier les circonstances, et d'enjoindre aux propriétaires soit d'étayer le bâtiment menaçant ruine, en attendant les vérifications nécessaires, soit même de le démolir immédiatement.

En cas d'urgence, il peut faire exécuter son arrêté par des ouvriers commis à cet effet, si le propriétaire ne s'y conforme pas volontairement ; mais, en général, il doit se borner à le traduire devant le conseil de préfecture à l'effet de le faire condamner pour sa contravention et de faire prononcer, par la même décision, la démolition des bâtiments. Voir les nᵒˢ 284 et 289.

51. Nous verrons, au titre *De la voirie urbaine*, nᵒ 282, que le maire, en vertu des attributions générales qui lui sont confiées par la loi du 16-24 août 1790, a également le droit de faire opérer la démolition des édifices menaçant ruine, lors même qu'ils sont situés sur une rue dépendant de la grande voirie. Il est bien évident que l'intervention du maire ne devrait pas avoir lieu si le préfet avait déjà pris des mesures pour faire cesser le péril, ou si une instance était ouverte régulièrement devant le conseil de préfecture. On doit même reconnaître que cette intervention n'est convenable que lorsqu'on ne peut sans inconvénient en référer au préfet du département. Mais lorsqu'il y a péril imminent, lorsqu'il n'y a pas un instant à perdre pour préserver la vie des passants, lorsque les distances ne permettent pas d'ailleurs d'en référer au préfet, on ne peut contester à l'autorité municipale le droit de prendre l'initiative ou de prescrire les mesures

qu'elle juge nécessaires au salut de la population. Nous établirons, au chapitre *De la juridiction contentieuse du conseil de préfecture* (n° 87.), que, d'après la jurisprudence de la cour de cassation, les contraventions pour dépôts de fumier et autres objets dans les rues qui dépendent des grandes routes peuvent être poursuivies concurremment par l'autorité administrative, d'après la loi du 29 floréal an 10, et par le tribunal de simple police, conformément à la loi du 24 août 1790. Ces contraventions blessent en effet deux sortes d'intérêts : l'intérêt général, c'est-à-dire les voyageurs qui suivent la grande route ; l'intérêt de la localité, c'est-à-dire les habitants de la ville. Or, si la police municipale a la faculté de poursuivre l'auteur d'un dépôt qui embarrasse la voie publique, à plus forte raison jouit-elle du droit de faire démolir un bâtiment dont la chute menace la vie des citoyens.

52. Si le bâtiment menaçant ruine était sur l'alignement arrêté par l'administration, et qu'il n'y eût pas nécessité de le faire reculer, le préfet devrait autoriser le propriétaire à y exécuter tous les travaux propres à le consolider. Ce n'est qu'autant que tout moyen de réparation serait impossible qu'il y aurait lieu d'en ordonner la démolition.

53. Nous ferons connaître, aux n°ˢ 291 et suiv. les circonstances dans lesquelles on peut faire démolir les maisons bordant les grandes routes, et l'indemnité que le propriétaire est fondé à réclamer.

§ 14. EXECUTION DES LOIS ET REGLEMENTS SUR LA GRANDE VOIRIE.

54. Les préfets sont spécialement chargés de veiller à l'exécution des lois de l'Etat, et par conséquent des lois et règlements sur la grande voirie. Ils pren-

nent des arrêtés pour rappeler aux particuliers les devoirs qu'ils ont à remplir, et pour leur ôter ainsi tout prétexte d'ignorance; ils transmettent aux agents de l'administration les instructions nécessaires à l'accomplissement de leur mission; ils préviennent les abus de pouvoir; enfin ils prescrivent les mesures qu'ils jugent convenables dans l'intérêt de la conservation, de la commodité et de la sûreté des communications. L'obéissance est due aux arrêtés qu'ils publient et qui sont faits légalement. Ceux qui refusent de s'y soumettre encourent une amende de 1 f. jusqu'à 5 f. inclusivement. (Nouveau Code pénal, art. 471, § 15.)

Indépendamment des règlements généraux que font les préfets, ils statuent sur les demandes présentées par les particuliers. Ainsi, ils concèdent aux riverains les portions de terrain situées en dehors des alignements; ils restituent aux particuliers, en vertu de la loi du 12 mai 1825, les arbres qu'ils justifient avoir plantés à leurs frais ou acquis à titre onéreux; ils autorisent la construction des bâtiments sur les murs de soutènement des routes, ou l'établissement d'aqueducs sous le sol des chaussées; ils rendent des décisions sur toutes les matières qui se rattachent à l'administration de la grande voirie, et qui n'ont pas été développées d'une manière spéciale dans les paragraphes précédents.

Les préfets peuvent rapporter ou modifier leurs arrêtés toutes les fois que l'intérêt public l'exige. En matière d'alignement, après avoir fixé un alignement partiel, ils ont la faculté de revenir sur leur première détermination, s'il leur paraît que le premier alignement a des inconvénients pour la facilité de la circulation. (Arrêt du conseil d'Etat du 15 février 1833, Macarel, 2ᵉ série, t. 3 p. 112.)

Les préfets n'ont pas le droit de révoquer les per-

missions qu'ils ont données, lorsque ces permission
sont l'objet de réclamations de la part de tiers. L'ad
ministration est désintéressée dans la question; l
débat, s'élevant entre deux particuliers, doit êtr
jugé par les tribunaux ordinaires. Si donc un pro
priétaire avait été autorisé à établir une conduil
d'eau sous une route, et qu'un voisin prétendît qu
en résulte un dommage pour lui, le préfet devra
s'abstenir d'intervenir dans la contestation. (Arrê
du conseil d'Etat des 10 juillet 1822 et 4 août 18
Macarel, t. 4, p. 34, et t. 6, p. 514.)

Les deux exemples que nous venons de citer fe
ront facilement reconnaître les cas où les préfe
peuvent modifier leurs décisions et ceux où il est
leur devoir de les maintenir.

§ 15. POURSUITE DES CONTRAVENTIONS.

55. Il entre dans les attributions du préfet
poursuivre la répression des contraventions aux l
et règlements sur la grande voirie. C'est à eux à so
mettre aux conseils de préfecture les procès-v
baux qui leur parviennent par l'intermédiaire
sous-préfet, et à veiller à ce qu'il y soit donné su
Nous expliquerons, aux n°s 83 et suivants, comm
les contraventions doivent être constatées, pour
vies et réprimées.

§ 16. EXECUTION DES ARRÊTES DES CONSEILS DE PREFECTURE.

56. C'est encore par les soins des préfets que
arrêtés des conseils de préfecture en matière
grande voirie reçoivent leur exécution. Nous r
voyons au n° 115 en ce qui concerne cet objet.

§ 17. CONFLITS D'ATTRIBUTIONS.

57. La loi du 24 août 1790 (titre 2, art. 13.) a séparé les fonctions judiciaires de celles des autorités administratives. La loi postérieure du 16 fructidor an 3 a expressément défendu aux tribunaux de connaître des actes administratifs. On doit entendre ici par *actes administratifs* non seulement les actes émanés de l'administration, mais les faits commis en son nom et par son ordre, mais son inaction même. Ainsi on ne pourrait poursuivre l'administration devant les tribunaux pour avoir manqué de prévoyance et avoir occasioné des accidents. (Arrêt du conseil d'État du 27 août 1833, Macarel, 2ᵉ série, t. 3, p. 518.) Il en serait autrement si les accidents provenaient du fait d'un entrepreneur de travaux : celui-ci en serait responsable devant les tribunaux ordinaires.

On a dû opposer des obstacles aux tentatives d'usurpation qui seraient commises par les tribunaux et donner à l'administration le moyen de s'y soustraire ; ce moyen consiste dans le *conflit d'attributions*. Le conflit d'attributions est l'acte par lequel un préfet revendique, au nom de l'autorité administrative, la connaissance des affaires qui lui sont réservées par la loi, et dont les tribunaux auraient été mal à propos saisis.

En matière civile, le conflit peut être élevé dans tous les cas. En matière de police correctionnelle, il ne peut l'être que dans les deux cas suivants : 1° lorsque la répression du délit est attribuée par une disposition législative à l'autorité administrative ; 2° lorsque le jugement à rendre par le tribunal dépendra d'une question préjudicielle dont la connaissance appartiendrait à l'autorité administracive, en vertu d'une disposition législative. Dans ce dernier cas, le conflit n'est élevé que sur la question préjudicielle. (Ordonnance réglémentaire du 1ᵉʳ juin 1828, art. 2.)

Voici un exemple des cas où il y a des questions préjudicielles à décider avant le jugement du fond. Un agent de l'administration fait couper des broussailles sur une partie de terrain qui semble dépendre d'une route; le riverain, se prétendant propriétaire de ce terrain, poursuit l'auteur du dommage devant les tribunaux. Il faut examiner avant tout si l'agent a outrepassé son pouvoir, et si dès lors l'administration refuse de prendre fait et cause pour lui; car si l'administration approuve l'action de son agent et se la rend propre, l'appréciation du dommage appartient au conseil de préfecture, C'est ici une question préjudicielle que l'autorité administrative a seule le droit de résoudre. Le tribunal saisi de la plainte doit surseoir jusqu'à ce qu'il ait été décidé sur cette question, et s'il veut passer outre, il y a lieu d'élever le conflit. (Arrêt du conseil d'Etat du 28 août 1827, Macarel, t. 9, p. 474.)

Le conflit d'attributions a pour objet un débat à juger. Il est de principe qu'il ne puisse être élevé après des jugements rendus en dernier ressort ou acquiescés ni après des arrêts définitifs, sauf l'exception énoncée au n°   Néanmoins [le conflit peut être élevé en cause d'appel, s'il ne l'a pas été en première instance ou s'il l'a été irrégulièrement après le délai prescrit. (Ordonnance réglémentaire du 1ᵉʳ juin 1828, art. 4.)

Le préfet ne doit pas élever le conflit sans avoir préalablement proposé le déclinatoire. Lorsqu'il estime que la connaissance d'une question portée devant un tribunal de première instance est attribuée par une disposition législative à l'autorité administrative, il faut qu'il demande le renvoi de l'affaire devant l'autorité compétente. A cet effet, il adresse au procureur du roi un mémoire dans lequel est rapportée la disposition législative qui attribue à l'administration la connaissance du litige. (Ib., art. 6.)

Le déclinatoire est prescrit à peine de nullité du conflit. (Arrêté du conseil d'Etat des 19 août 1832 et 18 octobre 1833, Macarel, 2e série., t. 2, p. 480, t. 3, p. 556.) Mais le préfet pourrait élever un nouveau conflit après avoir proposé régulièrement le déclinatoire, si le tribunal n'avait pas encore statué sur le fond.

Le procureur du roi fait connaître au tribunal la demande du préfet et requiert le renvoi si la revendication lui paraît fondée. (Ordonnance réglémentaire du 1er juin 1828, art. 67.) Après que le tribunal a statué sur le déclinatoire, le procureur du roi adresse au préfet, dans les cinq jours qui suivent le jugement, copie de ses conclusions ou réquisitions, et du jugement rendu sur la compétence. (Ib., art. 7.)

Si le déclinatoire est rejeté, dans la quinzaine de l'envoi des pièces, pour tout délai, le préfet, s'il estime qu'il y ait lieu, peut élever le conflit. (Ibid., art. 8.) Il conserve le même droit alors que le tribunal aurait, avant l'expiration de ce délai, passé outre au jugement du fond. (Ibid.) Dans tous les cas, l'arrêté par lequel le préfet revendique la cause doit viser le jugement intervenu et rapporter textuellement la disposition législative qui attribue à l'administration la connaissance du point litigieux. (Ib. art. 9.)

Lorsque le préfet a élevé le conflit, il est tenu de déposer son arrêté et les pièces y visées au greffe du tribunal, où il lui est donné récépissé du dépôt sans délai et sans frais. (Ib., art. 10.) Si dans le délai de

quinzaine ، arrêté n'avait pas été déposé au greffe,
le conflit ne pourrait plus être élevé devant le tribunal saisi de l'affaire. (Ib., art. 11.)

Si l'arrêté a été déposé au greffe en temps utile,
le greffier le remet immédiatement au procureur du
roi, qui le communique au tribunal, réuni dans la
chambre du conseil, et requiert que, conformément
à l'art. 27 de la loi du 21 fructidor an 3, il soit sursis à toute procédure judiciaire. (Ib., art. 12.)

Si le déclinatoire proposé en première instance
est accueilli par le tribunal, et que la partie inter-
jette appel du jugement, le préfet peut élever le conflit dans la quinzaine qui suit la signification de l'acte
d'appel. (Ib., art. 8.) Ainsi, il n'est pas tenu de renouveler le déclinatoire devant la cour royale. Il doit
d'ailleurs se conformer aux règles que nous venons
de tracer.

Lorsque le préfet a irrégulièrement élevé le conflit
après l'expiration de la quinzaine, il lui reste la ressource de porter l'affaire en appel et d'y proposer
de nouveau le déclinatoire. (Ib., art. 4.)

L'ordonnance du 1er juin 1828 ne faisant mention que des tribunaux de première instance et des
cours royales, on en a conclu que le conflit ne peut
être élevé devant la justice de paix. Ce n'est que
lorsque le tribunal de première instance est saisi de
l'appel interjeté de la sentence du juge de paix,
qu'il y a lieu à revendiquer la cause. (Arrêts du conseil d'Etat des 3 décembre 1828, 11 janv. 1829 et
28 mai 1829, Macarel, t. 10, p. 799, t. 11, p. 4
et 177.)

Le mode de procédure que nous avons exposé
s'applique aux matières correctionnelles comme aux
matières civiles. (Ordon. du 1er juin 1828, art. 17.)

§ 18. DE LA JURIDICTION VOLONTAIRE DU MINISTRE DES TRAVAUX PUBLICS.

58. Il est des cas où les arrêtés des préfets ne sont exécutoires qu'après avoir été approuvés par le ministre des travaux publics. Ces cas sont déterminés par des lois spéciales. Ainsi, par exemple, un arrêté qui désigne les propriétés soumises à l'expropriation doit être déféré au ministre, si le tracé primitif des travaux a été modifié après la clôture de l'enquête. (Loi du 7 juillet 1833, art. 11.) Il en est de même d'un arrêté indiquant les routes susceptibles d'être plantées sans inconvénient, l'alignement des plantations et l'essence des arbres. (Décret du 16 décembre 1821, art. 91.) Cette règle s'applique également aux actes de rétrocession, d'échange ou d'acquisition de terrain, et généralement à tous les actes qui engagent le trésor et compromettent la responsabilité du ministre. Il existe en quelque sorte pour ces différents actes d'administration deux degrés de juridiction volontaire; ce n'est qu'après qu'ils ont été épuisés que les particuliers peuvent réclamer le bénéfice des arrêtés préfectoraux ou sont tenus de s'y soumettre, selon qu'ils leur confèrent des avantages ou qu'ils leur imposent des obligations.

Lors même qu'ils n'y sont pas tenus par des dispositions législatives ou réglémentaires, les préfets peuvent demander au ministre d'homologuer leurs décisions. S'ils ont déclaré explicitement que ces arrêtés ne recevraient d'exécution qu'après l'approbation ministérielle, les parties ne sont pas fondées à en exciper, quoique les préfets soient compétents pour statuer d'une manière définitive.

Dans le cas où le ministre aurait approuvé un arrêté, et se le serait ainsi rendu propre, la partie in-

téressée, si elle se croyait lésée, ne pourrait pas porter directement sa réclamation devant le roi en conseil d'Etat; elle devrait d'abord se pourvoir devant le
ministre lui-même et lui faire entendre ses observations. La matière, en effet, est devenue contentieuse par l'opposition du particulier à l'égard duquel
l'arrêté a été rendu. Il faut que le ministre soit mis
à même de rendre une sentence contradictoire. Nous
développerons ce principe au chapitre *De la juridiction contentieuse du ministre des travaux publics.*
V. les n°s 125 et suiv.

§ 19. DE LA JURIDICTION VOLONTAIRE DU ROI.

59. Le roi fait tous les règlements d'administration publique qui sortent du cercle des attributions
ministérielles, et principalement ceux qui lui sont
réservés par les lois ou décrets ayant force de loi.
Ainsi il détermine la forme des enquêtes qui doivent
précéder la déclaration d'utilité publique des travaux projetés soit par l'état, soit par des compagnies.
(loi du 7 juillet 1833, art. 3); il autorise l'exécution des routes d'embranchement de moins de
20,000 m de longueur, des ponts et de tous autres
travaux de moindre importance (ib.); il prononce,
sur la demande des conseils-généraux des départements, le classement de chemins vicinaux au rang des
routes départementales (décret du 16 décembre
1811, art. 21); il ordonne la plantation des routes
appartenant à cette classe (ib., art. 16); il approuve
les plans d'alignements des rues faisant partie des
grandes routes. V. le n° 38.

C'est une grave question que de savoir si les ordonnances royales doivent être délibérées en conseil
d'Etat. Nous pensons que, sous le régime constitu-
tionnel, les ministres, étant seuls responsables des

actes du gouvernement, ont la faculté de consulter le conseil d'Etat, mais ne sont pas obligés de lui soumettre leurs projets de résolution. Nous exceptons toutefois les cas où une disposition expresse de la loi exige l'examen de ce conseil. Ainsi les règlements d'administration publique, tels que ceux qui sont nécessaires pour déterminer la forme des enquêtes, et les plans d'alignement des rues qui ne font pas partie des grandes routes, doivent être arrêtés en conseil d'Etat. (Loi du 16 septembre 1807, art. 52.) Hors ce cas, et jusqu'à ce que la loi nouvelle ait réglé les attributions du conseil d'Etat, il nous paraît que le ministre des travaux publics peut présenter immédiatement à la signature du roi les ordonnances relatives à la grande voirie.

CHAPITRE IV.

DE LA JURIDICTION CONTENTIEUSE.

DE LA JURIDICTION CONTENTIEUSE DES CONSEILS DE PRÉFECTURE.

60. Les conseils de préfecture, institués par la lo du 28 pluviôse an 8, ont une juridiction exceptionnelle en matière de grande voirie. Ils remplissent à la fois les fonctions de tribunaux civils et de tribunaux correctionnels : car tantôt ils règlent des dommages-intérêts, tantôt ils prononcent sur des délits. Cependant la loi leur a refusé le pouvoir de juger les questions de propriété ; lorsque ces questions se présentent, ils doivent les renvoyer aux tribunaux ordinaires, sauf à statuer plus tard sur le fait, qui rentre dans le cercle de leur compétence. On ne peut pas élever de conflits d'attributions devant les

conseils de préfecture comme devant l'autorité judiciaire : il faut se borner à décliner leur compétence, si la contestation n'est pas de leur ressort, ou demander qu'il soit sursis à statuer sur le fond, s'il se présente une question préjudicielle dont la connaissance appartienne aux tribunaux civils.

Il y a lieu de décliner la compétence des conseils de préfecture lorsqu'il s'agit d'une expropriation, d'une question de propriété ou de l'exercice de servitudes autres que les servitudes particulières sur lesquelles l'autorité administrative est appelée à prononcer. Il y a lieu de demander seulement un sursis lorsque la question soumise au conseil de préfecture dépend de la solution d'une question préjudicielle étrangère à ses attributions. Ainsi on rapporte un procès-verbal constatant une anticipation sur une grande route; le prévenu prétend qu'il est propriétaire du terrain revendiqué par l'administration et qu'il n'a fait qu'user d'un droit légitime. Il faut examiner d'abord à qui appartient le terrain litigieux; cette question doit nécessairement être renvoyée devant les tribunaux ordinaires; et, pendant le débat, la décision du conseil de préfecture sur la contravention reste suspendue. Si les tribunaux reconnaissent que le terrain fait partie du domaine public, l'instance administrative est reprise, et le conseil de préfecture prononce contre l'auteur du délit la peine déterminée par les lois. (Arrêts du conseil d'Etat des 8 nov. 1829 et 26 déc. 1830. Macarel, t. 11, p. 428, et t. 12, p. 582.)

61. Nous allons faire connaître les attributions des conseils de préfecture considérés sous le double rapport indiqué plus haut, c'est-à-dire comme tribunaux civils et comme tribunaux correctionnels.

Des conseils de préfecture considérés comme tribunaux civils.

62. Les conseils de préfecture remplissant les fonctions de tribunaux civils jouissent, comme ces tribunaux, de la faculté de s'éclairer par des enquêtes et par des expertises. C'est un usage généralement adopté, et que la jurisprudence du conseil d'Etat a transformé en règle. (Arrêts du conseil d'Etat des 18 juillet 1821, 18 janvier 1831 et 3 février 1830. Macarel, t. 2; p. 201; t. 13, p. 55 et t. 12, p. 62.); toutefois les conseils de préfecture, en empruntant au Code de procédure les différents moyens d'instruction qui y sont spécifiés, ne sont pas obligés de se conformer, à peine de nullité, aux règles et aux formalités qui les accompagnent.

Les conseils de préfecture considérés comme tribunaux civils connaissent :

1° Des répétitions d'indemnités pour occupation temporaire de terrains ;

2° Des demandes en réparation de dommages causés aux particuliers par l'exécution des travaux publics ;

3° Du règlement des indemnités dues aux propriétaires dont les terrains ont été fouillés pour la confection des routes.

Art. 1er Des répétitions d'indemnités pour occupation temporaire de terrains.

63. Il y a une grande différence entre les occupations permanentes et les occupations temporaires de terrains. Les premières sont de véritables expropriations; les autres constituent de simples privations de jouissance. Lors de la discussion de la loi du 7 juillet 1833, il a été solennellement reconnu qu'il n'y au-

rait lieu de recourir aux tribunaux et aux jurys spé-
ciaux que dans les cas où il s'agirait d'une expropriation complète; quant aux occupations temporaires,
elles restent sous la juridiction du conseil de préfecture, en vertu des lois des 28 pluviôse an 8 et 16 sept.
1807. Cette interprétation, donnée par le commissaire du roi, a été accueillie sans contradiction.
Néanmoins l'autorité administrative n'est compétente
que lorsque l'occupation du terrain a été ordonnée
par le préfet, pour cause d'utilité publique, contre
le gré du propriétaire. En pareille circonstance, le
préfet a fait un acte d'administration, dont les tribunaux ne doivent pas connaître; le propriétaire ne peut
donc porter sa réclamation que devant le conseil de
préfecture pour obtenir la réparation du dommage
qui lui a été causé. Mais si le terrain a été occupé
par suite d'un bail volontairement consenti par le
propriétaire, et s'il s'élève des difficultés sur l'exécution de ce bail, il appartient nécessairement aux
tribunaux de statuer sur la contestation, conformément au droit commun.

64. Si l'administration est autorisée à traiter à l'a-
miable lorsqu'il s'agit d'occupation permanente de
terrains, à plus forte raison a-t-elle ce droit en ce qui
concerne les occupations temporaires. Ce n'est donc
qu'à défaut d'un arrangement qu'on doit déférer
le règlement de l'indemnité au conseil de préfecture. Il est d'abord procédé à une expertise contradictoire; les experts sont nommés, l'un par le
préfet, l'autre par le propriétaire; le tiers expert,
s'il en est besoin, est de droit l'ingénieur en chef du
département. (Loi du 16 septembre 1807, art. 56.
Arrêt du conseil d'Etat du 11 mars 1830. Macarel,
t. 12, p. 148.) Le directeur et le contrôleur des contributions directes sont appelés à donner leur avis
sur le procès-verbal d'expertise. (Ib., art. 57.) Le

préfet peut dans tous les cas ordonner une nouvelle estimation. (Ib.)

*Art. 2. Demandes en réparation du dommage causé aux
particuliers par l'exécution des travaux publics.*

65. La compétence du conseil de préfecture en
matière de dommages est clairement établie par l'article 4 de la loi du 28 pluviôse an 8, ainsi conçu :

Le conseil de préfecture prononce : 1°...; 2° sur la réclamation des particuliers qui se plaindront des torts et dommages procédant du fait personnel des entrepreneurs, et non
du fait de l'administration.

66. Ces mots , *et non du fait de l'administration*,
ont fait croire à quelques personnes que les entrepreneurs étaient seuls justiciables du conseil de préfecture , et que l'administration pouvait être poursuivie devant les tribunaux lorsqu'elle avait causé
elle-même le dommage. C'était prêter au législateur
une pensée toute contraire à celle qu'il avait eue véritablement. Pour bien comprendre le sens de l'article que nous venons de rapporter, il ne faut pas ou-
blier que déjà l'administration jouissait d'une juridiction exceptionnelle, puisque la loi du 16 fructidor an 3 avait défendu aux tribunaux de connaître
de ses actes. Il restait des doutes sur la question de
savoir si les entrepreneurs de travaux publics devaient être soumis à la même juridiction, ou s'il y
avait lieu de les renvoyer devant les tribunaux ordinaires. Il a paru que ces entrepreneurs, n'agissant
point de leur propre mouvement ni pour leur propre compte, mais agissant au nom et pour le
compte de l'administration, ne devaient pas avoir
d'autres juges que les siens; c'est par ce motif qu'on
a investi le conseil de préfecture du droit de statuer

sur les réclamations des particuliers qui se plaindraient de torts et de dommages provenant du fait
personnel des entrepreneurs, et non du fait de l'administration, c'est-à-dire lors même que l'administration ne serait pas la cause immédiate des dommages. Le but de la loi du 28 pluviôse an 8 est si peu
de soumettre l'administration à la juridiction des
tribunaux, que le n° 3 du même article 4 précité
charge les conseils de préfecture de statuer *sur les demandes et contestations concernant les indemnités dues aux
particuliers à raison des terrains pris ou fouillés pour la
confection des chemins.* Il n'est pas permis de supposer que la loi ait voulu attribuer à l'autorité judiciaire
la connaissance des demandes en indemnités pour
de simples dommages provenant du fait de l'administration, tandis qu'elle confiait à l'autorité administrative le soin de régler le prix du terrain employé
aux travaux (*a*). Cette interprétation a constamment
été adoptée par le conseil d'Etat. (Arrêts du conseil
d'Etat des 27 août et 14 novembre 1833. Macarel,
2ᵉ série, t. 3, p. 518 et 621.)

67. Ainsi que nous l'avons expliqué au n° 63, les
particuliers ne peuvent réclamer l'intervention d'un
jury spécial, aux termes de la loi de 1833, que
lorsque les actes de l'administration sont de nature à
leur faire subir une expropriation complète.

Les altérations de la propriété, les privations ou
diminutions de jouissance, quelle qu'en soit la gra-
vité, constituent de simples dommages, dont l'appréciation appartient aux conseils de préfecture. Cepen-

(*a*) Il n'est peut-être pas inutile de rappeler qu'en ce qui
concerne les expropriations, la loi du 28 pluviôse an 8 a été
rapportée par la loi du 8 mars 1810, et enfin par celle du 7
juillet 1833.

dant si le dommage n'était pas le fait principal reproché à l'administration, s'il n'était que la conséquence d'une expropriation, le règlement de l'indemnité sortirait des attributions de l'autorité administrative, et le jury devrait prononcer sur le tout à la fois. Par exemple, on veut ouvrir une route au travers d'un terrain précieux et jusqu'alors hors des atteintes des voyageurs ; le propriétaire prétend qu'indépendamment du prix du terrain qu'on lui enlève, il lui est dû une indemnité pour les frais d'une clôture : il est évident que les deux demandes ne peuvent être séparées, et que c'est au jury spécial à statuer sur l'une et sur l'autre. Voir les n°s 267 et 268.

68. La dépréciation d'une maison enterrée en partie par l'exhaussement d'une route doit être considérée comme un simple dommage, et non comme une expropriation. Les réclamations du propriétaire sont jugées dans ce cas par le conseil de préfecture. (Arrêts du conseil d'État des 26 décembre 1827, 20 fév. 1828 et 12 avril 1832. Macarel, t. 9, p. 626 ; t. 10, p. 172, et 2e série, t. 2, p. 178.) Néanmoins, si les remblais s'élevaient à une hauteur telle que la maison devînt entièrement inhabitable, il en résulterait une véritable dépossession, et le propriétaire serait fondé à exiger que l'on procédât à son égard par voie d'expropriation. Le règlement de l'indemnité serait alors déféré au jury.

69. Il peut arriver que, pour exécuter un pont, il soit nécessaire de supprimer une usine, de la modifier ou de réduire l'élévation de ses eaux : dans le premier cas, la suppression est une expropriation complète ; dans les deux autres cas, si les changements peuvent s'opérer sans mettre l'usine hors de service ils ont uniquement le caractère de dommages. Il en est de même, à plus forte raison, d'un simple chômage. (Arrêt du conseil d'État du 19 déc.

1827. Macarel , t. 9, p. 615.) Le propriétaire n'aurait droit d'ailleurs à une indemnité qu'autant que la construction de l'usine aurait été légalement autorisée ou que l'acte d'autorisation ne le soumettrait pas à voir modifier son établissement sans indemnité, si l'utilité publique le commande. (Loi du 16 sep- 1807, art. 48.)

Les exemples que nous venons de citer suffisent pour faire apercevoir la différence qui existe entre l'expropriation proprement dite et les dommages. Il est facile de juger, suivant les circonstances, s'il convient de recourir à l'autorité judiciaire et au jury spécial, ou si les répétitions d'indemnités doivent être portées devant l'autorité administrative.

70. Les conseils de préfecture, compétents pour apprécier les dommages causés par l'administration, le sont-ils également pour prononcer sur ceux qu'elle éprouve. Il faut distinguer : lorsque ces dommages sont la conséquence de contraventions commises en matière de grande voirie, comme une anticipation, un dépôt sur la voie publique, etc. , nul doute que les conseils de préfecture ne les comprennent dans leur juridiction ; mais lorsqu'ils n'ont aucune apparence de délit, ce ne sont plus que des faits particuliers, qui rentrent dans l'application du droit commun. Il importe de remarquer que, si la connaissance des dommages causés par l'administration a été attribuée aux conseils de préfecture, c'est qu'on a vu de graves inconvénients à soumettre les actes administratifs au contrôle des tribunaux ordinaires, et que la loi du 16 fructidor an 3 avait décidé en principe qu'ils ne pouvaient s'immiscer d'aucune manière dans ces actes. Le même motif n'existe pas lorsqu'il s'agit d'un dommage causé par un particulier. L'administration n'est plus l'objet de poursuites ; elle en exerce au contraire contre l'auteur du préjudice

qu'elle a souffert ; elle n'a plus à craindre que ses actes soient critiqués par l'autorité judiciaire. Le conseil d'État l'a jugé ainsi dans l'espèce suivante : Un particulier, propriétaire d'un canal artificiel, avait négligé de l'entretenir avec soin ; les eaux, échappées par infiltration, s'étaient frayé un passage, en suivant la pente naturelle du terrain, et avaient déterminé la chute du mur de tête d'un pont ; sur la production d'un procès-verbal de contravention, le conseil de préfecture avait condamné le propriétaire à la réparation du dommage et à une amende. Il a été reconnu que le fait ne constituait pas une contravention sur la voirie, mais un simple dommage, et que dès lors les tribunaux seuls étaient compétents pour en connaître. (Arrêt du conseil d'Etat du 6 fév. 1831. Macarel, t. 13, p. 70.)

71. L'administration est tenue de réparer tous les dommages occasionés par l'exécution des travaux qu'elle entreprend. Ainsi, elle doit faire à ses frais les raccordements nécessaires pour rétablir les chemins vicinaux ou les chemins particuliers qu'elle a interceptés ; elle doit, à la rencontre de ces chemins, substituer des aqueducs aux fossés découverts qui mettraient obstacle à la libre circulation ; elle doit assurer l'écoulement des eaux dont la jouissance appartient à des particuliers, et maintenir généralement les servitudes dont sont grevés les terrains qu'elle a acquis, si toutefois elles ne sont pas incompatibles avec la nouvelle destination de ces terrains, et si l'acte d'acquisition en a stipulé la conservation ; elle doit enfin faire reconstruire les clôtures qu'elle a détruites, et indemniser les propriétaires des dégâts qu'ils ont éprouvés.

72. Il est bien entendu que l'administration n'est passible de dommages que lorsqu'elle trouble les particuliers dans leur jouissance actuelle. Dès qu'elle

a pris possession du terrain destiné à l'exécution de ses travaux et qu'elle y a construit une route, les riverains ne sont pas admis à se plaindre plus tard que cette route contrarie leur propre œuvre; l'administration a pour elle l'antériorité; si on portait atteinte à ses droits, elle serait lésée à son tour, et pourrait réclamer la réparation du préjudice causé à la propriété de l'Etat.

73. L'administration n'est obligée d'ailleurs d'indemniser les particuliers que dans le cas où ils se plaindraient d'un fait actif de sa part. Ainsi on n'aurait pas le droit de la rendre responsable d'un accident arrivé par suite du mauvais état d'une route ou d'un pont. Cette responsabilité n'est écrite nulle part dans nos lois; si elle existe moralement, elle ne saurait donner ouverture à une action civile (a).

74. Toutes les fois que l'administration fait exécuter des travaux par voie de régie, elle est tenue personnellement au paiement des dommages-intérêts réclamés par des particuliers; mais lorsque les travaux ont été confiés à un entrepreneur, et que le devis a mis expressément à sa charge la réparation de dommages qu'il pourrait causer, c'est contre l'entrepreneur, et non contre l'administration, que les propriétaires troublés dans leur possession doivent se pourvoir. (Arrêt du conseil d'Etat du 20 juillet 1832, Macarel, 2ᵉ série, t. 2, p. 414.)

(a) Le silence de nos lois à cet égard aurait besoin d'être réparé, et peut-être y aurait-il lieu de changer la responsabilité morale dont nous parlons en une responsabilité effective. Les poursuites exercées par un particulier en réparation des dommages que lui aurait fait éprouver le mauvais état d'une route serait le meilleur avertissement donné à l'administration de la négligence de ses agents ou de l'in-

Art. 3. *Du règlement des indemnités dues aux particuliers dont les terrains ont été fouillés pour la construction des routes.*

75. A défaut de conventions amiables, ce règlement est attribué aux conseils de préfecture par l'article 4 de la loi du 28 pluv. an 8, et par l'article 57 de la loi du 16 septembre 1807. On a essayé plusieurs fois de soutenir devant le conseil d Etat que ces lois avaient été rapportées par celle du 8 mars 1810, et que dès lors il appartenait aux tribunaux de prononcer sur les réclamations des propriétaires; mais cette doctrine a été constamment repoussée par le conseil d'Etat. Il a été établi en jurisprudence que la fouille d'un terrain constitue un simple dommage, et non une expropriation, seul cas où l'intervention des tribunaux soit nécessaire. (Arrêts du conseil d'Etat des 19 mars, 23 avril, 23 juillet, 6 et 13 août et 3 septembre 1823; 4 fév. et 24 mars 1824.)

Lorsque les répétitions d'indemnités sont exercées par l'administration forestière, par la commune ou par les établissements publics, à raison des fouilles exécutées dans les forêts, elles doivent également être soumises aux conseils de préfecture, conformément à la loi du 28 pluviôse an 8. (Ordonnance réglémentaire du 1er août 1827, art. 175.)

suffisance de ses moyens d'entretien. Du reste, nous ne doutons pas que, si la dégradation d'une grande route était telle que les voyageurs fussent obligés de déclore les champs voisins et de s'y frayer un passage, on ne dût appliquer le principe de l'article 41 du Code rural de 1791 et mettre à la charge de l'administration les dommages et les frais de clôture, si, après transport du juge de paix sur les lieux, il avait été reconnu par ce magistrat que le chemin public était impraticable.

76. Nous remarquerons que les entrepreneurs ne jouissent du bénéfice de la juridiction administrative que sous les conditions suivantes : 1° s'ils ont été régulièrement autorisés par le préfet à pratiquer les fouilles ; 2° s'ils se sont renfermés dans les limites de l'autorisation ; 3° enfin s'ils ont employé les matériaux aux travaux dont ils étaient chargés. L'absence de l'une de ces conditions leur fait perdre, à l'égard du propriétaire, le caractère d'entrepreneurs de travaux publics ; ils peuvent être poursuivis devant les tribunaux et condamnés à des dommages-intérêts. (Arrêts des conseil d'Etat des 7 septembre 1755 et 27 avril 1825. Ordonnance réglémentaire du 1er août 1827, art. 173.)

77. Le conseil de préfecture doit ordonner une expertise avant de statuer sur le règlement de l'indemnité due au propriétaire, et désigner d'office les personnes qui seront chargées de l'opération, si les parties ne s'accordent pas sur ce choix. Le directeur et le contrôleur des contributions directes sont ensuite appelés à donner leur avis sur l'estimation proposée par les experts. (Art. 56 et 57 de la loi du 16 septembre 1807.) Lorsque les dégâts ont été commis dans des forêts, l'agent forestier supérieur de l'arrondissement remplit les fonctions d'expert dans l'intérêt de l'Etat ; les experts qui doivent opérer au nom des communes ou des établissements publics sont nommés par les maires ou les administrateurs. (Ordon. réglémentaire du 1er août 1827, art. 72.)

78. D'après l'arrêt du 7 septembre 1755, le propriétaire doit être pleinement indemnisé de tout le préjudice que lui ont causé la fouille du terrain, l'extraction et l'enlèvement des matériaux. Mais est-il fondé à exiger le prix de ces matériaux ? L'arrêt ne s'explique pas sur ce point ; il semble même, par son silence, résoudre la question contre le proprié-

taire. La loi du 28 juillet 1791, sur les mines, a fait revivre, sans restriction, le droit de propriété, par son article 2, ainsi conçu :

Il n'est rien innové à l'extraction des sables, craies, argiles, marnes, pierres à bâtir, marbres, ardoises, etc.
« Mais, à défaut d'exploitation, de la part des propriétaires, des objets énoncés ci-dessus, et dans le cas seulement de nécessité pour les grandes routes ou pour les travaux d'une utilité publique, tels que ponts, chaussées, canaux de navigation, monuments publics et tous autres établissements et manufactures d'utilité générale, lesdites substances pourront être exploitées d'après la permission du directoire du département, sur l'avis du directeur du district, par tout entrepreneur ou propriétaire desdites manufactures, *en indemnisant le propriétaire tant du dommage fait à la surface que de la valeur des matériaux extraits*, le tout de gré à gré ou à dire d'experts. »

Cette équitable législation a été modifiée par l'article 55 de la loi du 16 sept. 1807, où il est dit :

Il n'y aura lieu à faire entrer dans l'estimation la valeur des matériaux à extraire que dans le cas où l'on s'emparerait d'une carrière déjà en exploitation.

Ainsi, lorsque le propriétaire a ouvert lui-même sa carrière et en a commencé l'exploitation, on doit lui payer, d'après leur prix courant, la valeur des matériaux employés aux travaux publics. Si au contraire il s'est livré uniquement à la culture de son terrain et s'est contenté du produit de la surface, il ne lui est dû d'indemnité que pour privation de jouissance du sol exploité et pour tous les dommages résultant du dépôt et du transport des matériaux. De nombreuses ordonnances ont confirmé cette doctrine.

79. Mais qu'entend-on par carrière en exploitation ? Est-il indispensable que l'exploitation soit ré-

gulière, continue? La jurisprudence du conseil d'Etat, d'abord défavorable aux propriétaires, est devenue peu à peu moins rigoureuse. Un décret du 6 septembre 1813 avait décidé qu'on ne pouvait considérer comme carrière en exploitation, dans le sens de la loi de 1807, que celle qui offrait au maître un revenu assuré, soit qu'il l'exploitât régulièrement par lui-même ou pour ses besoins, soit qu'il en fît un objet de commerce en l'exploitant régulièrement par lui-même ou par autrui. Il a été reconnu depuis qu'une exploitation, même irrégulière, instantanée, était suffisante pour que le propriétaire de la carrière fût fondé à répéter la valeur des matériaux enlevés. (Arrêts du conseil d'Etat des 13 juillet 1825, 1er mars et 4 mai 1829, 12 août 1829, 29 juin et 15 octobre 1832.) En effet, du moment que le propriétaire a pratiqué lui-même des fouilles sur son terrain, il a évidemment manifesté son intention de ne pas se borner aux produits de la surface, mais d'user pleinement et entièrement de son droit de propriété en exploitant le dessus et le dessous.

80. On a discuté la question de savoir si l'entrepreneur doit indemniser le maître de la carrière avant d'en commencer l'exploitation. En faisant ici l'application rigoureuse de la loi du 6 octobre 1791, il ne faudrait pas hésiter à décider que le paiement de l'indemnité doit être préalable :

Les agents de l'administration, dit cette loi (tit. 1, sect. 6, art. 1), ne pourront fouiller dans un champ pour y chercher des pierres, de la terre ou du sable, nécessaires à l'entretien des grandes routes ou autres ouvrages publics, *qu'au préalable* ils n'aient averti le propriétaire, et qu'il ne soit justement indemnisé à l'amiable ou à dire d'experts.

Mais il importe de remarquer que cette loi a été rendue dans le même esprit que la loi du 28 juillet

1791, qui obligeait l'entrepreneur à payer au propriétaire la valeur des matériaux extraits, soit que la carrière fût déjà en exploitation, soit qu'elle ne fût pas encore ouverte. On vient de voir que la législation actuelle a gravement modifié celle de 1791. Il nous paraît qu'il y a lieu d'établir ici une distinction. Ou bien la carrière indiquée au devis des travaux est en exploitation, ou bien elle n'est pas encore ouverte. Dans le premier cas, les matériaux devant être évalués d'après leur prix courant (loi du 16 septembre 1807, art. 55), l'entrepreneur est tenu de les payer au fur et à mesure de l'extraction. Dans le second cas, comme il n'est dû d'indemnité que pour le dommage causé à la surface, comme ce dommage est tout-à-fait éventuel, comme enfin l'appréciation ne peut en être arrêtée avec exactitude que lorsqu'il a cessé, l'entrepreneur est obligé seulement à convenir avec le propriétaire des bases d'un règlement ultérieur d'indemnité, et de payer un à-compte à titre de réparation du dommage qui doit se réaliser immédiatement.

81. Indépendamment d'une indemnité pour les dommages causés à la surface, et, selon les circonstances, pour la valeur des matériaux enlevés, le propriétaire a le droit d'exiger la réparation du chemin de service que le passage des voitures aurait pu dégrader. L'entrepreneur est tenu de remettre les lieux dans l'état où ils étaient avant qu'il en eût pris possession. La même obligation existe-t-elle à l'égard des chemins vicinaux qui conduisent aux carrières? Les communes peuvent-elles demander que les entrepreneurs contribuent au moins à la réparation des dégradations causées par l'usage? Avant la loi du 28 juillet 1824 sur les chemins vicinaux, on avait décidé que les particuliers n'étaient pas tenus de réparer le dommage fait aux chemins publics par la sim-

ple fréquentation ; que cette obligation ne commençait qu'alors que les détériorations provenaient d'entreprises illicites. Mais des doutes se sont élevés depuis sur la question de savoir si cette jurisprudence n'a pas été modifiée par les art. 7 et 8 de la loi précitée, ainsi conçus :

Art. 7. Toutes les fois qu'un chemin sera habituellement ou temporairement dégradé par des exploitations de mines, de carrières, de forêts ou de toute autre entreprise industrielle, il pourra y avoir lieu à obliger les entrepreneurs ou propriétaires à des subventions particulières, lesquelles seront, sur la demande des communes, réglées par les conseils de préfecture, d'après des expertises contradictoires.

Art. 8. Les propriétés de l'Etat et de la couronne contribuent aux dépenses des chemins communaux dans les proportions qui seront réglées par les préfets en conseil de préfecture.

Cette question s'est présentée au conseil d'Etat. Dans l'espèce, le dommage avait été constaté antérieurement à la loi du 28 juillet 1824 ; le conseil de préfecture avait condamné l'entrepreneur à fournir une subvention à la commune pour la réparation du dommage ; il n'avait pas fait d'ailleurs application de la nouvelle loi. Le conseil d'Etat a réformé l'arrêt attaqué, par les motifs suivants :

« Considérant que le conseil de préfecture ne s'est pas appuyé sur la loi du 28 juillet 1824, postérieure au fait dont il s'agit ; qu'il s'est seulement décidé par la considération que le dommage a été causé par un entrepreneur de travaux public, qui est tenu de le réparer ; considérant qu'il n'a pas été dressé de procès-verbal qui constate aucun fait particulier de contravention à la charge dudit entrepreneur, etc. (Arrêt du 16 janvier 1828, Macarel, t. 10, p. 71.)

Il semblerait d'après les termes que nous venons de rapporter que si le dommage avait été postérieur à la loi du 28 juillet 1824, la décision du conseil de préfecture aurait été maintenue ; mais si telle est la doctrine du conseil d'Etat, nous la croyons susceptible de controverse. La loi pose en principe que ceux qui font une entreprise industrielle peuvent être obligés à des subventions particulières. Cette obligation est une des charges de la spéculation. Il est facile de concevoir que l'Etat soit obligé de fournir une subvention pour la réparation des chemins servant à l'exploitation de ses forêts : dans ce cas, il doit, comme le simple particulier, supporter les charges de sa spéculation. Mais lorsqu'il faut transporter des matériaux pour la construction ou l'entretien d'une route, c'est-à-dire lorsqu'au lieu de chercher du bénéfice, il se jette dans des dépenses plus ou moins considérables, où est la spéculation ? où est le motif de la subvention ? On ne peut pas dire assurément qu'il exerce une entreprise industrielle. Vainement objecterait-on que les condamnations seraient prononcées contre l'entrepreneur des travaux, et non contre l'Etat ; car l'Etat se verrait exposé au recours de l'entrepreneur, et, en définitive, il supporterait seul le paiement de l'indemnité. Nous placerons ici une considération qui nous paraît importante. Si, d'une part, la commune éprouve un dommage par l'altération de son chemin, ne trouve-t-elle pas un avantage dans la possession de la grande route, qui lui amène des voyageurs, et lui fournit le moyen de vendre sur place le produit de son sol ? Le chemin vicinal, sans la grande route, ne perdrait-il pas la plus grande partie de son utilité ? ne formerait-il pas une voie sans issue ? Nous pensons donc que la commune, profitant essen des travaux dont l'exécution a été pour e

de dommage, n'est point fondée à réclamer de
dommages-intérêts contre l'Etat.

82. Nous croyons devoir rappeler ici que, lorsque
le devis a mis à la charge de l'entrepreneur les in
demnités dues aux particuliers pour l'extraction, le
dépôt et le transport des matériaux, il doit être
poursuivi personnellement devant le conseil de préfecture. (.V. le n° 74.)

DES CONSEILS DE PRÉFECTURE CONSIDÉRÉS COMME
TRIBUNAUX CORRECTIONNELS.

83. Les conseils de préfecture, remplissant les
fonctions de tribunaux correctionnels, prononcent
sur les difficultés qui s'élèvent en matière de grande
voirie (Loi du 28 pluviôse an 8, art. 4.) Cette juridiction a été confirmée en ces termes par la loi du 29
floréal an 10 :

ART. 1. Les contraventions en matière de grande voirie,
telles qu'anticipations, dépôts de fumier ou d'autres objets,
et toutes esp ces de détériorations commises sur les grandes
routes, sur les arbres qui les bordent, sur les fossés, ouvrages d'art et matériaux destinés à leur entretien..., seront constatées, poursuivies et réprimées par voie administrative.

ART. 4. Il sera statué définitivement en conseil de préfecture.... »

Le décret du 16 décembre 1811, au titre *De la
répression des délits de grande-voirie,* renferme une disposition semblable.

Il sera statué sans délai par le conseil de préfecture, dit
l'art. 114, tant sur les oppositions qui auraient été formées
par les délinquants que sur les amendes encourues par
eux, nonobstant la réparation du dommage.

84. On pourrait conclure de la teneur de l'article

1ᵉʳ de la loi du 29 floréal an 10 que les conseils de préfecture ne sont appelés à réprimer les contraventions qu'autant qu'elles sont le résultat d'anticipations, de dépôts ou de détériorations commises sur les grandes routes ; ainsi ils n'auraient point à connaître des procès-verbaux dressés contre les particuliers qui ont contrevenu aux alignements adoptés par l'administration. Mais pour compléter le sens de cet article, il faut le rapprocher de l'article 4 de la loi du 28 pluviôse an 8, qui investit les conseils de préfecture du pouvoir de prononcer sur les difficultés élevées en matière de grande voirie.

85. Nous croyons devoir rappeler ici que la compétence de l'autorité administrative subsiste seulement dans le cas où des particuliers ont enfreint un règlement spécial sur la voirie. Lorsqu'il s'agit d'un dommage causé à l'état par suite d'une entreprise qui n'est pas formellement prohibée, c'est aux tribunaux ordinaires qu'il appartient de l'apprécier et d'en déterminer la réparation. Voir au n° 134.

86. M. Macarel pense qu'en ce qui concerne les dépôts de fumier ou d'autres objets, le droit de répression, attribué d'abord aux conseils de préfecture par la loi du 29 floréal an 10, a été transporté aux tribunaux de simple police par l'art. 471 du Code pénal, ainsi conçu :

Seront punis d'une amende depuis 1 fr. jusqu'à 5 fr. inclusivement : ... 4° ceux qui auront embarrassé la voie publique, en y déposant ou y laissant sans nécessité des matériaux ou des choses quelconques qui empêchent ou diminuent la liberté ou la sûreté du passage.

Nous ne partageons pas cet avis. Il nous paraît évident que l'article précité n'a pu avoir pour effet de rapporter des règlements particuliers sur la grande voirie. L'article 484 porte :

Dans toutes les matières qui n'ont pas été réglées par le présent code, et qui sont régies par des lois et des règlements particuliers, les cours et les tribunaux continueront de les observer.

Le Code pénal n'a posé aucune règle à l'égard de la grande voirie : il n'a donc pu déroger implicitement aux lois qui la régissent.

D'ailleurs, si la juridiction exceptionnelle du conseil de préfecture, en matière de dépôts, avait été supprimée par le Code pénal, elle aurait été rétablie par le décret du 16 décembre 1811, postérieur à ce même code. Ce décret, qui a force de loi, contient les dispositions suivantes :

Art. 113. Les procès-verbaux seront adressés au sous-préfet, qui ordonnera sur-le-champ, aux termes des articles 3 et 4 de la loi du 29 floréal an 10, la réparation du délit par les délinquants ou à leur charge, s'il s'agit de dégradation, *dépôts de fumier, immondices ou autres substances*, etc.

Art. 114. Il sera statué sans délai par les conseils de préfecture, tant sur les oppositions qui auraient été formées par les délinquants que sur les amendes encourues par eux, nonobstant la réparation du dommage.

Le conseil d'État a constamment appliqué notre doctrine. (Arrêts des 31 juillet 1822, 17 nov. 1824 et 3 août 1828, Macarel, t. 4, p. 181, t. 6, p. 643, et t. 10, p. 592.)

87. Il s'est élevé une autre question. On a demandé si la compétence des conseils de préfecture était exclusive, ou si elle devait admettre concurremment celle des tribunaux de simple police. Le conseil d'État, se fondant sur la loi du 29 floréal an 10 et sur le décret du 16 décembre 1811, s'est prononcé contre l'intervention des tribunaux ordinaires. (Arrêtés des 31 juill. 1822 et 17 sept. 1824, déjà cités.)

La cour de cassation a reconnu au contraire que les

deux juridictions devaient s'exercer concurremment, par le motif que, du moment où un édifice est situé dans l'intérieur d'une ville, d'un bourg ou d'un village, quoique la rue forme le prolongement d'une grande route, les propriétaires ou locataires sont soumis aux lois et aux règlements de police, ainsi qu'à la juridiction des tribunaux chargés de les appliquer. (Arrêts des 6 juillet 1809, 3 juin 1811 et 15 avril 1824.) Nous penchons pour la jurisprudence adoptée par la cour de cassation. Il est facile de concevoir qu'un dépôt sur une rue servant de grande route constitue un dommage pour deux sortes d'intérêts ; l'intérêt général du transit et l'intérêt particulier de la localité ; il met à la fois obstacle à la circulation des voyageurs et à celle des habitants du pays. Il y a donc, pour ainsi dire, deux parties lésées : l'une doit porter sa plainte à l'autorité administrative, l'autre peut en saisir les tribunaux de simple police. Il est évident toutefois qu'il n'y a pas lieu de poursuivre simultanément l'auteur du délit devant les deux autorités, et qu'il n'est pas possible de faire prononcer contre lui deux condamnations.

Du moment que les conseils de préfecture ont commencé à connaître d'un procès-verbal de contravention, les tribunaux de simple police doivent s'abstenir ; et réciproquement, les conseils de préfecture n'ont plus à statuer lorsque les poursuites ont été entamées devant l'autorité judiciaire. Voir le n° 341.

88. Les conseils de préfecture ne peuvent prononcer de peines corporelles ; ils doivent se borner à faire l'application des peines pécuniaires qui sont établies par la loi et à déterminer les dommages-intérêts à la charge des contrevenants. Cette restriction de pouvoirs résulte évidemment de l'article 114 du décret du 16 décembre 1811, qui dispose ainsi :

Seront renvoyés à la connaissance des tribunaux les vio,
lences, vols de matériaux, voies de fait...

Dans le cas où le prévenu aurait encouru à la fois
l'amende et l'emprisonnement, le conseil de préfecture doit commencer par prononcer sur les dispositions qui sont de sa compétence, sauf à renvoyer le
prévenu devant le tribunal correctionnel pour l'application de la peine corporelle. (Instruction du
grand-juge ministre de la justice du 28 vend. an 11.)

89. Lorsque le délit a été l'occasion d'un dommage pour un tiers, il ne peut appartenir au conseil
de préfecture de régler les dommages-intérêts réclamés par ce tiers; après avoir réprimé la contravention dans l'intérêt de la grande voirie, il doit renvoyer le surplus de la plainte devant les tribunaux
ordinaires. (Décret du 16 décembre 1811, art. 114.)

90. Il s'est élevé une grave question sur l'application des amendes établies par les anciens règlements. Ces amendes sont généralement portées à un
taux très élevé; les conseils de préfecture ont-ils la
faculté de les réduire suivant les circonstances du
délit ? Le conseil d'État n'a pas encore adopté, à
cet égard, de jurisprudence invariable; mais le plus
souvent il a jugé que les conseils de préfecture com-
mettaient un excès de pouvoir, soit en ne prononçant
pas d'amende lorsque la contravention était dûment
constatée, soit en prononçant des amendes moin-
dres que celles qui sont déterminées par les règlements. Cette dernière solution nous semble plus
conforme aux principes de notre législation. En matière de grande voirie, les amendes sont fixes; aucune loi ne confère aux conseils de préfecture le
droit d'apprécier les circonstances atténuantes, et
de modérer, selon ces circonstances, la peine encourue par le contrevenant. Si les juges, cédant à

un sentiment d'équité, se refusaient à appliquer une amende qui leur semblerait hors de proportion avec l'importance du délit, ils usurperaient le droit de grâce, qui, d'après la constitution, n'appartient qu'au roi. Nous pensons donc que les conseils de préfecture doivent faire l'application des peines quelle qu'en soit la rigueur, sauf à recommander les contrevenants à la clémence royale.

91. Avant d'examiner les peines établies par les anciens règlements, nous allons faire connaître le mode de constater les délits et les mesures qu'il peut être nécessaire de prendre provisoirement pour faire cesser les dommages.

Du mode de constater les délits.

Le soin de constater les contraventions en matière de grande voirie est spécialement confié aux maires ou adjoints, aux ingénieurs et conducteurs des ponts-et-chaussées, aux commissaires de police, aux gendarmes (loi du 29 floréal an 10, art. 2), aux préposés chargés du recouvrement des contributions indirectes et des octrois (décret du 18 août 1810), aux gardes champêtres (décret du 16 décembre 1811, art. 112). Ce dernier décret fait en outre mention des cantonniers; mais il est essentiel de remarquer qu'il a eu seulement en vue les adjudicataires de l'entretien des routes, connus alors sous le nom de *cantonniers*, parce que les adjudications se faisaient par fractions de route appelées *cantons*: ainsi les ouvriers stationnaires que l'on emploie aujourd'hui, et qui ont reçu également la dénomination de cantonniers, ne sont point autorisés à dresser des procès-verbaux.

92. Lorsque les divers agents ci-dessus désignés n'ont pas prêté serment en justice, ils doivent le prê-

ter devant le préfet pour être admis à verbaliser. (Loi du 29 floréal an 10, art. 2.) Indépendamment de cette formalité, ils sont encore tenus d'affirmer leurs procès verbaux, soit devant le juge de paix (décret du 18 août 1810), soit devant le maire ou l'adjoint du lieu. (Décret du 16 déc. 1811, art. 112.) C'est à cette condition que les procès-verbaux peuvent faire foi et motiver une condamnation. (Décret du 18 août 1810.)

93. Le conseil d'Etat a décidé que les agents de l'administration avaient la faculté d'affirmer leur déclaration, ou devant le juge de paix du lieu du délit ou devant celui de leur domicile. (Arrêt du conseil d'État du 31 août 1828, Macarel, t. 10, p. 702.) Cette jurisprudence semble contraire à l'esprit de l'article 112 du décret du 16 décembre 1811, où il est dit que les agents appelés à la surveillance de la police des routes pourront affirmer leurs procès-verbaux de contravention *devant le maire ou l'adjoint du lieu.* Il paraît donc que la restriction résultant de cet article doit être appliquée aux juges de paix, et que l'affirmation n'est valable qu'autant qu'elle a été donnée devant la justice de paix du lieu où le délit a été commis; cependant l'art. 165 du Code forestier dispose que les gardes forestiers peuvent affirmer leurs procès-verbaux, soit devant le juge de paix de leur résidence, soit devant le juge de paix du lieu où le délit a été commis ou constaté: d'où on peut tirer la conséquence que l'alternative autorisée par l'arrêt du conseil d'État est conforme à l'esprit de la législation.

94. La loi du 14 brumaire an 7, relative à la perception de la taxe d'entretien et à la police du roulage obligeait les préposés à affirmer leurs procès-verbaux dans les trois jours. Cette disposition doit être étendue aux agents chargés de la police des

routes, malgré le silence de la loi du 29 floréal an
10 et du décret du 16 décembre 1811.

95. D'après la loi du 13 brumaire an 7, le droit
de timbre est établi sur tous les papiers destinés aux
écritures qui peuvent être produites en justice et y
faire foi. Une instruction du ministre de l'intérieur,
du 31 décembre 1808, basée sur les termes de cette
loi, avait fait connaître que tous les procès-verbaux
dressés en matière de grande voirie devaient être vi-
sés pour timbre et enregistrés en débet, sauf le recours sur les parties condamnées pour le recouvrement du droit; néanmoins le conseil d'État a reconnu que la police des routes étant régie par des lois
particulières, et ces lois n'exigeant pas la formalité
du timbre et de l'enregistrement, il n'y avait pas
lieu de s'y soumettre. (Arrêt du 18 janvier 1826,
Macarel, t. 8, p. 38.)

96. On a demandé si les procès-verbaux constatant des contraventions de voirie faisaient foi jusqu'à
inscription de faux. Nous regardons la question
comme résolue par la seconde partie de l'art. 154 du
Code d'instrution criminelle, rendu applicable aux
matières correctionnelles, et ainsi conçu :

Nul ne sera admis, à peine de nullité, à faire preuve par
témoins outre ou contre le contenu aux procès-verbaux ou
rapports des officiers de police ayant reçu de la loi le pouvoir de constater les délits ou les contraventions jusqu'à inscription de faux. Quant aux procès-verbaux et rapports
faits par des agents, préposés ou officiers auxquels la loi
n'a pas accordé le droit d'en être crus jusqu'à inscription de
faux, ils pourront être débattus par des preuves contraires,
soit écrites, soit testimoniales, si le tribunal juge à propos
de les admettre.

La loi du 29 floréal an 10 n'ayant pas accordé aux
agents de l'administration le droit d'en être crus jusqu'à inscription de faux, il faut en conclure que leurs

procès-verbaux peuvent être débattus par des preuves contraires. Le conseil d'État avait d'abord introduit dans sa jurisprudence un principe opposé. (Arrêt du 30 novembre 1830. Macarel, t. 12, p. 525.)
Peu après, il a commencé à modifier son opinion en
déclarant que les conseils de préfecture, appelés par
la loi du 28 pluviôse an 8 à prononcer sur les difficultés qui peuvent s'élever en matière de grande
voirie, sont investis, par cette attribution seule, du
droit de faire tous les actes préparatoires nécessaires
pour éclairer leur religion ; qu'un conseil de préfecture peut dès lors prescrire qu'il sera procédé par
des experts à la reconnaissance des travaux exécutés
sans autorisation, à l'effet de s'assurer s'ils reconfortent une construction soumise à retranchement. (Arrêt du 18 janvier 1831, Macarel, t. 13, p. 55.) Enfin, il a jugé d'une manière précise que les procès-
verbaux des agents de la voirie qui ont constaté des
contraventions *font foi jusqu'à preuve contraire*. (Arrêt
du 8 juin 1832, Macarel, 2e série, t. 2, p. 309.) La
règle posée en l'article 154 du code d'instruction
criminelle a cessé ainsi d'être méconnue ; elle doit
désormais servir de base aux décisions de l'autorité
administrative.

97. Les procès-verbaux de contravention sont immédiatement transmis au sous-préfet de l'arrondissement.

Des mesures provisoires.

98. Il peut arriver que dans l'intérêt de la sûreté
publique, de la liberté de la circulation ou de la
conservation des routes, il soit nécessaire de prendre des mesures provisoires afin de faire cesser, sans
délai, le fait qui est réputé contravention, et qui

doit être poursuivi ultérieurement devant les juges
compétents. Ces mesures rentrent dans les attributions de l'administration, qui, si elle n'est pas appelée à statuer sur la criminalité de l'acte, a du
moins le droit de le faire cesser du moment qu'elle
le trouve dangereux ou nuisible. Une bonne police
n'est possible qu'à cette condition. Lorsqu'il s'agit
de la sûreté des citoyens ou de la liberté des communications, il faut avant tout que l'administration soit obéie; le moindre retard pourrait avoir de
graves inconvénients.

99. C'est aux préfets, chargés de l'administration en
matière de grande voirie, qu'il appartient de pres-
scrire les mesures propres à faire cesser les dommages constatés par les procès-verbaux de contravention. Toutefois la loi du 29 floréal an 10 a délégué
un semblable pouvoir aux sous-préfets, qui, étant
plus rapprochés des lieux, sont plus à même de
prendre, dans l'intérêt public, une prompte détermination. « Les procès-verbaux, dit l'art. 3, séront
» radressés au sous-préfet, qui ordonnera par pro-
» vision, et sauf recours au préfet, ce que de droit,
» pour faire cesser les dommages. » Cette délégation
a paru conçue dans des termes trop généraux; elle
a été expliquée et restreinte par l'art. 113 du décret
du 16 décembre 1811, qui dispose ainsi :

Les procès-verbaux seront adressés au sous-préfet, qui
ordonnera sur-le-champ, aux termes des articles 3 et 4 de
la loi du 29 floréal an 10, la réparation du délit par les délinquants ou à leur charge, *s'il s'agit de dégradations, dépôts de fumier, immondices ou autres substances.*

Hors des cas spécifiés par l'article ci-dessus, les
sous-préfets ne sont donc plus compétents pour
faire cesser les dommages. Ce sont les préfets eux-
mêmes qui doivent ordonner, par provision, les

mesures réclamées dans l'intérêt public. La loi n'a point déterminé les circonstances où ces adminis-trateurs seraient autorisés à faire détruire, pour cause d'urgence, les actes qui leur sont signalés comme nuisibles; elle leur a conféré un plein pouvoir; ils l'exercent sous leur responsabilité.

100. Les délinquants peuvent former opposition, devant le conseil de préfecture, à l'exécution des mesures provisoires. Le conseil de préfecture statue en même temps sur ces oppositions et sur les amendes qu'il y a lieu d'appliquer. (Décret du 16 décembre 1811, art. 114.) Les sous-préfets n'ayant pas de juridiction qui leur soit véritablement propre, mais exerçant l'autorité préfectorale, en vertu d'une délégation de la loi, il est indispensable que leurs arrêtés soient déférés au préfet par la voie du recours, avant d'être l'objet d'une opposition devant les conseils de préfecture. La loi du 28 floréal an 10, en appelant les sous-préfets à ordonner des mesures provisoires, *sauf le recours au préfet*, a indiqué elle-même cette formalité. Une réclamation portée directement devant le conseil de préfecture ne serait pas dès lors recevable.

101. Le recours devant le préfet et l'opposition devant le conseil de préfecture sont ordinairement suspensifs; néanmoins, si le sous-préfet ou le préfet jugeait qu'il y a péril imminent à laisser subsister le fait qui constitue la contravention, l'un et l'autre auraient le droit de faire exécuter la mesure provisoire nonobstant tout recours ou toute opposition. Il importe de remarquer en effet qu'une telle mesure est un acte d'administration dicté par des considérations d'utilité publique, et auquel l'obéissance est due.

102. L'arrêté qui prescrit la mesure provisoire n'a pas le caractère d'un jugement. Lors même qu'il

a été exécuté immédiatement pour cause d'urgence, la question reste entière ; le conseil de préfecture peut toujours apprécier les circonstances, examiner si l'opposition du prévenu est fondée , et, le cas échéant, prononcer l'annulation du procès-verbal de contravention. Si, en définitive, il était reconnu que, loin d'avoir commis un délit, le prévenu n'a fait qu'user d'un droit légitime, non seulement il n'y aurait pas lieu de le condamner à l'amende, mais il devrait même être indemnisé du préjudice que lui a fait éprouver l'exécution de la mesure provisoire. (Arrêt du conseil d'État du 2 juillet 1820.)

De l'application des peines.

103. L'art. 114 du décret du 16 décembre 1811 dit qu'il sera statué *sans délai*, par les conseils de préfecture, tant sur les oppositions qui auraient été formées par les délinquants que sur les amendes encourues par eux, nonobstant la réparation du dommage. Cette disposition a besoin d'être expliquée.

Il faut nécessairement accorder au préfet et au conseil de préfecture le temps de produire les procès-verbaux, de recueillir des renseignements sur le fait incriminé, et d'entendre les prévenus dans leur défense. Mais quel sera ce délai? Un moment ne viendra-t-il pas où l'action de l'administration sera éteinte par la prescription? Notre législation ne reconnaît pas d'action perpétuelle : il nous semble donc qu'on doit suppléer au silence de la loi du 29 floréal an 10 et du décret du 16 décembre 1811, par l'application du principe du droit commun. Remarquons d'abord qu'une contravention de simple police est celle que l'on punit d'une amende de 15 fr. et au-dessous, et qu'une contravention en matière correctionnelle est celle qui est punissable d'une amende de 16 fr. et au-dessus. Or, l'action publique et l'action civile pour une contravention de police se prescrivent après une année révolue à compter du jour où elle a été commise , lors même qu'il y a eu procès-verbal, saisie, instruction et poursuite, si, dans cet intervalle il n'est point intervenu de condamnation. (*Code d'instruction criminelle*, art. 640.) S'il s'agit d'une contravention en matière correctionnelle, c'est-à-dire d'un fait punissable d'une amende de 16 fr. et au-dessus, la prescription est acquise après trois années révolues. Le délai court du jour où la contravention a été commise, si, pendant les trois années, il n'a été fait aucun acte d'instruction ou de poursuite, et du jour du dernier acte s'il y a eu un commencement d'instruction. (*Ib.*, art. 637 et 638.) Ces règles doivent être observées en matière de grande voirie ; elles ont plusieurs fois déjà servi de base aux décisions de l'autorité administrative.

104. Remarquons toutefois que, dans certains cas, l'expiration des délais entraîne une simple péremption d'instance et n'empêche pas que l'administration, après avoir fait constater de nouveau la contravention , ne recommence les poursuites. Nous avons établi au n° 18 que le sol des routes est imprescriptible. Si la contravention avait consisté dans l'usurpation d'une partie de ce sol, il est bien évident que la prescription acquise contre le premier procès-verbal ne mettrait pas le contrevenant à l'abri de toute recherche ultérieure. Il en serait de même si le fait commis malgré la défense de la loi subsistait encore après l'expiration du délai fixé par le Code d'instruction criminelle. Ainsi, un propriétaire riverain d'une route a planté des arbres sur son terrain à une distance moindre que celle qui est prescrite par les règlements ; ou bien il a placé au rez-de-chaussée de sa maison un balcon qui ré-

trécit la voie publique et entrave la liberté du passage : dans ce cas et dans les cas de même nature, l'administration a la faculté d'entamer une nouvelle instance devant le conseil de préfecture, et de demander la suppression du corps du délit. Mais alors son action doit être restreinte à la réparation du dommage, et ne peut s'étendre à la répression de la contravention : par conséquent elle n'est plus admise à requérir l'application des peines pécuniaires ; à cet égard, le contrevenant a définitivement acquis la prescription. Le conseil de préfecture juge dans ce cas comme tribunal civil. Voir l'art. 345.

105. Les conseils de préfecture sont chargés d'assurer la réparation et la répression des contraventions ; ainsi ils prononcent des dommages-intérêts et des amendes. L'appréciation des dommages-intérêts dépend essentiellement des circonstances. Quant aux amendes, elles sont indiquées tant par les anciens règlements sur la voirie que par la législation nouvelle ; nous allons en présenter la série sous la forme d'un code pénal.

106. Doivent être punis d'une amende de 500 f. :

1° Ceux qui auront comblé les fossés, abattu les berges des routes et anticipé sur la largeur desdites routes par leurs labours ou autrement, de quelque manière que ce soit (arrêt du conseil d'État du 4 août 1731) ;

2° Ceux qui auront planté des arbres à moins de six pieds de distance du bord extérieur des fossés ou berges (*ib.*) (*a*) ;

3° Ceux qui auront déchargé des graviers, fumiers

(*a*) L'arrêt du 26 mai 1705, antérieur à celui du 4 août de la même année, ne prononçait pour ce cas qu'une amende de dix livres.

immondices ou autres objets, tant sur les chaussées pavées et sur les chemins de terre que sur les ponts et dans les rues des bourgs et villages. (*ib.*) ;

4° Ceux qui auront abattu les bornes placées pour empêcher le passage des voitures sur les accostements des chaussées (*ib.*) ;

5° Ceux qui auront également abattu les bornes qui défendent les murs de soutènement et les parapets des ponts, ainsi que ces parapets (*ib.*) ;

Indépendammert de l'amende ci-dessus rapportée, les contrevenants sont passibles de la confiscation des chevaux, voitures et équipages (*Ib.*) (*a*).

6° Les voituriers employés à l'exploitation des carrières qui, pour aborder les grandes routes, se seront frayé, sans autorisation, un passage sur les talus, les fossés ou les accostements (arrêt du conseil d'État du 5 avril 1772).

Les propriétaires ou entrepreneurs de carrières qui auront souffert le délit indiqué en l'article précédent seront tenus solidairement du paiement de l'amende. (*Ib.*)

Indépendamment de l'amende, les contrevenants encourent la confiscation des matériaux transportés. (*Ib.*)

107. Doivent être punis d'une amende de 300 fr. :

1° Les propriétaires qui auront entrepris des constructions ou des reconstructions le long des grandes routes sans en avoir demandé et obtenu l'alignement et la permission (arrêt du conseil d'État du 27 février 1765) ;

2° Les propriétaires qui, sans autorisation préa-

(*a*) Les conseils de préfecture n'ont pas coutume de prononcer la peine de la confiscation en matière de grande voirie. Cette observation s'applique aux autres confiscations indiquées ci-après.

lable de l'administration , auront exécuté des réparations aux bâtiments longeant la voie publique
(*ib.*; arrêts du conseil d'État des 12 avril et 5
août 1829, Macarel, t. 11, p. 142 et 317);

3° Les propriétaires qui, sans une autorisation
semblable, auront établi des saillies aux façades de
leurs maisons (*ib.*);

4° Les maçons, charpentiers et autres ouvriers
qui auront exécuté les divers ouvrages ci-dessus désignés sans se faire représenter la permission de
l'autorité (*ib.*).

Indépendamment de l'amende, les propriétaires
sont passibles de la démolition des ouvrages et de la
confiscation des matériaux (*ib.*)

La défense d'exécuter des réparations aux bâtiments longeant la voie publique s'applique aussi
bien aux ouvrages intérieurs qu'aux ouvrages extérieurs, lorsqu'ils peuvent avoir pour effet la consolidation des murs de face. Ainsi un propriétaire qui
a construit un mur dans l'intérieur de sa maison,
pour la consolider, a commis une contravention à
l'arrêt du 27 février 1765. (Arrêts du conseil d'État
des 1er février et 16 août 1833, Macarel, 2e série,
t. 3, p. 78 et 476. V. les nos 233 et suivants.)

Les peines doivent être prononcées lors même
que les ouvrages auraient été de nature à être autorisés. Mais dans ce cas, il y a lieu seulement d'appliquer l'amende, et non d'ordonner la démolition
des ouvrages. (Arrêt du conseil d'État du 15 avril
1828. Macarel, t. 10, p. 363.)

Il en est de même si le propriétaire, après avoir
obtenu la permission du préfet, a outrepassé les termes de cette permission (arrêts du conseil d'État des
18 janvier et 27 mai 1831, Macarel, t. 13, p. 53 et
213), ou bien s'il s'est pourvu devant une autorité
incompétente, par exemple devant un maire, pour

faire autoriser son entreprise (arrêt du conseil d'État du 29 août 1821, Macarel, t. 2, p. 323).

On ne peut obliger le contrevenant à démolir tout entier l'édifice réparé sans autorisation ; il faut se borner à ordonner la suppression de l'œuvre nouvelle. (Arrêts du conseil d'État des 16 mai 1827 et 12 avril 1832, Macarel, t. 10, p. 287, et 2e série, t. 2, p. 181).

108. Doivent être punis d'une amende de 100 fr.:

Les conducteurs de bestiaux, qui les auront conduits en pâturage ou laissé se répandre sur les bords des grands chemins plantés soit d'arbres, soit de haies d'épines ou autres. (Arrêt du conseil d'État du 16 décembre 1759.)

Les maîtres, pères, chefs de famille et propriétaires des bestiaux, sont civilement responsables du paiement de l'amende. (*Ib.*)

109. Doivent être punis d'une amende de 60 fr. :

Ceux qui auront rompu, coupé ou abattu les arbres plantés par les propriétaires riverains des routes, sur leurs propres fonds. (Arrêt du conseil d'État du 3 mai 1720, art. 8.) (*a*)

110. Tous particuliers ou communes au lieu et place desquels il a été effectué des plantations, faute par eux de les avoir exécutées conformément aux ordres de l'administration, doivent être condamnés à l'amende de 1 franc par pied d'arbre planté pour leur compte. (Décret du 16 décembre 1811, art. 97.)

111. Tout propriétaire qui est reconnu avoir coupé, sans autorisation, arraché ou fait périr les arbres *plantés sur son terrain*, est passible d'une amende égale à la triple valeur de l'arbre détruit. (*Ib.*, art. 101.)

(*a*) Voir au n° 112 pour la peine applicable à ceux qui ont coupé des arbres plantés sur le sol même des routes.

112. Pareille peine est encourue par les particuliers non propriétaires, qui ont coupé ou détérioré
des arbres *plantés sur les routes* (Loi du 6 octobre
1791, tit. 2, art. 43.) (*a*)

113. Les propriétaires qui ont procédé à l'élagage
des arbres qui leur appartiennent sur la grande
route, autrement qu'aux époques et suivant les indications contenues dans l'arrêté du préfet, peuvent
êtres poursuivis comme coupables de dommages
causés aux plantations des routes (décret du 16 décembre 1811, art. 105), c'est-à-dire qu'ils peuvent
être condamnés à une amende triple de la valeur des
arbres indûment élagués (*Ib.*, art. 101).

114. Quelques règlements anciens prononcent,
dans certains cas, la peine de l'amende sans en fixer
la quotité. C'est ainsi que l'ordonnance de 1669 veut
que l'on condamne à une amende arbitraire ceux
qui, nonobstant les avertissements de l'admini stra-
toin, refusent d'essarter les bois et broussailles plantés sur leurs terrains, le long des routes. Dans ces
cas, il y a lieu d'appliquer l'amende de 1 à 5 francs
établie par le n° 15 de l'art. 471 du nouveau Code
pénal contre ceux qui auront contrevenu aux règlements légalement faits par l'autorité administrative.

Des effets et de l'exécution des arrêtés de conseils de
préfecture.

115. Les arrêtés rendus par les conseils de préfecture sont de véritables jugements, qui doivent

(*a*) Voir le n° 109 pour la peine applicable aux particuliers non propriétaires qui ont coupé des arbres plantés sur
les fonds riverains.

produire les mêmes effets et recevoir la même exécution que les décisions de l'autorité judiciaire. (Avis du conseil d'État du 16 thermidor an 12, confirmé par un autre avis du 29 octobre 1811. Décrets des 17 avril 1812 et 21 juin 1813.) Ainsi, ils emportent hypothèques. (Avis précité du conseil d'État. Loi du 29 floréal an 10, art. 4.) Ils sont d'ailleurs exécutoires de plein droit, sans visa ni mandement des tribunaux (ib.), conformément aux lois des 16 et 21 fructidor an 3, qui ont prononcé la séparation des fonctions judiciaires et administratives, et interdit aux tribunaux de s'immiscer, sous quelque prétexte que ce soit, dans les actes de l'administration.

116. L'exécution doit être précédée d'une signification par huissier, afin que le condamné soit mis en demeure de former son recours devant le conseil d'État. Le recours n'est point suspensif. (Loi du 29 floréal an 10, art. 4.) Toutefois, à moins d'une nécessité absolue, le préfet doit surseoir à toute poursuite ultérieure, jusqu'à ce qu'il ait été statué sur le pourvoi. Ce n'est qu'autant qu'il y aurait péril en la demeure, que l'exécution immédiate devrait être ordonnée.

117. Les amendes sont recouvrées par les préposés de l'enregistrement et des domaines. (Décret du 29 août 1813.) Les individus condamnés peuvent être contraints au paiement de ces amendes par l'envoi de garnisaires et la saisie des meubles. (Loi du 29 floréal an 10, art. 4.)

118. La loi du 29 floréal an 10 ne s'explique sur le mode d'exécution des arrêtés qu'en ce qui concerne la peine pécuniaire. Elle ne prévoit pas les cas où indépendamment des peines de cette nature, les contrevenants seraient condamnés à réparer à leurs frais le dommage qu'ils auraient causé; où, par exemple, il leur aurait été enjoint de démolir un

bâtiment élevé sur le sol de la grande voirie. Nous avons dit, au n° 115, que les arrêtés des conseils de préfecture sont de véritables jugements qui doivent produire les mêmes effets que les décisions de l'autorité judiciaire. Il nous paraît qu'il convient de tirer des conséquences de cette analogie légale. Or, d'après la loi du 22 germinal an 4, confirmée par l'article 114 du décret du 18 juin 1811, le gouvernement peut réquérir des ouvriers pour l'exécution forcée des jugements. Les préfets ont donc la faculté de faire exécuter par les mêmes moyens les arrêtés des conseils de préfecture. Ainsi, dans l'hypothèse posée ci-dessus, lorsque le particulier qui a bâti sur le sol de la grande voirie refuse de remettre les lieux dans leur premier état, l'administration a le droit de requérir des ouvriers pour faire démolir l'édifice élevé en contravention.

119. Le préfet est-il libre de déléguer ce droit aux ingénieurs et aux conducteurs des ponts et chaussées? Nous ne le pensons pas. Les ingénieurs et conducteurs des ponts et chaussées sont de simples agents de l'administration, appelés par la loi à surveiller et à constater les délits; ils n'ont pas le caractère d'officiers publics, et doivent dès lors rester étrangers à l'exécution des jugements administratifs. Cette exécution ne peut dès lors être opérée qu'à la diligence des préfets, des sous-préfets et des maires. Les instructions de l'administration ont constamment été conçues dans ce sens.

120. L'état des frais faits d'office pour exécuter les condamnations doit être déclaré exécutoire par le conseil de préfecture, et recouvré, comme le montant des amendes, par les agents de l'enregistrement et des domaines.

De la prescription.

121. Nous empruntons encore ici les termes du Code d'instruction criminelle pour suppléer au silence de la loi du 29 floréal an 10 et du décret du 16 décembre 1811.

Art. 636. Les peines portées par les arrêts ou jugements rendus en matière correctionnelle se prescriront par cinq années révolues à compter de la date de l'arrêt ou du jugement rendu en dernier ressort; et à l'égard des peines prononcées par les tribunaux de première instance, à compter du jour où ils ne pourront plus être attaqués par la voie de l'appel.

Cette règle doit être appliquée aux arrêtés rendus en matière de grande voirie. Néanmoins, ainsi que nous l'avons expliqué au n° 104, la prescription peut, dans certains cas, n'être acquise au condamné qu'en ce qui concerne la peine pécuniaire, et ne pas mettre obstacle à de nouvelles poursuites de la part de l'administration. Nous renvoyons, pour cette distinction, aux exemples que nous avons cités.

DE LA JURIDICTION CONTENTIEUSE DU MINISTRE DE L'INTÉRIEUR ET DES TRAVAUX PUBLICS.

122. En aucun cas les arrêtés des préfets rendus sur des objets de grande voirie ne sont en dernier ressort. Ils sont susceptibles de recours devant le ministre de l'intérieur et des travaux publics, à qui il appartient de les maintenir ou de les réformer. Le ministre exerce ainsi une véritable juridiction contentieuse; il peut ordonner tous les actes qu'il croit propres à éclairer sa religion, et à amener une solution conforme à la justice.

123. Le recours est permis, non seulement contre les arrêtés dont le ministre n'a pas encore eu connaissance, mais même contre ceux que les préfets ont déjà soumis volontairement à son approbation. Le ministre, étant obligé de rendre une décision contradictoire, doit nécessairement admettre l'opposition que lui présente la partie qu'il a condamnée par défaut, et procéder à une nouvelle instruction de l'affaire. Autrement, la faculté du recours serait illusoire, puisque celui qui voudrait en profiter se verrait opposer l'autorité de la chose jugée sans avoir été entendu.

124. Les arrêtés des préfets ne sont pas des jugements proprement dits : ainsi, lorsqu'ils ont été rendus par défaut, il n'est pas nécessaire d'épuiser la voie de l'opposition avant de les soumettre à la censure du ministre. A cet égard, l'opposition est tout-à-fait facultative. La seconde conséquence à tirer du principe précédent, c'est qu'il n'y a pas de délai fatal pour exercer le recours devant l'autorité ministérielle ; on est toujours recevable à en user tant qu'on n'a pas acquiescé à l'arrêté du préfet ou qu'on ne l'a pas volontairement exécuté.

125. C'est une grave question que de savoir dans quels cas les décisions du ministre sont en dernier ressort, et dans quels cas au contraire elles peuvent être attaquées devant le roi en son conseil d'État. Il est déjà établi en règle que les actes de simple administration ne sont pas susceptibles d'être déférés au conseil d'État par la voie contentieuse : la jurisprudence est constante sur ce point. Mais comment distinguer les actes de simple administration de ceux qui ont le caractère de jugement, et contre lesquels un pourvoi peut dès lors être formé ? Une définition complète et exacte manque encore ; on la chercherait vainement dans les lois et dans les arrêts. Tou-

tefois, quelque délicate que soit cette question, il ne nous paraît pas impossible d'arriver à une solution satisfaisante.

Administrer, c'est pourvoir aux besoins généraux de la société. Juger, c'est prononcer sur un droit contesté dont un membre de la société revendique l'exercice. Les délégués du gouvernement, agissant dans la sphère que la loi leur a tracée, sont tantôt administrateurs, tantôt juges. Leurs fonctions, sous ce double rapport, se distinguent par l'objet de leurs déterminations. Lorsqu'un ministre prend une mesure qu'il croit commandée par la nécessité publique, il administre ; lorsqu'il statue sur une réclamation qui lui est présentée par un citoyen, contre un autre citoyen ou contre un acte de l'autorité, réclamation qui a pour objet, non d'obtenir une faveur, mais de demander la jouissance d'un droit, il rend un jugement. (Voir le n. 188.) Quelques exemples rendront cette distinction plus sensible.

Le ministre des travaux publics homologue l'arrêté par lequel un préfet a autorisé l'occupation temporaire d'un terrain, pour rétablir une communication qui vient d'être interceptée : il est évident que, dans ce cas, il agit en vue des intérêts généraux, c'est-à-dire qu'il fait un acte d'administration. Il ne reste plus au propriétaire qu'à réclamer une indemnité pour le dommage qu'il a souffert.

Le ministre confirme la permission accordée à un entrepreneur de travaux publics, d'extraire dans les lieux non clos de murs les matériaux nécessaires à l'exécution de l'ouvrage confié à ses soins : dans ce cas, encore, il est l'organe du besoin de la société; il administre. Le propriétaire du terrain fouillé conserve seulement une action en dommages-intérêts.

Le ministre maintient un arrêté préfectoral, prescrivant l'essartement de bois qui bordent une grande route et qui servent de refuge aux malfaiteurs : nul doute qu'alors il ne veille à la sûreté publique, et qu'il n'accomplisse un des devoirs les plus impérieux de l'administration.

Dans ces différentes circonstances, les propriétaires jouent un rôle tout-à-fait passif. Il ne s'agit point de prononcer sur l'étendue ou sur l'exercice d'un droit dont ils se croient investis ; l'action de l'administration a seulement pour but de satisfaire aux exigences de l'intérêt général.

Voici maintenant quelques exemples du cas où le ministre quitte sa qualité d'administrateur pour prendre celle de juge.

Un propriétaire, riverain d'une grande route, veut bâtir sur son terrain ; il est mécontent de l'alignement partiel qui lui a été tracé par le préfet, en l'absence d'un plan général, et prétend que cet alignement met inutilement des entraves à l'exercice de son droit de propriété. Le ministre, appelé à trancher la question, rend alors un véritable jugement. On ne peut nier qu'en effet la matière ne soit contentieuse, et que la réclamation du propriétaire ne constitue un litige à résoudre.

Le riverain d'une route annonce qu'il va exécuter des changements à des bâtiments actuellement existants ; le préfet s'oppose à ces changements par le motif qu'ils tendent à consolider les bâtiments et à retarder l'époque où leur démolition procurera à la voie publique un élargissement reconnu nécessaire : dans cette espèce, le ministre intervient encore comme juge, et prononce sur l'exercice d'un droit de propriété.

Dans les deux hypothèses que nous venons de créer, le ministre n'a pas agi par voie d'initiative, il n'ordonne pas une mesure, il ne fait pas de commandement. Il indique les limites dans lesquelles le propriétaire lui paraît devoir renfermer l'exercice de son droit; il n'administre pas, il rend une sentence.

Ces courtes observations feront sans doute apercevoir la différence qui existe entre les actes de simple administration et les jugements administratifs.

126. Les décisions ministérielles sur des matières d'administration sont en dernier ressort, dans ce sens toutefois qu'elles ne peuvent être déférées au roi en son conseil d'État par la voie contentieuse. (Arrêts du conseil d'État, des 31 août 1830 et 18 août 1831, Macarel, t. 12, pr 400, et t. 13, p. 333.) Les citoyens qui croient avoir à se plaindre de ces décisions ne peuvent plus adresser leurs doléances qu'au roi, qui, en sa qualité de chef suprême de l'État, a le pouvoir, en agissant cependant sous la responsabilité ministérielle, de révoquer les ordres donnés en son nom. Ils sont d'ailleurs fondés à demander une indemnité devant l'autorité compétente.

127. Les décisions du ministre qui ne sont pas de simples actes administratifs, mais qui ont le caractère de jugements, sont au contraire susceptibles de recours devant le conseil d'État par la voie contentieuse. (Arrêt du conseil d'État du 1er avril 1830, Macarel, t. 12, p. 169.) Du moment qu'il y a litige, il faut nécessairement parcourir tous les degrés de la juridiction administrative. C'est ainsi que plusieurs fois le conseil d'État a admis, en la forme, les requêtes dirigées contre les décisions ministérielles approbatives d'arrêtés qui déterminaient des alignements partiels. (Arrêts du conseil d'État des 26 août 1829 et 15 février 1833, Macarel, t. 11, p. 349, 2e série t. 3, p. 112.)

DU LA JURIDICTION CONTENTIEUSE DU CONSEIL D'ETAT.

128. Le conseil d'Etat fait à la fois l'office de cour royale et de cour de cassation Il revòit le *droit*, le *fait*, et la *forme*; mais quand il y a lieu de rectifier la sentence des premiers juges, il statue lui-même, et ne renvoie jamais à un autre tribunal. Il reçoit les requêtes présentées :

1° Contre les arrêtés des préfets attaqués pour cause d'incompétence. (Arrêts du conseil d'Etat des 18 janvier 1826 et 22 février 1833, Macarel, t. 8, p. 14, et 2ᵉ série, t. 3, p. 133.) Ici il n'y a pas lieu de distinguer les arrêtés administratifs des arrêtés contentieux. Les pourvois pour cause d'incompétence contre les arrêtés ministériels ou préfectoraux, quelle qu'en soit la nature, doivent toujours être portés directement devant le conseil d'Etat. (Arrêt du conseil d'Etat du 16 juin 1831.)

2° Contre les arrêtés des conseils de préfecture rendus contradictoirement.

3° Contre les décisions ministérielles rendues aussi contradictoirement, et qui ont le caractère de jugement;

4° Enfin, il lui appartient de prononcer sur les conflits d'attribution. (Ordonnance du 1ᵉʳ juin 1828, art. 14 et 15.)

129. Le recours au conseil d'Etat n'est recevable que sous les conditions suivantes :

1° Qu'il ait été interjeté dans les trois mois de la notification de la décision, et cela sous peine de déchéance (règlement du 22 juillet 1806, art. 11; arrêts du conseil d'Etat des 3 juin 1808, 4 août et 1ᵉʳ décembre 1819;

2° Qu'il n'y ait point eu acquiescement de la partie qui se pourvoit (arrêt du conseil d'Etat du 1er décembre 1819);

3° Que la décision ministérielle soit contradictoire (arrêts du conseil d'Etat des 23 novembre 1813 et 3 juin 1818);

4° Ou, si la décision a été rendue par défaut, que la partie ait épuisé la voie de l'opposition devant le ministre même (arrêt du conseil d'Etat du 26 février 1817).

130. La jurisprudence a varié sur la question de savoir si, pour faire courir le délai du pourvoi, la notification doit être faite par le ministère d'huissier. On a jugé plusieurs fois que l'administration supérieure ou les particuliers avaient encouru la déchéance lorsqu'ils avaient eu connaissance de l'arrêté attaqué, et n'avaient pas présenté leur requête dans les trois mois. Cette solution ne paraît pas conforme à l'esprit de la loi; elle est d'ailleurs contraire au droit commun. Puisqu'on admet que les autorités administratives sont, dans certains cas, de véritables juges dont les actes doivent produire le même effet et obtenir la même exécution que ceux des tribunaux ordinaires (avis du conseil d'état du 16 thermidor an 12 déjà cité), il faut nécessairement appliquer à leur décision les règles établies pour les jugements des autorités judiciaires. Le droit de recours est un droit important; il ne serait pas convenable de l'éteindre autrement que par la signification d'un officier public. Le conseil d'Etat semble l'avoir lui-même reconnu; dans les circonstances les plus récentes où il a eu à se prononcer sur cette question, il a décidé qu'une notification par huissier pouvait seule faire courir le délai du pourvoi. (Arrêts des 22 avril 1831 et 27 août 1833, Macarel, t. 13, p. 158; 2e série, t. 3, p. 515.)

131. Le recours au conseil d'Etat n'a pas d'effet

suspensif (Loi du 29 floréal an 10, art. 4. Règle
ment du 22 juillet 1806, art. 3.) Toutefois, sur l'a-
vis du comité du contentieux, le roi peut accorder
un sursis par une ordonnance spéciale. Il y a lieu
particulièrement de prononcer le sursis lorsqu'il
n'y a pas péril en la demeure, et que l'exécution de
l'arrêté attaqué causerait au réclamant un dommage
considérable, si, par suite de la décision définitive,
l'arrêté n'était pas confirmé. (Arrêts du conseil d'E-
tat des 11 novembre 1831 et 11 août 1833, Macarel,
t. 13, p. 435, et 2ᵉ série, t. 3, p. 448.)

132. Les décisions du conseil d'Etat doivent être
contradictoires. Celles qui ont été rendues par défaut
sont susceptibles d'opposition. (Règlement du 22 juil.
1806, art. 29.) L'opposition n'est pas suspensive, à
moins qu'il n'en ait été autrement ordonné. (*Ib.*)
Elle doit au surplus, comme le pourvoi lui-même,
être formée dans le délai de trois mois à compter du
jour où la décision par défaut a été notifiée (*Ib.*)

133. Les arrêts définitifs en matière de grande
voirie sont exécutés à la diligence du président du
conseil d'Etat et du ministre des travaux publics.

DE LA JURIDICTION CONTENTIEUSE DES TRIBUNAUX CIVILS. (Voir les nᵒˢ 366 et suiv.)

134. Les tribunaux civils prononcent :
1° Sur la question d'expropriation forcée pour
cause d'utilité publique (loi du 7 juil. 1833, art. 14);
2° Sur les questions de propriété (arrêt du conseil
d'État du 8 novembre 1829, Macarel, t. 11, p. 428);
3° Sur les droits de prescription réclamés contre
le domaine public (arrêt du conseil d'État du 3 février 1832, Macarel, 2ᵉ série, t. 2, p. 41)
4° Sur les indemnités dues pour un service foncier

imposé *à perpétuité* sur un fonds inférieur, par suite de travaux publics. (Arrêt du conseil d'État du 6 mars 1828, Macarel, t. 10, p. 233.) Si la servitude ne devait être que temporaire, elle constituerait un simple dommage, et il appartiendrait à l'autorité administrative d'en apprécier les circonstances.

5° Sur la réparation d'un dommage causé au domaine de l'État, lorsque ce dommage n'est pas le résultat d'une contravention à un règlement spécial touchant la grande voirie (arrêt du conseil d'État du 6 février 1831, Macarel, t. 13, p. 70) ;

6° Sur les dommages-intérêts répétés contre les entrepreneurs de travaux publics, dans tous les cas où ces entrepreneurs ont outrepassé les ordres de l'administration et ont perdu ainsi le bénéfice de la juridiction administrative. Voir le n° 76.

7° Sur le prix des matériaux enlevés pour l'exécution de travaux publics, si l'entrepreneur en a opéré l'extraction, non en vertu d'une autorisation de l'administration, mais en vertu d'une convention antérieure faite avec le propriétaire du champ fouillé (arrêt du conseil d'État des 8 et 28 août 1827, et du 30 janvier 1828, Macarel, t. 9, p. 452 et 472; t. 10, p. 128) ;

8° Enfin sur les indemnités réclamées par des particuliers à raison des dommages qui leur sont causés par suite de contravations aux règlements sur la voirie (décret du 16 décembre 13   art. 114).

DE LA JURIDICTION CONTENTIEUSE DU JURY SPÉCIAL.

135. La loi du 7 juillet 1833 a institué un jury spécial pour prononcer sur le règlement des indemnités dues aux propriétaires expropriés pour cause d'utilité publique. Voir les n°s 377 et suiv.

TITRE II.

DE LA VOIRIE DES VILLES, BOURGS ET VILLAGES.

136. La voirie urbaine comprend les règles propres à l'établissement, à la conservation, à l'entretien et à la police des voies publiques dans les villes, bourgs et villages.

Un arrêt de la cour de cassation du 8 août 1833 (Dalloz, an 1835, p. 339) définit ainsi le droit de voirie urbaine : « Le droit de voirie, dit cet arrêt, a toujours compris, en France, le pouvoir notamment de régler l'alignement, la hauteur et la régularité des édifices, bâtiments et constructions élevés ou réparés joignant la voie publique, et d'empêcher les entreprises de toute nature qui seraient contraires à la décoration des villes, bourgs et villages, ainsi qu'à la sûreté et à la commodité des citoyens. »

137. Les voies publiques dans les villes, bourgs et villages, sont les rues, les culs-de-sacs, que Voltaire a proposé d'appeler impasses, les places, les quais, les passages publics et les promenades, qui sont affectées à l'usage du public par une destination perpétuelle.

Il s'était élevé quelques doutes sur la nature des impasses ou culs-de-sac. On se demandait si on pouvait considérer comme voie publique une rue qui n'avait qu'une seule issue, et qui n'était pratiquée que pour le service des maisons riveraines ? La cour de Bourges a résolu la difficulté dans un arrêt du 15 décembre 1829. Elle a décidé qu'une impasse, de même qu'une rue ou une place publique, n'était pas la propriété de ceux qui l'habitaient, mais une propriété communale, dont l'usage était permis à tous.

Une impasse, quoique son usage soit ordinairement restreint à la desserte de quelques maisons particulières, a donc tous les caractères d'une voie publique.

Il est entendu que des titres de propriété joints à une possession paisible et publique, peuvent faire d'une impasse une réunion de propriétés purement privées, qui sont grevées, au profit les unes des autres, de la servitude réciproque de passage. Les exemples en abondent dans les villes, et souvent celles-ci prétendent alors pouvoir se décharger de certaines obligations, telles que le pavage, l'éclairage.

138. Au surplus, tous les passages établis par des particuliers sur un sol qui leur appartient participent de la nature des voies publiques. Tant qu'ils conservent la destination de passages, ils sont soumis, de même qu'une rue, à l'usage du public et à l'action des règlements de police et de voirie. Leur propriété cependant ne cesse pas de reposer dans les mains des particuliers qui les ont établis ou dans celles de leurs ayant-droit. Voir le n° 153 *bis*.

CHAPITRE PREMIER.

PROPRIÉTÉ DES RUES, DES PLACES, DES QUAIS, DES PROMENADES, DES ARBRES QUI Y SONT PLANTÉS ET DES EAUX PLUVIALES. — SERVITUDES. — PASSAGES PUBLICS. — INALIÉNABILITÉ. — PRESCRIPTION.

§ 1ᵉʳ PROPRIÉTÉ.

139. Ainsi que nous l'avons vu sous le n° 12, titre *De la grande voirie*, les voies publiques dans l'intérieur des villes, bourgs et villages, sont une dépendance de la grande ou de la petite voirie, suivant qu'elles forment ou non la prolongation des grandes routes.

Les voies publiques qui forment la prolongation des grandes routes sont à la charge de l'état ou des départements. Les autres sont à la charge des communes. (Loi du 11 frimaire an 7, art. 2 et 4.)

140. Aux termes de l'art. 538 du Code civil, les voies publiques qui sont à la charge de l'état sont considérées comme des dépendances du domaine public : par conséquent la propriété du terrain sur lequel elles sont établies appartient à l'état.

La propriété des routes départementales et des rues qui en sont le prolongement appartient aux départements. Voir les nᵒˢ 15 et 16

Quant aux rues, quais, places, promenades, impasses qui dépendent de la petite voirie et dont l'entretien fait partie des charges communales, la propriété du terrain sur lequel ils sont établis appartient aux communes. C'est ce qui résulte des dispositions de l'art. 542 du Code civil, si on les rapproche surtout des discussions qui ont eu lieu au conseil d'état sur le projet du code. MM. Regnault de Saint-Jean-d'Angely et Treilhard y reconnûrent formellement que les rues et places publiques sont la propriété des communes. La loi du 10 juin 1793 ne permettait plus, au reste, d'élever aucun doute à ce sujet. Cette loi s'exprime ainsi :

Art. 1er. Les biens communaux sont ceux sur la propriété ou *le produit* desquels tous les habitants d'une ou de plusieurs communes, ou d'une section de commune, ont un droit commun.

Art. 3. Tous les biens appartenant aux communes, de quelque nature qu'ils puissent être, pourront être partagés...

Art. 4. Sont exceptés du partage......

Art. 5. Seront pareillement exceptés du partage les *places*, *promenades*, *voies publiques* et édifices, à l'usage des communes.

Ainsi les places, promenades, voies publiques, à l'usage des communes, sont reconnus appartenir aux communes, puisque le législateur croit leur devoir une disposition expresse pour les excepter du partage des biens communaux. Voilà ce qui résulte évidemment du rapprochement des art. 3 et 5. D'un autre côté, l'art. 1er dit que les biens communaux sont ceux *au produit* desquels tous les habitants ont un droit commun. Quels sont ces biens? Ce sont ceux que les communes sont chargées d'entretenir à leurs frais; car charges et produits sont deux choses corrélatives; la loi du 11 frimaire an VII nous fait connaître, dans son article 4, que les dépenses communales sont celles de la voirie et des chemins vicinaux dans l'étendue de la commune,

Les auteurs qui ont contesté le droit de propriété
des communes sont obligés de convenir que, dans
l'usage, on n'a jamais cessé d'agir comme si elles
étaient propriétaires. C'est ainsi que, si une voie
publique communale est supprimée ou rétrécie dans
sa largeur, le terrain retranché à la voie publique
est laissé à la disposition de la commune; mais,
disent les auteurs, cela n'a lieu qu'à titre d'échange
et d'indemnité : à titre d'échange, parce que les
communes sont obligées de payer de leurs deniers
le terrain devant servir à la création des nouvelles
voies publiques dépendant de la petite voirie : à titre
d'indemnité, parce que les communes, faisant les
frais du pavage, de l'éclairage, de l'écoulement des
eaux, du redressement des rues, doivent recevoir
en compensation le produit du terrain à l'occasion
duquel toutes ces épenses ont été faites.

La question, ainsi réduite, n'est plus qu'une question de mots qui n'a pas d'importance. Il suffit qu'on
reconnaisse que la commune doit jouir de tous les
droits et de tous les avantages de la propriété. Nous
ne voulions pas arriver à un autre résultat. Le titre en
vertu duquel on fait cette concession à la commune
est fort indifférent dès qu'il produit les mêmes conséquences qu'un titre véritable de propriété.

140 *bis*. Nous avons dit que les places publiques
appartenaient aux communes. Ici, il n'y a point de
distinction à faire entre la grande et la petite voirie.
Les places, quoique traversées par une grande route, ne font pas partie du domaine public. Aussi
l'état ne les fait-il entretenir à ses frais que sur une
largeur égale à celle qui est fixée pour les routes.
(Voir les nᵒˢ 13 et 37.)

141. La propriété du sol des rues emporte la propriété du dessus et du dessous (art. 552 du C. civ.) Il
en résulte qu'il n'est permis de faire ni dessus ni

dessous, aucune entreprise, sans l'autorisation expresse de l'autorité compétente, et que, lors même que cette autorisation est intervenue, l'ouvrage fait en conséquence ne peut jamais être considéré que comme précaire et de simple tolérance, car la propriété des rues est inaliénable.

Ainsi il est défendu de construire des saillies, même au-delà de la hauteur nécessaire pour que le passage ne puisse être gêné; de jeter des ponts ou galeries d'un côté de la rue à l'autre; de creuser sous la rue des caves, aqueducs, égoûts, etc.

La possession, quelque longue qu'elle soit, ne pourrait pas légitimer de pareilles entreprises et conférer à leur auteur ou à ses ayant-droit un titre de propriété.

Cependant si, par suite de l'alignement, les propriétés riveraines d'une rue ont été forcées de se reculer, un arrêt du conseil du 3 août 1685 conserve aux propriétaires la propriété des caves qui existaient sous la partie du terrain qui a subi le reculement. Cet arrêt du conseil, à la vérité, n'a été rendu que pour Paris, mais il contient une règle d'équité qui doit être appliquée généralement, pourvu que les caves conservées soient voûtées avec solidité, ce dont les maires doivent avoir le soin de s'assurer en les faisant visiter par des hommes de l'art.

§ 2. PROPRIÉTÉ DES ARBRES PLANTÉS SUR LES RUES, PLACES ET PROMENADES.

142. Les art. 14 et 15 de la loi du 28 août 1791 s'expriment ainsi :

Art. 14. Tous les arbres existant *actuellement* sur les rues des villes, bourgs et villages sont censés appartenir aux pro-

priétaires riverains, à moins que les communes ne justifient en avoir acquis la propriété par titre ou possession.

Art. 15. Tous les arbres *actuellement* existant sur les
places des villes, bourgs et villages, sont censés appartenir
aux communautés, sans préjudice des droits que des particuliers non seigneurs pourraient y avoir acquis par titre
ou possession.

Ces articles de la loi de 1792 ont changé la législation antérieure sur la propriété des arbres plantés
sur les rues et les places. Ils ont abrogé particulièrement la loi du 15 août 1790, qui conservait aux seigneurs la propriété des arbres par eux plantés. Aujourd'hui la propriété des arbres existant sur les
rues avant le 28 août 1792 ne peut être réclamée
que par deux natures d'ayant-droit, les propriétaires
riverains ou les communes. S'il s'agit d'arbres plantés sur les rues, la présomption de propriété existe
en faveur des propriétaires riverains. Si les communes se prétendent propriétaires, elles doivent justifier leur droit par titre ou possession. S'il s'agit au
contraire, d'arbres plantés sur les places, la présomption de propriété existe en faveur des communes.
Les particuliers qui élèveraient une prétention contraire à cette présomption devraient à leur tour la
justifier par titre ou possession.

Ainsi qu'on a pu le remarquer dans le texte des
deux articles que nous avons cités, la loi du 28 août
1792 ne s'applique qu'aux plantations existantes
lors de la promulgation de cette loi. Quant aux plantations qui ont eu lieu depuis, elles sont régies pa
le droit commun, consigné dans l'art. 553 du Code
civil, qui n'a fait que reproduire les anciens principes. Cet article est ainsi conçu :

Toutes plantations sur un terrain sont présumées faites

par le propriétaire à ses frais et lui appartenir, si le contraire n'est prouvé.

Comme les communes sont propriétaires de tous les terrains sur lesquels sont établies les rues et les places dépendant de la petite voirie, elles sont présumées avoir la propriété des arbres plantés depuis 1792 sur ces rues et ces places, à moins de preuve contraire.

Les prétentions contraires aux présomptions de la propriété des arbres, que nous avons fait connaître dans les nᵒˢ précédents, constituent des questions de propriété de la compétence des tribunaux civils.

Ces prétentions peuvent se traduire aussi en une action possessoire devant le juge de paix. Que le maire d'une commune, par exemple, fasse ébrancher des arbres plantés sur une place, si un particulier a fait, relativement à ces arbres, des actes de possession qui remontent à plus d'une année, il pourra intenter contre le maire l'action en complainte pour être maintenu dans sa possession.

Il peut arriver que, sur cette action, les deux parties justifient qu'elles étaient simultanément en possession de l'objet en litige, le juge de paix, dans l'impossibilité de résoudre une question de possession qui est à peu près égale de part et d'autre, a le droit d'user d'un pouvoir discrétionnaire, soit en renvoyant les parties à se pourvoir sur le pétitoire, soit en ordonnant le séquestre de l'objet litigieux, soit en ordonnant la récréance à celle des parties qui a le droit le plus apparent ou qui lui paraît offrir le plus de garantie. (Arrêt de cass. 14 nov. 1832, Dalloz, an 1833, p. 5.)

La récréance est une possession provisionnelle accordée par le juge de paix à l'une des parties, qui conserve la jouissance de l'objet litigieux en attendant le jugement définitif au pétitoire. La partie qui a obtenu la récréance doit compte des fruits dans le cas où la partie adverse gagnerait son procès.

§ 3. DES EAUX PLUVIALES.

143. Les eaux pluviales, soit au moment où elles tombent du ciel, soit lorsqu'elles sont réunies dans des chemins publics, n'appartiennent à personne et ne peuvent devenir l'objet d'une propriété particulière, lors même qu'il aurait été creusé des bassins pour les recevoir ou construit des ouvrages pour les faire dériver sur un domaine privé.

Le propriétaire supérieur de celui qui aurait ainsi détourné ou réuni les eaux pluviales sur son fonds pourrait les enlever et les faire couler sur le sien, et en priver ainsi le propriétaire inférieur, qui n'aurait pas le droit, pour ce fait, d'invoquer la prescription ou d'exercer une action en complainte, quelque longue qu'ait été sa possession exclusive.

Telle est l'opinion de M. Henrion de Pansey, qui cite à l'appui le sentiment de Dunod et un arrêt du 5 avril 1690. (*Comp. des juges de paix*, p. 283.)

Cette opinion a été confirmée par deux arrêts de la cour de cassation (14 janv. 1823 et 21 juill. 1825, Dalloz, an 1823, p. 366, et 1825, p. 44), qui jugent tous deux que l'art. 644 du Code civ., qui autorise le propriétaire à se servir de l'eau courante qui borde ou traverse son héritage, sous la condition de la rendre ensuite à son cours ordinaire, n'est point applicable aux eaux pluviales, qui ne sont pas susceptibles d'une possession exclusive et peuvent être prises à leur passage par les propriétaires riverains, quand ils le jugent à propos.

Les règles que nous venons de faire connaître ne déterminent que les droits des particuliers sur les eaux pluviales; mais elles ne portent aucune atteinte aux attributions de l'autorité municipale chargée de pourvoir à tout ce qui est relatif à la propreté et à la salubrité. Si, par conséquent, il est jugé nécessaire, dans l'intérêt public, de donner une certaine direction aux eaux pluviales ou d'assigner un lieu où elles se déverseront, les particuliers ne peuvent détourner les eaux du cours qui a été réglé, ni les conduire dans un lieu autre que celui qui a été fixé par l'autorité.

Il peut même arriver que pour assurer ou faciliter l'exécution des mesures de police jugées nécessaires, le maire adjuge à un individu la possession exclusive des eaux pluviales, comme on le fait pour les boues et les immondices. L'adjudicataire devient alors seul propriétaire des eaux pendant la durée de l'adjudication.

Quelles que soient les mesures qui aient été prises par l'autorité compétente, les infractions donneraient lieu aux peines établies pour les contraventions aux règlements de petite voirie.

§ 4. SERVITUDES.

144. La propriété du sol des rues, qui, sous le rapport des atteintes qui peuvent lui être portées par des usurpations ou des détériorations, est entourée de plus de garanties que la propriété privée, est moins privilégiée sous d'autres rapports. Destinée à servir à l'usage de tous, elle n'a été constituée au profit de l'état ou des communes que dans un but d'utilité générale. Le droit de jouir de la voie publique ne peut en conséquence avoir d'autre limite que cette même utilité. Par le fait de leur existence, les rues, les places et les quais, tant qu'ils conservent leur destination, sont soumis aux servitudes de

passage, de vue, d'issue, d'écoulement des eaux pluviales, sous la condition de se conformer aux règlements qui en règlent l'exercice dans l'intérêt public. Ainsi ne sont point applicables aux constructions bordant la voie publique les articles 675 et suivants du code civil. Il a été jugé par la cour de Bourges le 13 décembre 1831 (Dalloz, an. 1832, p. 187) que chacun des propriétaires riverains avait le droit d'ouvrir sur la rue des jours d' aspect et des portes, et d'y déverser ses eaux; et que si cette rue avait moins de six pieds de largeur, ce droit n'en existait pas moins à l'égard des propriétaires vis-à-vis les uns des autres.

Cette doctrine est confirmée par l'opinion des auteurs. Nous lisons dans Toullier, t. 3, n° 528 : « La défense d'ouvrir des vues droites ou obliques dans une distance de l'héritage voisin moindre que celle exigée par les art. 678 et 679 cesserait s'il existait entre les deux héritages une rue ou chemin moins large que les six pieds exigés par le Code, parce qu'il est permis d'ouvrir des vues sur une rue ou sur un chemin public. Telle est l'opinion des commentateurs de la coutume de Paris, art. 202, d'où a été prise la disposition de l'art. 678 du Code. Voir Desgodets sur cet article; Bourjon, *Des servitudes*, chapitre 12, section 2, n° 9; le *Répertoire de jurisprudence*, v° *Vue*, p. 519.

M. Pardessus, *Traité des servitudes*, n° 78, est d'une opinion contraire, parce que, dit-il, le droit d'avoir des vues sur la voie publique n'est pas plus favorable que celui d'en avoir sur soi-même. Or, ajoute-t-il, si la loi exige que le propriétaire de l'espace intermédiaire n'ait de vue droite qu'autant que cet espace est de six pieds, par quel motif plus puissant cette distance devrait-elle être moindre quand l'espace est public?

Mais la sûreté publique et l'agrément des villes exigent qu'on ouvre sur les rues et sur les chemins des fenêtres qui avertissent les passants qu'ils sont sous les yeux du public, plutôt que de les border de murs élevés qui déroberaient la vue de ce qui s'y passe. L'opinion des auteurs cités nous paraît donc préférable à celle de M. Pardessus. »

145. La Cour de Bourges, dans un arrêt du 6 avril 1829 (Dalloz, an 1830, p. 25,) a même été jusqu'à décider qu'un droit de vue ou de passage sur une rue ou un chemin public constituait une véritable propriété, et qu'on ne pouvait supprimer la rue ou le chemin sans payer au propriétaire une indemnité pour les droits de vue ou de passage qui se trouvaient paralysés. Cette dernière solution est très juste ; mais c'est à tort que la cour de Bourges a qualifié de *propriété* les droits de vue ou de passage acquis sur une rue. Suivant les véritables principes, ces droits n'ont d'autre caractère que celui des servitudes. C'est ainsi qu'il a été jugé par la cour de cassation, le 11 fév. 1828. (Dalloz, an 1828, p. 124.) Le même arrêt décide qu'il ne peut être porté atteinte à l'exercice de ces servitudes que pour cause d'utilité publique et moyennant une juste et préalable indemnité, et que les servitudes revivent si les choses sont rétablies de manière qu'on puisse en user, à moins qu'il ne se soit écoulé un espace suffisant pour en faire présumer l'extinction. (Art. 545 et 704 du Code civil.)

146. L'atteinte portée à l'exercice de ces servitudes n'est point une expropriation : car la propriété au profit de laquelle les servitudes s'exerçaient, reste entière. Ce n'est qu'un dommage, une dépréciation de valeur, par suite de l'exécution des travaux publics. L'indemnité en est réglée suivant les règles tracées dans les n°ˢ 276 et 277.

Cependant un arrêt du conseil d'état du 19 déc. 1821 (Macarel, tome 2, p. 606), que nous avons cité dans notre commentaire sur l'art. 30 de la loi du 7 juillet 1833, décide qu'un particulier qui est en possession d'un droit de passage sur la voie publique peut s'opposer au déplacement d'un monument public qui porterait atteinte à son droit, sauf à la ville à faire déclarer, dans un délai fixé, l'utilité du nouveau projet, et sauf aussi l'indemnité due au propriétaire, *aux termes de la loi du 8 mars 1810.*

Le principe de l'indemnité, reconnu par cet arrêt, pour atteinte portée à l'exercice d'un droit de passage, est très juste ; mais il y a erreur lorsque l'arrêt ajoute que l'indemnité est due aux termes de la loi du 8 mars 1810. S'il en était ainsi, cette indemnité devrait être réglée par un jury spécial : car la loi de 1810 a été remplacée par celle du 7 juillet 1833. Mais la compétence du jury spécial n'a lieu que lorsqu'il s'agit d'expropriation, et l'expropriation ne s'entend que de la transmission forcée de la propriété, et non pas de la suppression d'un droit utile afférent à la propriété. Dans ce dernier cas, il n'existe qu'un dommage, qui doit être réparé suivant les règles du droit commun, aux termes des articles 1382 et 1383 du Code civil combinés avec ce principe de notre droit public, suivant lequel tout préjudice éprouvé par suite des exécutions de travaux d'utilité publique se résout nécessairement en une indemnité pécuniaire.

147. L'atteinte que peut recevoir l'exercice des servitudes de vue, d'issue ou d'écoulement des eaux proviendra de l'un des cas suivants : ou de la suppression de la rue, ou de son alignement, ou de son rétrécissement dans une partie de sa largeur, ou de l'exhaussement du pavé. Dans ces différents cas, les propriétaires des bâtiments dont les jours et issues

s'ouvraient sur la rue supprimée, alignée, rétrécie ou exhaussée, auront droit à une indemnité qui pourra être réclamée pour l'une des causes suivantes : 1° la diminution de la valeur de la propriété qui est privée des avantages donnés aux maisons assises sur la voie publique ; 2° la suppression, en tout ou en partie, des jours et issues.

Ces deux causes peuvent se présenter séparément ou se confondre. Ainsi il peut y avoir diminution de valeur sans que les jours et issues soient supprimés ; au lieu que, dans tous les cas où les jours et issues sont supprimés en tout ou en partie, il y a en même temps diminution de valeur.

La diminution de valeur existe, sans la suppression des jours et issues, lorsque, par exemple, la rue est supprimée, alignée ou rétrécie de manière à ce que les jours cessent de s'ouvrir immédiatement sur la voie publique. Il est certain qu'il y a dépréciation pour une maison ainsi séparée de la voie publique. Cette dépréciation donne droit à une indemnité. Cependant les jours et issues continuent de subsister ; mais, au lieu de s'ouvrir sur une rue, ils s'ouvrent sur un terrain devenu une simple propriété communale ou particulière, ce qui produit une grande différence dans le prix des locations et dans la valeur vénale de la maison.

Nous disons que les jours et issues continuent de subsister, parce que la commune ou celui qui aurait acheté de la commune le terrain qui faisait partie de la rue, est obligé de souffrir sur ce terrain l'exercice des servitudes acquises au profit des maisons riveraines dans le temps où il avait la nature de voie publique, à moins qu'il n'y ait prescription accomplie contre l'existence de ces servitudes, ou que l'utilité publique, en ayant réclamé la suppression, il n'y ait eu indemnité payée aux propriétaires.

48. Nous avons nommé *servitudes* les droits de vue, d'issue et d'écoulement, des eaux, malgré l'opinion d'un auteur recommandable, M. Pardessus, qui leur refuse cette qualification, dans son *Traité des servitudes*, nᵒˢ 40 et suivants, où il s'exprime ainsi qu'il suit :

« L'usage des choses du domaine public ou communal, quand il n'est pas l'effet d'un droit fondé sur les exceptions que nous venons d'indiquer, ne peut être considéré comme une servitude ; il n'a pas le caractère propre à ces sortes de droits, celui d'être exercé comme dépendance de tel ou tel immeuble. Il importe peu, en effet, que celui qui passe dans une rue, dans une promenade, qui vient dans une église, dans un marché, ait ou non une propriété dans la ville où il jouit de cette faculté ou même qu'il en soit habitant.

« . . . . . . Quelque temps qu'on ait eu des croisées ouvertes, qu'on ait fait écouler ses eaux sur une place, un chemin, ou qu'on ait détourné sur son fonds celles qui en provenaient, si des dispositions nouvelles et légales changeaient la destination de ces lieux, on ne pourrait conserver la faculté d'en user comme par le passé. Celui qui, par aliénation, ou par toute autre concession régulière, deviendrait propriétaire du chemin ou de la place, pourrait prétendre avec fondement qu'il ne doit point souffrir d'autres servitudes que celles qu'énoncerait ou sous-entendrait, d'après les règles du droit civil, l'acte translatif de propriété émané de l'autorité compétente. »

Nous ferons observer d'abord qu'on n'a jamais prétendu attacher le caractère de servitude à un droit individuel sur la voie publique, tel que celui de passer, d'aller et de venir dans les rues et dans les promenades. L'objection de M. Pardessus sur ce point n'a aucune valeur, car elle combat une prétention qui n'a été élevée par personne.

Nous ne nommons servitudes sur la voie publique que les droits de vue, d'issue et d'écoulement des eaux, existant pour l'usage et l'utilité des propriétés riveraines.

Les droits que nous réclamons, ainsi limités, rentrent parfaitement dans la définition des servitudes donnée par l'art. 637 du Code civil.

Une rue n'est établie que pour être bordée de maisons. Le nom seul de *rue* donné au terrain ouvert à la circulation prouve que l'autorité a entendu que des constructions s'élèveraient de chaque côté de ce terrain : l'utilité et la sûreté publique, ainsi que la décoration de la cité, le veulent ainsi. C'est pourquoi, dans un grand nombre de circonstances, le gouvernement a accordé des avantages particuliers aux propriétaires qui construisaient sur de nouvelles rues, comme autrefois les seigneurs concédaient des priviléges aux habitants qui venaient s'établir sur les terres vagues de leurs domaines.

Mais pour que des maisons s'élèvent sur la voie publique, il faut qu'elles puissent y prendre leurs jours, leurs issues, et y faire écouler leurs eaux. La concession de ces divers droits en faveur des maisons construites est la condition moyennant laquelle leur construction a eu lieu. Par conséquent, les droits de jour, d'issue et d'écoulement des eaux, résultent de la destination du père de famille, c'est-à-dire de la destination du pouvoir qui a ouvert la voie publique, ou du moins d'une convention tacite entre ce pouvoir et les propriétaires. Ces droits constituent donc de véritables servitudes.

149. Mais les servitudes ainsi établies sont-elles soumises à une résolution possible ? Le gouvernement pourra-t-il les supprimer, suivant son bo

plaisir, en supprimant la rue ou en changeant sa direction?

Qui, sans doute. Ce droit appartient au gouvernement ou à ses délégués, sous la condition de ne s'en servir que dans un but d'intérêt général et de payer une indemnité équivalente au préjudice que la mesure fait éprouver. De même que la propriété peut être expropriée pour cause d'utilité publique, de même aussi la raison d'utilité peut faire cesser les servitudes afférentes à cette propriété.

Mais c'est ici que se découvre tout le vice du système de M. Pardessus. Suivant lui, les vues et les issues sur la voie publique ne sont pas des servitudes et ne donnent que des droits précaires, dont l'existence ne tient qu'à la durée de la rue. Par conséquent, la rue étant supprimée, les vues et les issues le sont également sans indemnité, lors même que l'utilité publique ne réclamerait pas leur suppression. Ainsi dès le moment où la rue a cessé d'exister, tous les propriétaires des maisons riveraines sont obligés de murer leurs portes et leurs fenêtres, et de retenir sur leurs propriétés les eaux qui s'écoulaient autrefois sur la voie publique. Comment une pareille conséquence n'a-t-elle pas averti l'auteur de l'erreur à laquelle il se laissait entraîner?

« Ainsi (dit M. Toullier, tome 3, nᵒˢ 480 et suivants, qui combat avec beaucoup de force et d'étendue l'opinion de M. Pardessus), le père de famille qui, sur la foi de la loi et de l'autorité publique, a bâti à grands frais sur une place, sur un chemin, etc., une belle façade, n'a qu'une propriété précaire. Si la place, si le chemin changent de destination, celui qui deviendrait concessionnaire du terrain pourrait contraindre tous les propriétaires riverains à fermer leurs portes et leurs fenêtres, leur refuser le passage, etc., ou les forcer à racheter ces droits au prix qu'y mettraient son caprice et leurs besoins. Une assertion aussi contraire à la justice et à l'équité devrait être soutenue d'une loi précise, et l'on n'en cite aucune. »

M. Duranton, dans son *Cours de droit français,* admet le système de M. Pardessus; mais il en repousse les conséquences. Après avoir établi que les droits d'issue, de vue, d'écoulement des eaux sur la voie publique, ne constituent pas des servitudes; il reconnaît néanmoins que ces droits ne peuvent être supprimés que pour cause d'utilité publique et moyennant indemnité. Il reconnaît également que si la partie de la rue supprimée était cédée à un tiers, la cession n'autoriserait pas ce tiers à en changer la nature et l'usage au préjudice des propriétaires des constructions. Car, dit M. Duranton, il ne le ferait que dans un intérêt privé, et si l'Etat ou la commune ne pouvait faire de nouvelles dispositions sur ce sol que dans un intérêt général, lui, qui ne peut avoir plus de droit qu'eux, n'a pas, par conséquent, celui d'en faire dans son intérêt particulier.

150. En résumé, les voies publiques sont, par leur nature, susceptibles d'être grevées des servitudes actives nécessaires à la desserte des propriétés riveraines, telles que les servitudes de passage, d'issue, de jours, d'écoulement des eaux. L'existence de ces servitudes ne porte aucune atteinte aux droits de la police, chargée de prévenir et de défendre tout ce qui peut nuire à la sûreté ou à la commodité du passage, à la propreté ou à la salubrité de la cité. De l'exercice des servitudes dont nous parlons on ne doit inférer aucun droit de propriété sur la voie publique, dessus ou dessous. L'exercice de ces servitudes ne peut non plus être facilité par aucun ouvrage qui entreprendrait sur la voie publique

dessus ou dessous. Si de pareils ouvrages existent, ils ne sont jamais considérés que comme précaires, et doivent être détruits à la première réquisition de l'autorité compétente; car il ne faut pas perdre de vue que les servitudes nécessaires à la desserte des héritages doivent se concilier avec le principe de l'inaliénabilité des voies publiques.

Il est vrai qu'un arrêt de la cour de cassation du 13 février 1828 (Dalloz, an 1828, p. 129), en contradiction avec la jurisprudence constante de cette cour, juge que personne ne peut acquérir de servitudes sur les rues et places publiques, et qu'en conséquence l'autorité municipale a pu interdire à un propriétaire le droit de déverser ses eaux dans la rue. Nous ne pouvons admettre le principe; quant à la conséquence, c'est autre chose.

L'autorité municipale a le droit de prendre toutes les mesures qui intéressent la propreté des rues et la salubrité publique. En vertu de ce droit, elle peut interdire à un propriétaire, dans des cas de nécessité bien démontrée, de laisser couler sur la voie publique des eaux qui la dégradent, qui y entretiennent une humidité nuisible, ou qui par leurs émanations peuvent nuire à la salubrité. C'est là une mesure de police qui n'est pas exclusive du droit du propriétaire, qui, en sa qualité d'habitant de la cité, et jouissant des avantages que procure la police municipale, est obligé de se soumettre aux sujétions que lui impose cette même police dans l'intérêt de la cité. Mais de ce que le pouvoir municipal a le droit de régler l'exercice de certaines servitudes, il n'en résulte pas que ces servitudes n'existent pas.

151. Ce que nous avons dit dans les numéros précédents s'applique également au cas où, la voie publique étant jugée plus large qu'il n'est nécessaire

pour les besoins de la circulation, le gouvernement pourrait autoriser la commune à en louer une partie. Le locataire serait obligé de supporter les droits de vue, d'issue et de desserte, acquis aux propriétaires riverains, à moins que, l'utilité publique l'exigeant, ceux-ci n'aient été indemnisés pour la perte de leurs droits. L'autorisation de louer une partie de la voie publique, de même que la déclaration d'utilité publique, s'il y a lieu, ne peut être donnée que par une ordonnance royale; car louer une partie de la voie publique et l'abandonner ainsi à la jouissance arbitraire d'un particulier, c'est en prononcer la séparation partielle et temporaire. Cette suppression, qui peut entraîner tant de graves inconvénients, ne doit avoir lieu qu'en accomplissant les formalités prescrites pour la suppression totale. Un arrêt du conseil d'État du 25 avril 1833 (Dalloz, an 1833, p. 58) semble l'avoir décidé ainsi en déclarant que la commune de Meudon n'avait pas eu le droit de louer partie d'une place réservée au public, quoique le bail ait été approuvé par le ministre.

Il est vrai que l'arrêt du conseil d'état est principalement fondé sur cette circonstance que le propriétaire réclamant avait reçu, dans l'adjudication domaniale qui lui avait été faite en l'an 5, la place dont il s'agit comme limite de sa propriété; de sorte que l'acquéreur semblait avoir acquis l'*usage* perpétuel de cette place. Il en résulte que l'arrêt ne résout pas positivement la question, et qu'on ne peut en tirer qu'une induction.

152. Les principes que nous venons de poser ne s'appliquent, au reste, qu'à une location qui donnerait au locataire des droits absolus de jouissance, et non à une location ne donnant que des droits limités qui ne détruisent pas l'existence de la voie publique, tels que le droit d'établir des bancs pour

vente des denrées, ou des baraques pour montrer des objets de curiosité, etc.

153. Les concessionnaires d'une voie publique jouissent des droits de propriété qui appartenaient au pouvoir qui a fait la concession; mais ces droits doivent être entendus en ce sens que les concessionnaires sont obligés de souffrir sur leur propriété affectée à un usage public les servitudes que réclame cet usage, à l'exception de celles qui pourraient gêner la circulation d'une manière appréciable ou causer des détériorations. (Cour de cassation, 29 février 1832, Dalloz, an 1832, p. 129.) Ainsi les concessionnaires mis à la place de l'Etat jouissent de la rue, du chemin, du pont, du bac ou du canal concédé, comme l'Etat en aurait joui lui-même, et sont obligés de souffrir, de même que l'Etat, les servitudes dont nous avons parlé dans les numéros précédents.

§ 5. PASSAGES PUBLICS.

153 *bis*. Les passages construits par des particuliers, sur leur terrain, à leurs frais et risques, sont propriétés particulières, qui donnent à ceux qui les possèdent des droits plus étendus que ceux dont jouissent les concessionnaires d'une voie publique ou que ceux accordés aux propriétaires d'un canal auxquels le gouvernement aurait concédé un droit de péage. Ces derniers sont soumis à la servitude perpétuelle de laisser la chose dans l'état de voie ouverte au public; au lieu que les propriétaires d'un passage qui n'ont rien demandé au gouvernement, ni le terrain sur lequel le passage est établi, ni le secours de la loi pour exproprier les propriétés privées, ni la concession d'un droit de péage, ne sont point soumis à cette servitude perpétuelle. Ils peuvent donc dispo-

ser de leur chose comme bon leur semble, en donner ou en fermer l'accès au public, suivant qu'ils le
jugent convenable. Mais tant que cette chose reste en
état de passage ouvert à la circulation publique, elle
est, quant à la police, considérée comme une rue,
et par conséquent soumise à tous les règlements qui
prescrivent des mesures d'ordre, de sûreté et de salubrité. Parmi ces règlements on doit placer ceux
qui contiennent des prescriptions sur la largeur des
rues, les alignements et les autorisations de bâtir,
(Arrêt du conseil d'état du 18 nov. 1829. Dalloz, an
1829, p. 15, 3ᵉ partie.)

§ 6. INALIÉNABILITÉ DES RUES. PRESCRIPTION.

154. Après avoir établi quels sont les droits de propriété de l'Etat, des départements ou des communes, sur les voies publiques, il est essentiel d'examiner quels peuvent être les effets de la prescription
pour la perte ou l'acquisition de ces droits.

Le sol des rues qui servent de prolongement aux
grandes routes ne peut s'acquérir par prescription.
L'ordonnance de Blois, article 356, ordonne que
« tous grands chemins soient remis à leur ancienne
largeur, nonobstant toutes usurpations, pour quelque laps de temps qu'elles puissent avoir été faites.»

L'art. 2226 du Code civil confirme cette disposition en déclarant imprescriptibles les choses qui ne
sont pas dans le commerce. V. les nᵒˢ 18 et suivants.

155. Le principe de l'imprescriptibilité s'applique
à toute espèce de routes, de chemins et de rues. (Henrion de Pansey, *Compétence des juges de paix*, nᵒ 451.)
Cependant à l'égard des rues qui ne sont pas le
prolongement de grandes routes, et qui ne constituent qu'une propriété communale, il faut distin-

guer s'il s'agit de l'occupation de toute la largeur de la rue ou d'un empiétement seulement sur une partie de la largeur.

Lorsqu'il s'agit de l'occupation de toute la largeur de la rue, cette occupation, si elle existe depuis plus de trente ans, et qu'elle réunisse toutes les autres conditions nécessaires pour prescrire, forme, en faveur de l'occupant ou de ses ayant-droit, un titre suffisant à l'acquisition de la propriété. En effet, le sol sur lequel une rue est établie n'est placé hors du commerce et mis à l'abri de la prescription que parce qu'il sert de passage public. Le jour où il a perdu ce caractère, et où il est constaté, par le fait de l'occupation sans opposition, que l'intérêt général ne réclame plus l'usage de la rue, il a changé de destination, et est rentré dans la classe des propriétés communales ordinaires qui peuvent se prescrire, aux termes de l'article 2227 du Code civil.

S'il ne s'agit au contraire que d'un simple empiétement sur la largeur, le reste de la rue continuant à servir de passage public, on ne peut pas dire que le sol ait changé de destination, que l'intérêt général ait cessé d'en réclamer l'usage comme rue.... Cet usage, au contraire, continue de subsister. Il y a donc nécessité perpétuelle de lui conserver l'étendue qui, dans le principe, avait été jugée convenable pour son libre exercice. Ici l'utilité publique réclame chaque jour contre l'usurpation commise, et maintient toute la largeur de la rue dans le rang des choses mises hors du commerce.

On conçoit d'ailleurs que la surveillance des autorités municipales, ait pu se trouver en défaut pour faire cesser un empiétement qui pouvait gêner la circulation, sans l'intercepter entièrement; au lieu que, dans le cas d'occupation de toute la largeur de la rue, on ne concevrait pas le silence de ces autori tés, si les besoins de la commune en avaient exigé la conservation.

La distinction que nous venons d'établir ressort des principes qui font de la prescription une mesure d'ordre public, en assurant la tranquillité des familles, et mettant à l'abri de recherches inquiétantes une longue suite de propriétaires qui ont possédé et transmis sans trouble, pendant un grand nombre d'années, le terrain qu'on veut faire considérer comme ayant été autrefois une rue. La Cour de Montpellier a jugé, le 21 décembre 1827 (Dalloz, an 1828, p. 57), que la rue de la Bladerie, encore qu'elle fût, à ce titre, hors du commerce, et par suite imprescriptible, aurait pu néanmoins devenir l'objet de la prescription, si elle avait perdu son caractère et sa destination; que la preuve du changement de destination de la rue peut résulter de la possession immémoriale.... »

Nous ne citons l'arrêt de la cour de Montpellier que pour constater le principe de la prescriptibilité des rues, lorsque le *non-usage* fait justement présumer qu'elles ont perdu leur destination; mais nous ne pouvons admettre l'opinion de cette cour sur la durée de la possession.

Sous l'ancienne législation Dunod (*Traité des prescriptions*), qui reconnaissait la possibilité de prescrire les rues et les chemins publics, n'admettait que la prescription immémoriale. C'était bien alors que la propriété des biens communaux ne pouvait être prescrite que par une possession dont la durée était beaucoup plus longue que celle de la possession nécessaire pour prescrire les biens des particuliers.

Mais aujourd'hui, les communes sont soumises aux mêmes prescriptions que les particuliers (art. 2227 du Code civil,) et la plus longue prescription, pour toute action réelle ou personnelle, est celle de de 30 ans. (art. 2262).

Si donc l'on reconnaît que, dans certains cas, la propriété des rues des communes peut être prescrite, on ne peut exiger une prescription plus longue que celle de 30 ans. Demander la possession immémoriale, c'est mettre en oubli nos lois nouvelles et rendre la vie à des coutumes abrogées.

La cour de Rouen, qui, dans un arrêt du 11 février 1825 (Dalloz, an 1826, p. 1, 2° part.), a établi le droit de prescrire les chemins vicinaux non classés, s'est gardée de donner à la possession nécessaire pour prescrire une durée autre que celle qui est fixée par le Code civil. L'un des motifs de l'arrêt est fondé sur une analogie pleine de justesse que nous devons rappeler : « Attendu, dit l'arrêt, que, suivant l'art. 541 du Code civil, les terrains des places de guerre, tant qu'elles sont places de guerre, ne peuvent être prescrits; mais que la prescription peut commencer dès qu'elles cessent d'être considérées comme telles; qu'il en est de même des chemins, qui, tant qu'ils sont chemins, ne peuvent être prescrits, mais qui peuvent être soumis à la prescription lorsqu'ils ne servent plus à l'usage pour lequel ils étaient originairement destinés. »

Quoique, dans l'arrêt de la cour de Rouen, il ne s'agisse que d'un chemin vicinal, on peut appliquer aux rues les principes qu'il énonce. Ces principes conservent toute leur force dans le cas même où la rue dont la propriété est prescrite aurait été inscrite sur un plan d'alignement. L'inscription sur un plan prouve bien que le terrain avait autrefois la nature de rue; mais la possession trentenaire par un particulier prouve aussi que cette nature de rue n'existe plus et que le terrain a perdu la destination à laquelle il était affecté dans le principe, pour entrer dans la classe des propriétés communales ordinaires. L'opinion que nous venons d'exprimer est partagée par M. Garnier (*Traité des chemins*).

155 *bis*. Nous avons dit que, si l'usurpation ne portait que sur une partie de la largeur de la rue, cette usurpation ne pouvait être prescrite par aucun laps de temps, et que la commune était toujours en droit d'en demander la réparation devant les tribunaux civils. Cependant pour ordonner, sous prétexte d'empiètement, la destruction de constructions importantes subsistant sans troubles depuis plus de 3o ans, et qui n'auraient pas cessé d'être considérées par les divers détenteurs comme une propriété légitime, les tribunaux devraient se montrer sévères sur la nature des preuves établissant l'anticipation, et, nonobstant ces preuves, admettre, avec quelque facilité, les indices qui donneraient à supposer que les anciennes limites ont dû depuis être modifiées.

155 *ter*. La commune pourra prouver sa propriété sur la rue, ou sur la partie de la rue usurpée, par la production des actes établissant que la rue a été ouverte par ordre de l'autorité supérieure et aux frais de la commune, dans telles direction et limites; qu'elle a été entretenue et réparée par elle; que les règlements de petite voirie ont reçu leur exécution sur la partie du sol contesté; que cette partie a été comprise dans les plans d'alignement comme appartenant à la voie publique; et par la production de toutes les autres pièces, publiques ou privées, constatant que, depuis un grand nombre d'années l'existence de la rue, dans les limites prétendues, a été généralement reconnue.

A la production de ces titres, on pourra joindre, pour les corroborer, la preuve de la possession, c'est-à dire du fait habituel du passage; mais cette possession, quelque prolongée qu'elle ait été, si elle était isolée et point soutenue par des titres, serait insuffisante pour établir la propriété de la rue en faveur de la commune. Aux termes de l'art. 691 du Code civil, « les servitudes discontinues, apparentes ou non apparentes, ne peuvent s'établir que par titres; la possession, même immémoriale, ne suffit pas pour les établir. »

Au nombre des servitudes discontinues, suivant l'art. 688, se trouvent les servitudes de passage.

Par conséquent, le seul fait de passage, quelque prolongé qu'il ait été, insuffisant pour établir un droit de servitude, le serait, à plus forte raison, pour établir un droit de propriété.

Une commune qui ne présenterait pas d'autres moyens à l'appui de sa prétention devrait être déclarée non recevable, sans être admise à la preuve de la possession par elle alléguée, cette preuve n'étant pas pertinente.

Mais si à la possession trentenaire se joignait la circonstance que la partie de la rue en litige a été portée, comme portion de la voie publique, sur le plan des rues de la ville; que son entretien a été mis à la charge de la commune, qui, de fait, l'a entretenue et réparée; si son caractère de rue pouvait s'induire en outre des dispositions combinées de plusieurs actes successifs et de l'état des lieux, la possession trentenaire serait alors utilement invoquée, non comme preuve, mais comme moyen de corroborer d'autres preuves que les tribunaux peuvent juger suffisantes pour suppléer à l'absence d'un titre positif. (Arrêts cour cass. 26 fév. 1829 et 2 juin 1830. Dalloz, an 1829, p. 161, et 1830, p. 277.)

156. Les tribunaux civils ordinaires sont seuls compétents pour prononcer sur les questions relatives à la propriété des rues. C'est ce qui est établi par l'accord unanime des auteurs et par tous les monuments

de jurisprudence. (Voir n° 349. chapitre *Des questions préjudicielles.*)

CHAPITRE II

JURIDICTION EN MATIÈRE DE VOIRIE.

157. « La loi confère une juridiction toutes les fois qu'elle donne le droit d'appliquer les lois aux cas particuliers par des décisions dont elle règle la forme, et qu'elle prend l'engagement de faire exécuter. » (Henrion de Pansey, *De l'autorité judiaire.*)

La juridiction, en matière de voirie, se partage entre les maires, les sous-préfets, les préfets, le préfet de police à Paris, les commissaires-généraux de police, le ministre du commerce et des travaux publics, le roi, le conseil d'Etat, les tribunaux de police, les tribunaux correctionnels, le juge de paix, les tribunaux civils et le jury spécial institué par la loi du 7 juillet 1833.

Chacune de ces autorités, dans les limites que le législateur a tracées, a le droit de rendre des décisions exécutoires à l'effet de pourvoir à l'application des lois aux cas particuliers qui se présentent.

La nature des cas particuliers sur lesquels ces autorités diverses peuvent rendre des décisions, c'est-à-dire peuvent exercer la juridiction qui leur est déférée par la loi, constitue leurs attributions en matière de voirie.

La juridiction conférée aux autorités que nous avons énumérées est ou volontaire ou contentieuse.

158. On appelle juridiction volontaire celle en

vertu de laquelle une autorité constituée applique à des cas particuliers, soit d'office, soit sur la demande d'un ou de plusieurs citoyens, mais sans contradiction, les lois dont l'exécution directe lui est confiée. (Henrion de Pansey, *loc. cit.* ; Macarel, *Des tribunaux administratifs.*)

Ainsi, un maire, un préfet, accordent à un particulier l'alignement qu'il demande avant de construire sa maison sur la voie publique : ce maire et ce préfet exercent une juridiction volontaire. Ils exercent également une juridiction volontaire, lorsque, d'office, dans l'intérêt de la sûreté publique. Ils ordonnent la démolition d'un bâtiment menaçant ruine.

Cette juridiction est nommée volontaire parce que, si l'autorité constituée agit d'office, son action procède de sa volonté, et, si elle agit sur la demande d'un citoyen, c'est volontairement aussi que ce citoyen se présente devant elle, et que dans l'un et l'autre cas, l'autorité ne prononce que d'après ses connaissances personnelles sans être obligée d'éclairer sa religion en suivant des formes prescrites par la loi.

159. On appelle juridiction contentieuse, celle en vertu de laquelle une autorité constituée applique à des cas particuliers les lois dont l'exécution lui est confiée, après débats contradictoires, et sur la réclamation formée au nom de droits ou d'intérêts privés qu'un acte administratif a lésés.

La juridiction contentieuse s'entend également du droit de punir les contraventions aux lois ou aux arrêtés rendus dans l'exercice légitime du pouvoir municipal.

La juridiction alors cesse d'être volontaire, parce que l'une des deux parties est obligée de comparaître et que le juge ne peut suivre, dans les décisions à rendre, le simple mouvement de sa volonté, mais qu'il est forcé de s'astreindre à certaines formes d'instruction.

Elle est contentieuse, car elle s'exerce pour vider une contestation soulevée entre des intérêts opposés.

Par exemple, l'alignement donné par un maire ou par un préfet, qui permet au propriétaire qui veut bâtir de s'avancer sur la voie publique, lèse l'intérêt d'un voisin dont la maison prend ses jours sur la partie de la voie publique concédée. Ce voisin a le droit de se pourvoir contre l'alignement, et d'actionner le propriétaire qui l'a obtenu, afin de le faire réformer.

Il en est de même dans le cas où il a été ordonné qu'un bâtiment menaçant ruine serait démoli. Si le propriétaire prétend que son bâtiment est encore en bon état, il peut se pourvoir contre l'arrêté qui en ordonne la démolition.

Dans ce dernier cas, son adversaire est ou le maire, ou le préfet, auteur de l'arrêt attaqué. Ces fonctionnaires représentent l'intérêt général, qui se trouve en lutte avec l'intérêt particulier du propriétaire lésé. Il peut arriver alors, si l'arrêté a été rendu par le préfet, que ce magistrat soit tout à la fois juge et partie : car c'est devant lui que le pourvoi doit être porté, ainsi qu'on le verra.

Cette circonstance n'empêche pas que la décision ne soit un acte de juridiction contentieuse. Elle prouve seulement le vice d'une loi qui abandonne les intérêts d'un citoyen à l'autorité de qui émane l'arrêté contre lequel il réclame. (Macarel, *Des tribunaux administratifs.*)

Il nous reste maintenant à indiquer quelles sont les autorités auxquelles la loi, en matière de voirie urbaine, a donné le pouvoir d'exercer la juridiction volontaire, et quelles sont celles auxquels elle a attribué la jurdiction contentieuse.

Juridiction volontaire ou pouvoir de rendre des arrêtés.

160 La juridiction volontaire en matière de voirie urbaine est exercée par les maires, les préfets, le préfet de police à Paris, les commissaires-généraux de police, le ministre de l'intérieur et des travaux publics, et le Roi.

Nous allons indiquer successivement quelles sont les attributions particulières à chacun de ces fonctionnaires (a).

§ 1er. JURIDICTION VOLONTAIRE DES MAIRES.

161. Dans les n°° 22 et suivants, 83 et suivants, nous avons indiqué quelles étaient les attributions de l'administration relativement aux rues qui sont le prolongement de routes royales ou départementales que, dans le style administratif, on nomme *traverses des villes*. Nous n'y revenons dans ce moment que pour insister de nouveau sur la ligne qui sépare le pouvoir administratif du pouvoir municipal en matière de voirie urbaine : au premier la grande voirie, au second la police et la petite voirie.

Nous distinguons la police de la voirie, parce que ce sont des choses très différentes, dont la confusion a jeté beaucoup d'incertitude dans la jurisprudence et même dans la législation.

La voirie ne comprend, pour ainsi dire, que le

(a) Les attributions du préfet de police sont expliquées dans l'ouvrage sur la voirie de Paris, dont nous avons fait un volume séparé en raison de l'importance de la matière.

matériel des rues, le sol sur lequel elles reposent et les constructions qui les bordent. Ainsi l'établissement, le pavage, l'entretien, la réparation, la largeur et la direction des rues; l'alignement, la solidité et la hauteur des constructions riveraines, ainsi que la répression des entreprises de toute nature qui pourraient porter atteinte aux différents objets que nous venons d'énumérer : voilà ce qui constitue la voirie.

Au moyen de cette définition, il est facile de faire la délimitation des attributions des préfets et des attributions des maires. Les préfets exercent les droits de la grande voirie urbaine sur les rues des villes, bourgs et villages qui forment la prolongation des grandes routes. Les droits de la petite voirie urbaine, qui appartiennent aux maires, s'exercent sur toutes les autres rues.

162. Il ne suffit pas, pour remplir la mission que le pouvoir a reçue de la société, d'établir des rues, de les paver, de les daller, de les conserver en bon état, d'aligner les maisons qui les bordent, et d'empêcher que par une hauteur excessive ou par une mauvaise construction, ces maisons puissent nuire au public. Il est encore nécessaire d'assurer aux citoyens qui circulent dans les rues toutes les garanties de sûreté, de salubrité et de commodité que donne une bonne police; ce qui comprend l'ordre, la tranquillité, le nettoiement, l'illumination ou l'éclairage; l'enlèvement des encombrements, des immondices et de tout ce qui peut nuire par sa chute; la démolition des maisons menaçant ruine, et les autres mesures indiquées dans les lois de 1789, de 1790 et de 1791, citées plus bas. L'ensemble de ces mesures et leur exécution constituent la police qui est placée dans les attributions de l'autorité municipale.

Mais la police n'est point bornée, comme la voirie,

aux rues qui ne sont pas la prolongation des grandes routes. Elle s'étend, sans distinction de grande et de petite voirie, sur toutes les rues des villes, bourgs et villages : c'est ce que nous établissons dans les n⁰ˢ 51, 87, 278 et suivants, où nous entrons dans plus de développements sur ce sujet.

163. Les attributions de l'autorité municipale en ce qui concerne la police et la petite voirie résultent des lois suivantes :

Loi du 14 décembre 1789, art. 50.

Les fonctions propres au pouvoir municipal, sous la surveillance et l'inspection des assemblées administratives, sont :

. . . .

De faire jouir les habitants des avantages d'une bonne police, notamment de la propreté, de la salubrité, de la sûreté et de la tranquillité dans les rues, lieux et édifices publics.

Loi du 16-24 août 1790, art. 3, titre XI.

Les objets de police confiés à la vigilance et à l'autorité des municipalités sont : 1° tout ce qui intéresse la sûreté et la commodité du passage dans les rues, quais, places et voies publiques; ce qui comprend le nettoiement, l'illumination, l'enlèvement des encombrements, la démolition ou la réparation des bâtiments menaçant ruine, l'interdiction de rien exposer aux fenêtres ou autres parties des bâtiments qui puisse nuire par sa chute, et celle de rien jeter qui puisse blesser ou endommager les passants ou causer des exhalaisons nuisibles.

Loi du 20 septembre-6 octobre 1791, art. 9 du titre II.

Les officiers municipaux veilleront généralement à la tranquillité, à la salubrité et à la sûreté des campagnes.

Loi du 16 septembre 1807, art. 52.

Dans les villes, les alignements pour l'ouverture des

nouvelles rues, pour l'élargissement des anciennes, qui ne
font point partie d'une grande route, ou pour tout au
tre objet d'utilité publique, seront donnés par les maires, conformément aux plans dont les projets auront été
adressés aux préfets, transmis avec leur avis au ministre
de l'intérieur, et arrêtés en conseil d'état. (Voir, pour l'application de cet article et tout ce qui concerne les alignements, le chap. 3.

Tels sont les objets de police et de voirie, confiés
à la vigilance et à l'autorité des corps municipaux.

164. Lorsqu'il s'agit d'ordonner des mesures locales sur ces objets, l'art. 46 de la loi du 19-22 juillet
1791 autorise les corps municipaux à prendre des
arrêtés. Cet article est ainsi conçu :

Aucun tribunal de police municipale ni aucun corps
municipal ne pourra faire de règlements ; le corps municipal, néanmoins, pourra, sous le nom et l'intitulé de *délibération* (actuellement d'*arrêté*), et sauf la réformation,
s'il y a lieu, par l'administration du département, sur l'a-
vis de celle du district, faire des arrêtés sur les objets
qui suivent :

1° Lorsqu'il s'agira d'ordonner les précautions locales sur
les objets confiés à sa vigilance et à son autorité par les
art. 3 et 4 du titre XI du décret du 16 août ; 2° de publier
de nouveau les lois et règlements de police, ou de rappeler les citoyens à leur observation.

165. Aux termes de la loi du 28 pluviôse an VIII,
les préfets remplacent aujourd'hui les administrations et les commissaires de département (art. 2);
les sous-préfets remplacent les administrations de
district et les commissaires de canton (article 9);
et les maires et adjoints remplissent les fonctions
administratives attribuées précédemment aux corps
municipaux et à l'agent municipal (article 13.)

165 *bis*. Suivant l'art. 6 du décret du 4 juin 1806,
le maire est seul chargé de l'administration; il a la

faculté d'assembler ses adjoints pour les consulter et de leur déléguer une partie de ses fonctions. La loi du 21 fructidor an 3, qui est encore en vigueur sur ce point, donne aux adjoints le droit de concourir avec le maire à tous les actes de police qui intéressent particulièrement la commune.

Un arrêt de la cour de cassation du 17 août 1833 (Dalloz, an 1833, p. 343) est ainsi motivé : Vu les art. 13 de la loi du 28 pluviôse an 8 et 5 du décret du 4 juin 1816; attendu, en droit, que ces dispositions ont pleinement investi les maires de l'autorité réglémentaire qui, en matière de police, appartenait précédemment aux corps municipaux; que les actes émanés légalement de ces fonctionnaires, dans les limites de leurs attributions, sont dès lors obligatoires, qu'ils soient intitulés *arrêtés, ordonnances ou règlements de police.* »

166. La nature des objets sur lesquels les maires ont le pouvoir de prendre des arrêtés est très étendue. Les termes généraux dans lesquels sont conçues les lois que nous venons de citer donnent à l'autorité municipale des attributions qui deviendraient effrayantes pour la liberté et les droits de la propriété, si l'exercice n'en était réglé avec discernement et modération. Les maires ne doivent pas s'abandonner à un zèle excessif, qui les porterait à faire un grand nombre de règlements. Il est beaucoup d'habitudes de localités qui peuvent présenter quelques inconvénients; mais il vaut mieux souvent en attendre la réformation du temps et du progrès des lumières que d'un arrêté impératif qui viendrait subitement mettre fin à un usage que de longues traditions ont consacré. En général, lorsqu'il s'agit de prescrire des mesures nouvelles en opposition avec des mesures anciennes, il faut que l'exécution de ces nouvelles mesures se montre douce et to-

lérante. Cette règle s'applique surtout aux mesures qui atteignent les bâtiments et touchent à la fortune des citoyens. Tout changement trop brusque peut causer de graves inconvénients. Il est nécessaire alors de remettre l'accomplissement des améliorations désirables au temps où la vétusté aura ruiné ce qui existe. Cette règle même est obligatoire dans le plus grand nombre de cas : car les arrêtés ne statuent que pour l'avenir et ne peuvent avoir d'effet rétroactif. Ils doivent donc respecter, en général, les constructions actuelles qui ont été faites conformément aux règlements en vigueur à l'époque de leur confection, et ne prescrire de réformes que pour les cas de réparations ou de constructions futures.

167. Il est essentiel aussi de rappeler aux maires qu'ils ne peuvent prendre que des mesures générales. Ainsi, ils peuvent ordonner que tous les habitants d'une ville ou d'un quartier seront tenus de balayer le devant de leurs maisons ; mais ils ne pourraient pas imposer cette obligation à un seul habitant ou à quelques habitants nommément désignés.

Cependant il leur est permis de rendre des arrêtés individuels pour l'exécution des mesures générales précédemment prises. Ainsi un plan d'alignement étant arrêté pour toute une rue, ils peuvent prescrire, par un règlement spécial, l'alignement particulier à chaque propriété. Ainsi encore, un règlement personnel à un contrevenant peut lui renouveler l'injonction de faire ce qui est ordonné ou de ne pas faire ce qui est défendu par un arrêté général, ou bien de détruire ce qu'il aurait fait en violation de la défense.

168. Les mesures prises par les maires devant être générales, il en résulte qu'il ne leur appartient pas de dispenser aucun habitant de les exécuter, et que, nonobstant la dispense, le tribunal de simple police

est tenu de condamner celui qui ne s'y serait pas conformé. Il serait tenu de condamner, à plus forte raison, celui qui aurait contrevenu à une loi ou à un règlement d'administration publique, se fiant sur une dispense indûment donnée par l'autorité municipale. C'est ce qui a été jugé par deux arrêts de la cour de cassation des 30 juin et 18 août 1832.

169. Les préfets, qui tiennent plus particulièrement à la haute administration, sont aussi revêtus, par le droit qui leur est conféré d'annuler ou de modifier les arrêtés des maires, du caractère d'administrateurs municipaux. C'est en vertu de cette attribution qu'ils peuvent faire eux-mêmes des arrêtés sur les objets confiés à la vigilance des maires (arrêt de cassation du 7 février 1823), et prendre, pour toute l'étendue du département qu'ils administrent, les mesures de police, de sûreté et de salubrité que la loi a placées dans les attributions de l'autorité municipale. (Arrêt de cassation du 7 octobre 1826, Dalloz, an 1827, p. 362. Art. 35, 36 et 37 de la loi du 16 septembre 1807.)

Les arrêtés des préfets, dans ce cas, sont soumis aux mêmes règles, à la même juridiction que les arrêtés des maires. Leur infraction donne lieu aux mêmes peines, que les tribunaux de police sont également chargés d'appliquer. Voir les arrêts ci-dessus.

Le caractère d'officiers municipaux que la cour de cassation a reconnu aux préfets est contesté par M. Henrion de Pansey, *Compétence du juge de paix*, p. 642. Le savant magistrat donne les raisons les plus puissantes pour détourner ces fonctionnaires de l'évocation du droit de faire les règlements de police locale. Nous croyons cependant que ce droit existe, mais avec cette restriction qu'il ne doit être exercé par les préfets que dans des circonstances impérieuses, et seulement lorsqu'il est nécessaire pour la sûreté ou la salubrité publique de comprendre un grand nombre de communes dans la même mesure de police, qui prend alors le caractère d'une mesure de haute administration. Quant aux mesures qui n'affectent qu'une seule commune, le préfet doit laisser le soin de les prendre aux maires, et n'agir à cet égard que par voie de conseils, avec d'autant plus de raison aujourd'hui que le pouvoir des maires procédant de l'élection ne peut être exercé par un fonctionnaire qui tient son autorité de la seule volonté du gouvernement. Il y a des objets de police locale sur lesquels le préfet est tout-à-fait incompétent : par exemple, l'alignement des rues dépendant de la petite voirie.

170. Si le préfet peut prendre des mesures de police; le roi, qui résume on lui toutes les attributions du pouvoir exécutif, peut en prendre à plus forte raison. Dans ce cas, les règles que nous posons pour les arrêtés municipaux, quant à la juridiction des tribunaux chargés d'en réprimer les contraventions, s'appliquent aux ordonnances royales. Telle a été l'opinion exprimée dans un réquisitoire de M. Mourre, alors procureur-général à la cour de cassation. (Dalloz, an 1829, p. 71.)

171. Les arrêtés municipaux, pour être exécutoires, n'ont pas besoin d'avoir été confirmés par le préfet. On doit provisoirement se soumettre à leurs prescriptions et les exécuter nonobstant le pourvoi formé contre eux devant l'autorité supérieure. Voir le n° 337, art. 471, n° 15, et les notes.

172. Ces arrêtés ne doivent être publiés que dans l'étendue de la juridiction de l'autorité qui les a faits. Cette publication peut avoir lieu à son de caisse ou de trompe, ou bien par affiches apposées dans les principaux lieux publics de la commune, ou même

seulement à la porte de l'église, un jour de dimanche. (Arrêt de cassation du 31 juillet 1830, Dalloz, an 1830, p. 328.

Le mode de publication des arrêtés municipaux n'est réglé par aucune loi. Il est donc convenable de suivre à cet égard l'usage des lieux. Les maires doivent, au reste, ne rien négliger pour donner à leurs arrêtés toute la publicité nécessaire, afin qu'il soit certain, moralement au moins, qu'aucun administré n'a pu en ignorer l'existence.

173. Il est convenable aussi que tous les arrêtés rendus soient transcrits sur un registre. C'est la seule manière d'en assurer la conservation. Mais si la transcription sur un registre n'avait pas eu lieu, et que l'arrêté n'eût été écrit que sur une feuille volante, il n'en serait pas moins obligatoire pourvu qu'il eût été publié. (Arrêt de cassation du 13 avril 1833, Dalloz, an 1833, p. 203.)

174. Les arrêtés municipaux soumettent à leur empire même les étrangers non domiciliés qui se trouvent sur le territoire pour lequel ils ont été rendus. (Arrêt de cassation du 15 février 1828, Dalloz, an 1828, p. 133.)

175. On trouvera, dans les n°ˢ 208 et suiv., 278 et suiv., et 337, des exemples qui indiqueront suffisamment aux maires quelle est la nature des objets sur lesquels la loi leur donne le droit de prendre des arrêtés en matière de voirie et de police.

Dans notre ouvrage sur la voirie de Paris, ces exemples ressortiront en grand nombre des arrêtés, ordonnances et règlements de police, dont plusieurs, à la vérité, ne s'appliquent qu'aux circonstances particulières dans lesquelles se trouve la capitale; mais beaucoup d'autres pourront utilement recevoir leur application dans les départements, en y introduisant les tempéraments et les facilités que permettent une population moins nombreuse et moins pressée, une industrie moins active, et un moindre concours d'étrangers.

176. Les attributions que nous venons de reconnaître à l'autorité municipale ne s'exercent pas avec une égale étendue sur toutes les rues de la commune. Ainsi que nous l'avons dit au commencement de ce chapitre, les rues qui sont la prolongation des grandes routes appartiennent à la grande voirie, et sont placées sous l'autorité du préfet du département. Cependant elles ne sont pas entièrement soustraites au pouvoir des maires, et à cet égard nous avons distingué ce qui tient à la voirie proprement dite et ce qui tient à la police.

Ce qui tient à la voirie, relativement aux *traverses* des villes, bourgs et villages, est du ressort exclusif de l'autorité administrative. A cet égard, les maires n'ont aucun droit de juridiction. Ils n'ont que celui de surveiller et de constater, par des procès-verbaux, les infractions aux lois, règlements et arrêtés rendus par l'administration. Voir le n° 91.

Nous avons expliqué dans les n°* 22 et suiv., quelles étaient les attributions des préfets en matière de grande voirie, et dans les n°* 83 et suiv., nous avons fait connaître quelle était la nature des contraventions qui pouvaient être commises en cette matière, et la juridiction compétente pour les réprimer. Les principes que nous avons posés pour les grandes routes s'appliquent de même aux rues qui en sont le prolongement.

Quant à la police, elle reste confiée aux soins de l'autorité municipale, qui, en vertu des attributions générales qui lui sont dévolues par les lois de 1789, 1790 et 1791, s'exerce, sur les rues qui sont la prolongation des grandes routes, de la même manière que sur les autres rues de la commune.

Pourvoi contre les arrêtés municipaux.

177. C'est à l'administration supérieure, c'est-à-dire au préfet, qui, dans l'ordre hiérarchique de l'administration, est le supérieur des maires, que celui qui se prétend lésé par un règlement de police municipale doit en demander la réformation. (Art. 50 de la loi du 14 décembre 1789 et 46 de la loi du 22 juillet 1791. Voir les n°ˢ 163, 164 et 165. Cette demande est formée par une requête ou pétition dans laquelle, après avoir exposé ses griefs, la partie réclame l'annulation ou la modification du réglement municipal

Sur cette requête, le préfet rend un arrêté par lequel il maintient, corrige, modifie ou annule le règlement qui lui est déféré, suivant que ce règlement blesse ou non l'ordre public, les dispositions des lois, les règles d'une sage administration, ou qu'il statue sur des objets qui sont ou ne sont pas confiés à la vigilance et à l'autorité des corps municipaux. (Henrion de Pansey, *Pouvoir municipal*, p. 192.)

178. L'arrêté rendu par le préfet sur le recours formé contre le règlement municipal, peut lui-même être soumis à la révision du ministre de la juridiction duquel ressortit l'acte attaqué.

179. La décision ministérielle qui intervient sur ce recours, peut à son tour devenir l'objet d'un pourvoi devant le conseil d'Etat. Voir les n°ˢ 181 et suiv., et 384.

Ainsi le maire prend un arrêté qui peut être soumis en premier ressort au préfet, ensuite au ministre et enfin au conseil d'Etat. Voir les n°ˢ 125 et suiv., pour les délais et les formalités du pourvoi devant le conseil d'Etat.

180. Aucun autre mode de pourvoi n'est autorisé contre les arrêtés des maires en matière de voirie. Ainsi il est expressément interdit de soumettre ces arrêtés, par la voie contentieuse, aux conseils de préfecture, et ils ne peuvent être déférés au conseil d'Etat qu'après avoir épuisé les autres moyens de recours que nous avons signalés, si ce n'est en cas d'incompétence, ainsi que nous le faisons remarquer au n° 383. (Arrêt du conseil d'Etat du 22 nov. 1829, Macarel, tome XI, p. 437; 9 janv. 1832. Dalloz, an 1832, p. 133, 3e partie.)

181. On pourrait induire de quelques arrêts du conseil d'Etat, que, lorsqu'une décision ministérielle est intervenue sur un arrêté municipal, cette décision est en dernier ressort et ne peut plus être soumise à aucun pourvoi. Il en serait certainement ainsi si le ministre avait soumis à sa révision l'arrêté municipal de son propre mouvement, et sans y être provoqué par le pourvoi d'une partie plaignante. Il n'aurait fait alors qu'un acte de la haute administration qui lui est confiée, en vertu de laquelle il exerce son droit de surveillance et de contrôle sur tous les fonctionnaires de la hiérarchie administrative. Mais il ne peut en être de même lorsque le ministre a prononcé, non seulement comme administrateur, mais aussi comme juge. C'est ce qui arrive dans le cas où un arrêté municipal blessant des intérêts particuliers est attaqué par les parties qui se prétendent lésées. Ce n'est plus alors une simple surveillance toute volontaire que le ministre exerce, c'est un litige qu'il doit vider, et sur lequel il est forcé de prononcer. Avant le pourvoi formé par le plaignant, l'affaire n'appartenait qu'à l'administration active; depuis le pourvoi, elle est devenue contentieuse. Deux parties et deux intérêts sont en présence; ils demandent un jugement. La décision

qui doit intervenir a certainement le caractère d'une décision contentieuse. Le conseil d'Etat est donc compétent pour en connaître, aux termes des décrets des 11 juin et 22 juillet 1806. Voir les n°ˢ 125 et 384.

182. Remarquons d'ailleurs que les arrêtés municipaux les plus importants en fait de voirie sont les arrêtés d'alignement. Ce sont ceux aussi qui provoquent le plus de contestations. Suivant l'art. 52 de la loi du 16 septembre 1807, les alignements ne peuvent être définitivement arrêtés que par le roi, en conseil d'état. L'autorité royale est donc la source des alignements. C'est de là que, régulièrement, ils devraient tous émaner.

Des considérations d'utilité publique et des impossibilités d'application ont dû faire fléchir cette règle trop absolue, et l'on a eu raison de reconnaître aux maires le droit de donner des alignements partiels en l'absence de plans généraux arrêtés en conseil d'Etat; mais alors, ces alignements partiels ne descendant pas de l'autorité royale, il faut au moins leur permettre d'y remonter, et autoriser les parties intéressées à réclamer, par la voie de recours successifs, d'abord devant le préfet, ensuite devant le ministre et enfin devant le conseil d'Etat, les diverses garanties qui entourent les plans généraux. La jurisprudence semble au reste se fixer dans ce sens. Nous citons sous le n° 259 une lettre du ministre du commerce et des travaux publics qui reconnait positivement le droit d'attaquer la décision ministérielle devant le conseil d'Etat, dans la forme réglée par le décret du 22 juillet 1806. Un arrêt du conseil d'Etat du 4 mai 1830 (Macarel, t. 12, page 133) le reconnaît aussi implicitement en décidant que l'arrêté d'un préfet sur une question d'alignement ne peut être attaqué devant le conseil d'Etat qu'après avoir été déféré au ministre. Enfin, nous voyons dans plusieurs autres arrêts que ce mode de pourvoi contre les arrêtés des ministres, en matière d'alignements partiels, a été admis. Ainsi, dans un arrêt du 25 février 1833 (Macarel, année 1833, page 112), il s'agissait d'un alignement partiel donné par le préfet de la Nièvre au sieur Poisiau. Celui-ci s'étant pourvu devant le ministre contre l'arrêté du préfet, ainsi que nous nous en sommes assurés par l'inspection du dossier, le ministre confirma l'arrêté. Le sieur Poisiau se pourvut alors contre la décision ministerielle devant le conseil d'Etat, qui reconnut sa compétence, et prononça sur le pourvoi porté devant lui.

On sent que la décision devrait être la même s'il était question d'un alignement partiel donné par un maire, sur lequel serait intervenue une décision du ministre, après recours devant le préfet.

184. Le conseil d'Etat, il est vrai, a rendu quelques autres décisions contraires à celles que nous venons de rapporter et à l'opinion que nous émettons; mais ces décisions, erronées, suivant nous, ne peuvent faire fléchir les principes que ce même conseil d'état a reconnus, au reste, d'une manière expresse dans une circonstance solennelle. Le 3 avril 1824, les comités de législation et de l'intérieur réunis, ayant été saisis, par M. le garde des sceaux, de diverses questions relatives aux alignements partiels, furent d'avis que « dans les bourgs, villes *et* villages où il n'existe pas de plan général d'alignement arrêté en conseil d'Etat, le droit de donner des alignements appartient au maire, sauf recours au préfet. et successivement devant le ministre de l'intérieur (aujourd'hui des travaux publics) *et devant le conseil d'Etat.* »

Cet avis du conseil d'état est rapporté en entier dans le n° 208.

185. Ce que nous venons de dire sur le droit de se pourvoir contre les alignements donnés par les maires ne doit s'entendre que des alignements partiels que les maires donnent seuls : car toute espèce de recours est interdite contre les plans d'alignement qui ont été arrêtés en conseil d'Etat et approuvés par le roi. Ces plans sont définitifs. Ils ne peuvent être attaqués ni par les communes ni par les propriétaires soumis à leur application. Si l'on croit utile d'y apporter des modifications, on ne peut, pour les obtenir, que s'adresser à la juridiction gracieuse du roi. La voie de la juridiction contentieuse est fermée. Voir les n°s 203, 204, 259.

Cependant les tiers autres que les communes et les propriétaires soumis à l'alignement, qui prétendraient avoir des raisons de se plaindre de l'exécution donnée aux plans généraux arrêtés en conseil d'Etat, seraient écoutés dans leurs réclamations. Telle est la disposition du dernier § de l'art. 52 de la loi du 16 septembre 1807, Voir les n°s 200, 207.

§ 2. JURIDICTION VOLONTAIRE DES COMMISSAIRES-GÉNÉRAUX DE POLICE.

186. L'art. 14 de la loi du 28 pluv. an 8 porte que, « dans les villes de 100,000 habitants et au-dessus, il y aura un commissaire général de police, auquel les commissaires de police seront subordonnés, et qui sera subordonné au préfet; néanmoins, ajoute cet article, il exécutera les ordres qu'il recevra immédiatement du ministre chargé de la police générale. »

La ville de Paris n'est pas comprise dans cette disposition, qui, par là, s'est trouvée restreinte à Marseille, Bordeaux et Lyon.

La loi du 7 floréal an 11 et l'arrêté du 12 germinal an 12 établissent des commissaires généraux de police dans les villes de Brest et de Toulon, ainsi que dans les ports du Pas-de-Calais et de la Manche.

L'institution des commissaires généraux de police n'est point permanente. C'est un moyen d'action plus énergique que le gouvernement emploie dans les circonstances graves, et dont il cesse de faire usage lorsque ces circonstances n'existent plus. Il appartient au gouvernement de décider quand il y a lieu de nommer des commissaires généraux de police, et de désigner les hommes qui doivent remplir ces fonctions.

L'arrêté du gouvernement du 5 brumaire an 9 détermine leurs attributions. Suivant les art. 16 et 17 de cet arrêté, ils sont chargés d'exercer sur la voie publique toutes les attributions de police que nous avons reconnu appartenir aux maires, qui se trouvent ainsi dépouillés de la plus grande partie de leur juridiction.

Nous doutons que l'arrêté du 5 brumaire an IX puisse encore recevoir son exécution, en ce qui concerne au moins les attributions enlevées à l'autorité municipale. Cette autorité, qui tient aujourd'hui ses pouvoirs de l'élection, ne peut être dépouillée par la seule volonté du gouvernement. Nommer un commissaire général de police, c'est annuler le maire en très grande partie et mettre un magistrat de bon plaisir à la place d'un magistrat élu. Cela était régulier lorsque le maire était exclusivement à la nomination du roi, car alors le maire et le commissaire général de police tenaient leur pouvoir d'une même source; mais il ne peut plus en être de même depuis la loi d'organisation municipale. Il nous semble donc que les fonctions des commissaires généraux de police doivent être bornées aux attributions de haute police et de sûreté générale, et ne plus comprendre les attributions de police municipalè, confiées à la vigilance des maires par les lois de 1789, 1790 et 1791.

§ 3. DE LA JURIDICUION VOLONTAIRE DES PRÉFETS ET DU MINISTRE DES TRAVAUX PUBLICS.

187. Les attributions des préfets, quant aux rues qui dépendent de la grande voirie, ont été determinées dans les nᵒˢ 22 et suivants du titre *De la grande voirie;* nous n'avons pas à y revenir. Nous ne voulons donc parler ici que des attributions de juridiction volontaire donné aux préfets sur les rues qui font partie de la petite-voirie.

Ainsi que nous l'avons dit nᵒ 169, les préfets ont le droit de prendre des arrêtés sur tous les objets confiés à la vigilance de l'autorité municipale, mais seulement lorsqu'il s'agit de mesures de police, de sûreté ou de salubrité publique, qui doivent embrasser plusieurs communes : car s'il s'agissait de mesures destinées à une seule localité, le préfet, en les prenant sans le concours des maires, commettrait une usurpation sur le pouvoir de ces magistrats, établirait avec eux un conflit nuisible aux intérêts de la commune, et, ce qu'il y a de plus grave, rendrait illusoire le droit qui a été accordé aux citoyens d'élire les fonctionnaires chargés de l'administration municipale.

Les préfets doivent par conséquent s'abstenir de rendre des arrêtés relatifs à de simples intérêts de localité ; mais s'ils ne peuvent rendre des arrêtés sur ces intérêts, ils peuvent reviser, modifier et même annuler ceux qui ont été rendus par les maires. Voir le nᵒ 169 ci-dessus.

188. Le droit de réformer les arrêtés municipaux est exercé par les préfets, soit en vertu de la juridiction volontaire soit en vertu de la juridiction contentieuse.

Il est exercé en vertu de la juridiction volontaire, lorsque le préfet procède à la réformation, de son propre mouvement, sans y être provoqué par le pourvoi d'un tiers qui se prétend lésé. Les préfets alors, qui constituent l'administration supérieure vis-à-vis des autorités municipales, usent du pouvoir discrétionnaire qui leur est accordé par la loi du 22 juillet 1791

Les préfets agissent en vertu de la juridiction contentieuse, lorsque les arrêtés municipaux sont soumis à leur révision par un pourvoi émané d'un particulier qui croit avoir à se plaindre de la mesure qui a été prise. L'affaire devient contentieuse, dans ce cas, parce qu'il y a litige à vider entre le maire qui a rendu l'arrêté et le particulier qui s'est pourvu ; entre l'intérêt général, qui est représenté par l'autorité municipale, et l'intérêt privé ; et souvent aussi entre deux intérêts privés dont l'un éprouve un préjudice et l'autre un avantage de la mesure qui a été prise. Nous nous occupons de la juridiction contentieuse des préfets sous le n° 382.

189. De même que les préfets ont le droit de réformer les arrêtés municipaux, de même le ministre des travaux publics a le droit de réformer les arrêtés des préfets qui confirment, modifient ou annulent les arrêtés municipaux ; de même aussi la juridiction du ministre est volontaire ou contentieuse, suivant qu'il réforme les arrêtés des préfets, en l'absence de tout pourvoi, ou qu'il ne prononce sur ces arrêtés que par suite d'un recours exercé contre eux. Voir le n° 383.

§ 4. JURIDICTION VOLONTAIRE DU ROI.

190. Les droits de juridiction volontaire qui appartiennent au roi en matière de voirie urbaine consis-

tent, sur le rapport du ministre du commerce et des travaux publics :

1° A arrêter en conseil d'état les plans généraux d'alignement des villes (voir les n°° 59, 200.);

2° A déterminer les rues qui, dans l'intérieur des villes, sont le prolongement des routes royales ou départementales qui y aboutissent (voir les n°° 3, 4, 59);

2° A autoriser et régler l'ouverture et la largeur des nouvelles rues dans les villes. (voir le n° 264);

191. Après avoir posé les principes généraux sous l'empire desquels s'exerce la juridiction volontaire ou le pouvoir de rendre des arrêtés en matière de voirie urbaine, nous allons expliquer avec quelque étendue quels sont les objets principaux soumis à cette juridiction.

CHAPITRE III.

ALIGNEMENT, OUVERTURE ET SUPPRESSION DES RUES.

SECTION Iʳᵉ.

§ 1ᵉʳ. DE L'ALIGNEMENT.

192. On entend par alignement la détermination de l'emplacement que doivent occuper les constructions qui bordent la voie publique

« Donner alignement, dit le *Dictionnaire de jurisprudence* de Royer, c'est tracer sur la voie publique la ligne de démarcation que doivent suivre les propriétés, édifices, murailles, haies et fossés, en sorte qu'on redresse la rue, le chemin, la place, et qu'on lui donne une largeur convenable au bien public. »

193. L'objet principal de l'alignement est la salu-

brité, la propreté, la sûreté et l'embellissement des villes.

194. L'alignement peut résulter ou de l'état de possession, ou d'une ordonnancé royale délibérée en conseil d'Etat, ou d'un arrêté du préfet, s'il s'agit de rues formant la prolongation des grandes routes, ou bien, pour les autres rues des communes, d'un arrêté municipal.

L'état de possession fondé sur des titres de propriété ou sur des ouvrages apparents propres, par leur nature ou par le temps depuis lequel ils sont établis, à constater la propriété, ne sert à la détermination de la largeur et de la direction des rues que lorsqu'il n'existe pas d'alignement donné par l'autorité compétente. S'il existe un alignement, c'est lui seul qu'il faut consulter, et non l'état de possession, qui, dans ce cas, ne peut plus être invoqué que pour justifier le droit à une indemnité, soit en faveur du propriétaire qui est obligé de reculer pour se conformer à l'alignement, soit en faveur de la commune.

195. Dans les nᵒˢ 36 et suivants, nous avons traité de l'alignement des rues qui forment la prolongation des grandes routes (a); nous n'y reviendrons

(a) Nous devons présenter ici quelques observations sur le mode irrégulier suivi par plusieurs préfets dans l'exécution des plans d'alignement des rues qui dépendent de la grande voirie. Ces observations seront également utiles aux maires, et les prémuniront contre une indulgence nuisible.

Dans les départements, l'administration des ponts et chaussées obtient très souvent que ses avis soient la base des arrêtés des préfets, et son indulgence n'est pas toujours d'accord avec le besoin d'amélioration que les villes éprouvent pour leurs rues et leurs places publiques.

Ainsi, quoique le plan d'une ville soit fixé par ordon-

pas, et ne nous occuperons dans ce chapitre que de l'alignement des rues qui appartiennent à la petite voirie.

196. L'alignement des rues des villes, bourgs et villages, qui ne sont pas le prolongement des grandes routes, et celui des places, qu'elles soient ou non traversées par une grande route (voir les n°ˢ 13 et 37), doit être donné par le maire, et les contraventions à l'alignement, ainsi que les anticipations sur la voie publique, poursuivies devant le tribunal de simple police. (Arrêts du conseil d'État des 3 mars et 13 juil. 1825, Dalloz, an 1826, pages 18 et 19)

nance royale, un bâtiment qui est compris dans le reculement vient-il à exiger des réparations, le préfet les autorise sous la condition que le propriétaire reculera son édifice dès que le voisin reculera le sien. Or il peut arriver que les choses durent ainsi encore un demi-siècle ; tandis que, si la permission avait été refusée, le désir d'embellir sa maison aurait déterminé le propriétaire à se retirer de suite sur la ligne, et le bâtiment voisin n'aurait guère tardé à y être porté aussi. D'ailleurs, si le propriétaire de celui-ci demande une permission analogue, aurait-on bonne grâce à la lui refuser ? Toutes ces complaisances administratives rendent difficile au pouvoir municipal l'exercice de la partie d'autorité qui lui appartient sur les rues qui font partie de la grande voirie.

Le remède serait d'obliger les préfets à prendre l'avis du maire, et de permettre à celui-ci d'appeler de la décision de celui-là pour s'opposer à des travaux qui nuisent plus à la ville qu'ils n'intéressent l'administration des ponts et chaussées.

En attendant une loi, il faudrait que le ministre prescrivît aux préfets de prendre l'avis du maire. Si l'état présent se maintient, quel espoir de voir nos vieilles villes obtenir des rues plus larges, et conséquemment moins dangereuses ?

Cette incompétence est tellement absolue que l'alignement donné par un préfet sur une rue qui dépend de la petite voirie serait considéré comme non avenu et n'aurait aucune efficacité pour légitimer les travaux faits en conséquence. Nonobstant cet alignement, le propriétaire devrait être condamné à la démolition de ses constructions, si elles n'étaient pas conformes à l'alignement qui aurait dû être prescrit par l'autorité municipale. (Arrêt du conseil d'Etat du 4 mai 1826, Dalloz, an 1827, p. 33.)

Cet arrêt juge en outre que l'obligation de démolir imposée à un propriétaire qui aurait construit en conformité d'un alignement incompétemment donné ne donne ouverture à aucune action en indemnité.

Cette disposition est juste, car la première faute a été commise par le propriétaire, qui s'est adressé à une autorité incompétente pour obtenir l'alignement.

197. Il en serait autrement si un particulier s'était conformé à un premier alignement compétemment donné, et qu'un second alignement l'obligeât à démolir les constructions commencées. Ce particulier ne devrait pas souffrir d'une erreur qui n'est pas de son fait, et aurait droit à une indemnité. (Arrêt du conseil d'État du 12 décembre 1818, Cormenin, t. 2, p. 630.

198. Les alignements donnés par les maires peuvent procéder de deux origines : ou de plans généraux arrêtés en conseil d'Etat et approuvés par le roi, ou de plans partiels arrêtés par les maires eux-mêmes, en l'absence de plans généraux.

199. Les plans arrêtés en conseil d'État sont appelés plans généraux, parce qu'ils s'appliquent, dès le moment où ils sont régulièrement rendus , à toutes les rues qui y sont comprises. Dès ce moment aussi

ils deviennent obligatoires pour tous les propriétaires riverains, qui ne peuvent les attaquer lors de l'application particulière qui leur en est faite par le maire, au fur et à mesure des besoins. Au contraire, lorsque ces plans sont donnés par un arrêté municipal, parce qu'il n'existe pas de plans arrêtés en conseil d'Etat, ces plans ne sont que *partiels* et obligatoires seulement pour les propriétaires des terrains auxquels il en a été fait application. Ces propriétaires peuvent les attaquer et en demander la réformation.

Les plans arrêtés en conseil d'État ont donc cet avantage de renfermer un système d'alignement complet et définitif pour toute la ville; au lieu que les plans arrêtés par l'autorité municipale se fractionnent en autant d'alignements qu'il y a de propriétés bâties ou réparées. Chacune de ces propriétés exigeant un alignement particulier qui peut être modifié par le préfet, on sent qu'il est très difficile d'arriver par ce moyen à l'uniformité. Il serait à désirer, par conséquent, que les maires de toutes les villes se conformassent aux obligations que nous allons leur faire connaître dans les numéros suivants. Ils éviteraient ainsi les obsessions auxquelles ils sont exposés de la part des propriétaires intéressés à ne pas se soumettre à l'alignement, obsessions auxquelles, trop souvent, ils se sont crus obligés de condescendre. Les plans une fois arrêtés en conseil d'Etat, tout le mode serait contraint de s'y conformer; on couperait court ainsi aux sollicitations et aux complaisances.

§ 2. PLANS GÉNÉRAUX D'ALIGNEMENT ARRÊTÉS EN CONSEIL D'ÉTAT.

200. L'art. 52 de la loi du 16 septembre 1807 s'exprime ainsi :

Dans les villes, les alignements pour l'ouverture des nouvelles rues, pour l'élargissement des anciennes qui ne font point partie d'une grande route, ou pour tout autre objet d'utilité publique, seront donnés par les maires, conformément au plan dont les projets auront été adressés aux préfets, transmis avec leurs avis au ministre de l'intérieur et arrêtés en conseil d'Etat.

En cas de réclamation des tiers intéressés, il sera statué de même en conseil d'Etat, sur le rapport du ministre de l'intérieur.

Les prescriptions de l'art. 52 ne s'appliquent qu'aux rues des villes (a) qui renferment une population agglomérée de deux mille âmes ou au-dessus. Deux circulaires ministérielles des 17 août 1813 et 7 avril 1818 l'ont ainsi décidé Quoiqu'il n'eût pas appartenu à un ministre d'interpréter ainsi la valeur des expressions dont s'est servi le législateur, et de définir ce que la loi de 1807 avait entendu par le mot *villes*, il est reconnu en principe aujourd'hui que les villes dont la population est de deux mille âmes au moins sont seules susceptibles de l'application de la loi sur les plans généraux d'alignements arrêtés en conseil d'état. Quant aux villes, bourgs et villages d'une population inférieure, ils ne sont pas

(a) La loi du 16 septembre 1807 ne renvoie à l'examen du conseil d'Etat que les plans d'alignement des rues qui ne font pas partie des grandes routes (Voir le n° 38). Arrêt du conseil d'Etat du 26 août 1829, Macarel, t. 11, p. 350.)

privés du bénéfice de l'alignement, mais ne sont soumis qu'à des alignements partiels délivrés par l'autorité municipale, ainsi que cela a lieu pour les villes au - dessus de deux mille âmes qui n'ont pas encore de plans généraux.

201. Différentes circulaires et instructions ministérielles ont été publiées pour régler le mode de la formation des plans généraux d'alignement. Ces circulaires et instructions portent la date des 18 ao 1808, 16 novembre 1811, 29 octobre 1812, 17 juillet et 17 août 1813, 23 févr. 1815. Il a été donné enfin une dernière instruction ministérielle, à la date du 2 octobre 1815, qui contient les règles d'après lesquelles s'exécutent actuellement les plans qui n'ont pas été confectionnés ou commencés suivant le mode indiqué dans les instructions précédentes

202. Voici , en résumé , la marche à suivre pour la formation des plans généraux d'alignement.

Le maire fait lever un plan de toutes les rues de la ville par un homme de l'art, conformément aux circulaires que nous venons d'indiquer. Ce travail, s'il remplit toutes les conditions imposées à l'ingénieur ou à l'architecte qui l'a entrepris, est payé sur les fonds communaux, après un vote approbatif du conseil municipal. Ce vote, quant aux dépenses, doit précéder le commencement du travail : car il y aurait de la part du maire une extrême imprudence à le faire confectionner avant d'être assuré que les fonds nécessaires lui seront alloués.

Lorsque le plan est levé et qu'on y a porté les indications qui font connaître l'alignement projeté, on le soumet au conseil municipal, qu'il est convenable de consulter sur une mesure qui doit avoir pour résultat d'aliéner certaines portions de la voie publique, quand le plan prescrit un avancement, ou de soumettre la commune aux dépenses nécessitées par l'acquisition des terrains qui doivent y être réunies quand le plan prescrit un reculement.

Les plans sont ensuite exposés à l'hotel de la mairie, et le public doit être prévenu, conformément à la circulaire du 29 octobre 1812, afin que tous les intéressés soient mis en demeure de venir présenter leurs réclamations, qui sont reçues par le maire et constatées sur un procès-verbal ouvert à cet effet.

Le conseil municipal, le sous-préfet et le préfet donnent leur avis sur les réclamations présentées, de même que sur les autres parties du travail contre lesquelles il ne se serait élevé aucune réclamation

Le projet d'alignement ainsi vérifié et contrôlé est envoyé au ministre des travaux publics, avec les réclamations des intéressés et les avis donnés par les autorités qui ont dû être consultées.

Le conseil d'Etat est alors saisi, et sa décision, approuvée par le roi, devient un règlement désormais inattaquable

203. Tel est le grand avantage des plans généraux d'alignement, c'est leur fixité. Aussi le conseil d'Etat a-t-il jugé, dans un grand nombre d'affaires, que l'ordonnance royale approbative d'un plan général ne pouvait donner lieu à aucun recours par voie d'opposition, de tierce opposition, ni par aucune autre voie contentieuse. (Arrêts du conseil d'Etat des 5 juin 1823 et 4 juin 1827 — Voir l'exception en faveur des tiers, n° 207.)

Jusqu'au moment où est intervenue l'ordonnance, toutes les réclamations ont été reçues par le maire, le sous-préfet, le préfet et le ministre, et même par le conseil d'Etat. Par conséquent toutes les plaintes fondées ont pu se faire jour et obtenir satisfaction. Il n'y aurait pas même lieu à recours, lors même que les formalités que nous avons indiquées, relativement à l'appel des intéressés, à l'exposition des plans d'alignement, ou bien des avis à prendre, n'auraient point été observées : car la prescription de ces formalités est purement officieuse et ne constitue pas un droit. Leur inobservation d'ailleurs a été jugée par le conseil d'Etat, au moment où il a examiné le plan d'alignement. Ayant alors passé outre, le conseil a décidé par-là, implicitement **au moins**, qu'il était suffisamment éclairé pour stipuler les intérêts de l'Etat, de la commune, et des particuliers.

204. Cependant il peut arriver que le besoin de modifications se fasse sentir dans des plans d'alignement approuvés par ordonnance royale. Ces modifications, si elles sont utiles, ne doivent pas être repoussées, sous le prétexte d'une fixité, qui serait une règle déplorable, si elle devenait un obstacle aux améliorations ou à la réparation d'injustices flagrantes. Mais le droit de modifier n'appartient qu'à celui qui a sanctionné, c'est-à-dire au roi. C'est à lui seul que les particuliers, les communes ou l'administration, peuvent demander, par l'intermédiaire du ministre des travaux publics, de changer les plans d'alignement. Si la demande de changement est jugée recevable, on doit repasser, avant de l'adopter définitivement, par toutes les voies d'instruction qui ont précédé la première ordonnance royale. Voir le n° 184.

Les changements, quand ils ont lieu, ainsi que le fait observer M. Daubanton, ne doivent jamais violer les droits acquis par l'effet des plans antérieurement approuvés.

205. Aux termes de l'art. 52 de la loi du 16 sept. 1807, ci-dessus cité, c'est au maire qu'il appartient de donner les alignements, lorsqu'il existe des plans généraux arrêtés en conseil d'Etat.

Dans ce cas, les alignements donnés par le maire doivent être exactement conformes aux plans généraux. Il ne leur est point permis d'y apporter aucune modification.

206. Nous avons vu, avec regret, quelques arrêts du conseil d'Etat qui semblaient autoriser des rectifications faites arbitrairement par des préfets à des plans généraux d'alignement arrêtés comme il est dit en la loi de 1807. Nous ne pouvons approuver une pareille doctrine; nous ne reconnaissons le droit de rectifier ces plans, même dans le cas d'erreur matérielle, qu'en suivant les mêmes formes que celles qui ont été suivies pour les établir (voir le n° 204). Les préfets, pour la grande voirie, et les maires, pour la petite voirie, sont chargés uniquement d'en faire l'application aux propriétés particulières. Ils ne peuvent y apporter aucun changement, et s'ils le faisaient, ils commettraient un excès de pouvoir si évident, que les particuliers, en s'y conformant, seraient exposés sans avoir le droit de réclamer aucune indemnité, à se voir plus tard condamnés à détruire leurs constructions, comme ayant été faites sur un plan d'alignement donné par une autorité incompétente. C'est ce que le conseil d'Etat a jugé deux fois, les 4 mai 1826, et 6 juin 1830, dans les cas d'alignements donnés par des préfets, lorsqu'ils auraient dû être donnés par les maires. C'est ce qu'il devrait juger, à plus forte raison, dans l'hypothèse que nous supposons : car la violation de la compétence est ici attentatoire aux droits du souverain.

Lors donc qu'il arrive qu'un alignement donné par le maire n'est pas conforme au plan général, le propriétaire qui a reçu cet alignement doit s'empresser de le déférer à l'autorité administrative supérieure.

207. Nous avons parlé, dans les n°ˢ 203 et 204,

des changements aux plans généraux d'alignement provoqués par les propriétaires auxquels ces plans s'appliquent. Le dernier § de l'art. 52 prévoit une autre nature de réclamation. Ce sont celles élevées par des tiers qui se prétendent lésés par l'exécution de l'alignement donné conformément à un plan général arrêté en conseil d'Etat. Ces tiers ont deux actions à exercer, l'une civile, à l'effet d'obtenir la réparation du préjudice que leur fait éprouver l'alignement. Cette action civile contient la reconnaissance implicite que l'alignement doit recevoir son exécution ainsi qu'il a été donné, car le dommage n'existe qu'en raison même de l'exécution, à moins que le propriétaire qui a reçu l'alignement n'ait passé outre, nonobstant l'opposition des tiers. Alors l'action civile n'est plus que la conséquence de l'opposition, et ne peut être considérée comme une approbation.

La seconde action qui appartient aux tiers intéressés, a pour objet d'empêcher l'exécution de l'alignement, ou de faire régler le mode d'exécution, ou d'obtenir une modification conforme à leurs intérêts. Cette seconde action est de la compétence exclusive du conseil d'Etat, ainsi que le dispose l'article 52 de la loi de 1807. Elle ne peut être portée devant aucune autre juridiction. En conséquence, elle ne doit être soumise ni au maire, ni au préfet, ni au ministre, mais doit être déférée directement au roi, qui statue en conseil d'Etat. (Arrêts du conseil d'État des 9 juin 1824, 24 février 1825, et 4 mars 1830, Macarel, t. 12, p. 131.)

§ 3. ALIGNEMENTS PARTIELS DÉLIVRÉS PAR LES MAIRES.

208. Un décret du 27 juillet 1808 avait ordonné que les plans généraux d'alignement prescrits par la loi du 16 septembre 1807 fussent exécutés dans l'in-

tervalle de deux ans, et jusque là il avait autorisé les maires à donner des alignements partiels.

Une ordonnance du roi du 29 février 1816 prorogea le délai accordé par le décret précédent. Cette ordonnance s'exprimait ainsi :

Les maires des villes susceptibles de l'application de l'article 52 de la loi du 16 septembre 1807, et dont les plans généraux d'alignement n'ont pas encore été arrêtés en conseil d'Etat pourront, *en cas d'urgence*, et jusqu'au 1er mars 1818, donner des alignements partiels pour les constructions à faire dans les rues qui ne dépendent pas de la grande voirie des ponts et chaussées, après avoir pris l'avis des architectes voyers, et sous l'approbation des préfets.

En cas de réclamation contre ces alignements particuliers, il sera statué en conseil d'Etat, sur le rapport de notre ministre de l'intérieur.

Une nouvelle ordonnance rendue le 18 mars 1818, a prorogé le délai jusqu'au 1er mai 1819.

A cette dernière époque, tous les plans généraux d'alignement devaient être confectionnés, et, suivant le texte des ordonnances, il n'était plus permis aux maires de donner des alignements partiels. Mais, comme dans un grand nombre de villes les plans généraux n'avaient pas été et ne sont pas encore exécutés, il en résultait qu'en attendant cette exécution, les maires ne conservaient d'autre droit que celui d'empêcher que les anciennes limites ne fussent dépassées. L'autorité municipale se trouvait ainsi désarmée, et ne pouvait prescrire aucune amélioration dans la direction et la largeur des rues. Il en résultait encore que, les anciennes constructions étant rétablies sur les fondations existantes, on devait perdre tout espoir d'obtenir des améliorations futures.

Ces considérations n'empêchèrent pas le plus grand nombre des auteurs de se prononcer contre les alignements partiels. MM. Henrion de Pensey

Favard de Langlade, Isambert, se fondant sur les expressions des ordonnances de 1816 et de 1818, que nous avons citées plus haut, ainsi que sur les dispositions de l'art. 52 de la loi de 1807, prétendaient que les maires n'avaient le pouvoir de tracer des alignements qu'après y avoir été autorisés par le gouvernement, et que jusque là toute leur action se bornait à conserver à la voie publique la largeur telle que l'état de possession l'avait fixée. Examinant ensuite l'art. 3 de la loi du 16-24 août 1790, qui règle les attributions municipales, ils ne trouvaient dans cet article rien d'où l'on puisse induire que les maires eussent la faculté d'altérer l'état de possession en exigeant l'abandon d'une portion quelconque des propriétés privées.

209. Il est certain que, si la discussion était restée sur le terrain sur lequel l'avaient placée les auteurs dont nous citons l'opinion, nous n'aurions pu que partager leur avis, tout en déplorant les graves inconvénients qui devaient en résulter. Mais, comme ils ne s'étaient appuyés que sur la législation postérieure à 1789, ils n'avaient examiné la question que sous un de ses aspects. Il fallait remonter plus haut, rechercher les anciens règlements rendus *sur le fait de la voirie*, puiser dans l'édit de décembre 1607, dans celui du 16 juin 1693, dans les lettres patentes du 31 décembre 1781, dans l'ordonnance du bureau des finances du 29 mars 1754, dans l'arrêt du conseil du 27 février 1765 et la déclaration du roi du 8 juillet 1783 ; édits, arrêts, ordonnances, confirmées par la loi du 22 juillet 1791. (Voir les arrêts et édits à la fin du volume.) C'était là que se trouvaient les principes qui régissent la matière, et les motifs de décider la question qui nous occupe dans un sens opposé à celui des auteurs.

Suivant ces principes, combinés avec la loi d'attributions municipales du 16-24 août 1790, les maires, qui remplacent aujourd'hui les fonctionnaires chargés, sous l'ancien régime, des soins de la voirie, ont le droit de donner des alignements, de tracer la ligne sur laquelle doivent être élevées les constructions dans un intérêt d'assainissement, de sûreté et d'amélioration locale, sous la réserve du règlement d'indemnité pour perte de terrain. Ce droit qui leur est reconnu, ils l'exercent seuls en l'absence de plans généraux d'alignement, sans qu'ils aient besoin du concours ou de l'approbation du gouvernement ni même du préfet; mais sauf néanmoins le recours contre leurs arrêtés devant l'autorité administrative supérieure.

Voici quelques uns des nombreux arrêts qui l'ont ainsi jugé, et qui fixent le dernier état de la jurisprudence :

Avis du conseil d'État du 3 avril 1824.

Les comités réunis de législation et de l'intérieur, sur le renvoi qui leur a été fait par M. le garde des sceaux d'une lettre de M. le ministre de l'intérieur du 10 décembre 1823, et de divers documents relatifs à la question de savoir si les maires, lorsqu'il n'existe pas de plans d'alignement pour leurs communes respectives, arrêtés en conseil d'Etat, peuvent donner des alignements qui obligent les propriétaires à avancer ou reculer leurs constructions;

Vu l'édit de Henri IV, de décembre 1607, contenant l'ordre, les fonctions du grand-voyer et de ses commis, et portant défense à tout propriétaire de Paris et des autres villes du royaume de faire aucun édifice, pans de murs et autres avances sur la voie publique, sans le congé et l'alignement du grand-voyer et de ses commis ;

Vu la déclaration du 16 juin 1693, attribuant aux trésoriers de France le droit de donner des alignements à Paris;

Vu les déclarations des 18 juillet 1729 et 18 août 1730;

qui ont fixé la compétence des juges de police et des trésoriers de France en matière de péril des bâtiments, et détermine les formalités à suivre pour les constater et les faire
cesser ;

La loi du 14 décembre 1789, art. 50 ;

La loi du 24 août 1790, titre 11 ;

Les lois des 11 septembre et 14 octobre 1790, relatives à
la grande voirie ;

La loi du 22 juillet 1791, titre Ier, art. 18 et 29, qui confirme les règlements existants touchant la voirie, la construction, la sûreté et la solidité des bâtiments ;

La loi du 16 septembre 1807, art. 52 ;

Le décret du 27 juillet 1808 ;

Les art. 544 et 545 du Code civil ;

L'art. 471, n° 5, du Code pénal ;

La loi du 8 mars 1810, art. 1, 2, 3, 4, 5 et 15 ;

Les décrets des 13 août 1811 et 29 janvier 1814 ;

Les ordonnances royales des 31 juillet 1817 et 3 juin
1818 ;

L'arrêt de la cour de cassation du 12 avril 1823 ;

Considérant que l'art. 52 de la loi du 16 septembre 1807,
qui statue que dans les villes, les alignements seront donnés
par les maires, conformément aux plans dont les projets
auront été adressés aux préfets, transmis avec leur avis au
ministre de l'intérieur, et arrêtés en conseil d'Etat, n'a pu
avoir pour effet de suspendre, en attendant la confection
desdits plans, toute surveillance de l'autorité municipale
sur les constructions et reconstructions à faire par les particuliers ;

Que, dans ce cas, il y a toujours lieu par les maires
de procurer l'exécution des anciens règlements de voirie,
formellement maintenus par l'art. 29 du titre 1er de la loi
du 22 juillet 1791, et dont l'application était confiée à des
juridictions supprimées que l'autorité municipale remplace
en cette partie

Que, de plus, les maires sont investis, par l'art. 46 du
titre Ier de la loi du 22 juillet 1791, du droit de faire des
arrêtés sur les objets de police confiés à leur surveillance,
parmi lesquels l'art. 3 du titre 11 de la loi 24 août 1790 a
placé la petite voirie ;

Que ces arrêtés rendus, sauf réformation par le préfet, sont obligatoires; que la loi attache à leur infraction la peine de l'amende, et que les tribunaux de simple police, chargés d'appliquer ladite amende, sont aussi compétents pour ordonner, dans certains cas, la démolition de l'œuvre régulièrement faite, comme réparation du dommage résultant de l'infraction de l'alignement prescrit par le maire;

Sont d'avis que, dans les villes, bourgs et villages où il n'existe pas de plan général d'alignement arrêté en conseil d'Etat, le droit de donner des alignements appartient aux maires, sauf recours au préfet, et successivement devant le ministre de l'intérieur et le conseil d'Etat; que le maire peut, en conséquence de ce droit, faire reculer les constructions dans un intérêt d'assainissement, de sûreté et d'amélioration locale, sous la réserve du règlement d'indemnité pour perte de terrain; que les contraventions aux alignements ainsi donnés par les maires doivent, après sommation par lui faite de détruire les constructions non autorisées, être poursuivies devant le tribunal de simple police; qu'il peut, selon les circonstances, requérir la démolition des travaux faits en contravention; que si les constructions ont été faites en retraite d'alignement, il ne peut y avoir lieu d'en requérir la démolition, mais seulement d'ordonner, par voie administrative, la clôture de l'enfoncement irrégulier.

Arrêt de la cour de cassation du 18 juin 1831 (Dalloz, an 1831, p. 245).

La cour, ouï les art. 4 et 5 de l'édit donné par Henri IV, au mois de décembre 1607, lequel fut enregistré au parlement de Paris le 14 mars suivant, sur la juridiction en matière de voirie, la police des rues, chemins, etc. ;

L'arrêt du conseil d'Etat du roi, en date du 27 février 1765, concernant les alignements et permissions pour constructions et reconstructions;

L'art. 3 de la déclaration du roi, en date du 8 juil. 1783;

L'art. 29, titre 1er de la loi du 19-22 juillet 1791, *sur la police municipale et correctionnelle,* § 2 ;

Les art. 50 et 60 de la loi du 14 décembre 1789;

L'art. 3, n° 1er, titre II de la loi du 16-24 août 1790, et et l'art. 46, titre Ier, de celle déjà citée du 19-22 juil. 1791, l'art. 52 de la loi du 16 septembre 1807;

Attendu, sur le premier moyen, que ce dernier article n'a point dérogé aux anciens règlements ci-dessus rappelés, qui ont été maintenus par l'art. 29, titre 1er, de la loi du 19-22 juil. 1791, et d'après lesquels les propriétaires, les architectes ou autres ouvriers constructeurs, sont tenus, lorsqu'il s'agit de constructions ou reconstructions *sur la voie publique, ou de toute espèce d'ouvrages à faire aux murs de face sur route ou sur rue*, d'en demander l'autorisation avant d'entreprendre ou encommencer les travaux;

Qu'assujettir, en effet, les maires à donner des alignements conformes aux plans généraux des villes qui doivent être faits et arrêtés conformément à cet article, ce n'est nullement les dépouiller, tant que ces plans n'existent pas, du pouvoir dont l'autorité municipale a été formellement investie, en matière de petite voirie, par les anciens réglements précités, par l'art. 50 de la loi du 14 déc. 1789, par l'article 3, n° 1er, titre II de la loi du 16-24 août 1790, et par l'art. 46, titre 1er, de celle du 19-22 juillet 1791;

Que les règlements qu'elle fait légalement, d'après ces dispositions, concernant les maisons et bâtiments qui touchent *à la voie publique actuelle, et leurs murs de face sur route et sur-rue*, sont, par conséquent, obligatoires pour les citoyens comme pour les tribunaux;

Que ces règlements trouvent leur sanction dans l'article 471, n° 5, du Code pénal.

Plusieurs autres arrêts de la cour de cassation ont été encore rendus dans le même sens (arrêt du 6 septembre 1828, Dalloz, an 1828, p. 419). Nous lisons dans un arrêt de cette cour du 1er février 1833 (Dalloz, an 1833, p. 177), le motif suivant:

Attendu qu'il est de *principe de droit public en France* qu'aucune construction ne peut être légalement entreprise sur ou joignant immédiatement la voie publique, qu'après avoir demandé et obtenu, à cet effet, l'autorisation de l'autorité compétente;

Et dans un autre arrêt du 8 août 1833 (Dalloz, an 1833, p. 339) :

Attendu que le droit de voirie a toujours compris en France le pouvoir notamment de régler l'alignement, la hauteur et la régularité des édifices, bâtiments ou constructions élevés et réparés, joignant la voi publique, et d'empêcher les entreprises de toute nature qui seraient contraires à la décoration des villes, bourgs et villages, ainsi qu'à la sûreté et à la commodité des citoyens ; qu'en matière de petite voirie, cette attribution a été conférée à l'autorité municipale par l'article 3, n° 1, tit. II, de la loi du 16-24 août 1790, et l'art. 46, tit. 1, de celle du 19-22 juillet 1791

210. Les décisions que nous venons de citer établissent non seulement le droit des maires de donner des alignements partiels dans les villes, bourgs et villages ; elles expliquent également (voir surtout la dernière partie de l'avis du conseil d'Etat du 3 avril 1824) quels sont les effets que doivent produire les arrêtés municipaux rendus à ce sujet.

On aura pu remarquer que ces effets consistent plutôt en défenses qu'en injonctions de faire. Pour ce qui touche aux bâtiments et constructions, les maires peuvent bien empêcher ce qui serait contraire à la sûreté ou à la salubrité publique, mais ils ne peuvent pas ordonner directement des mesures attentatoires aux droits de la propriété. Ce pouvoir n'appartient qu'au souverain. Ainsi les maires défendent de bâtir ou de réparer autrement qu'en se conformant à l'alignement qu'ils ont donné. C'est là une simple prohibition, qui ne contraint pas les propriétaires à se soumettre à l'alignement ; car ils peuvent s'abstenir de bâtir ou de réparer. Cette règle ne reçoit d'exception que dans le cas où les bâtiments menacent ruine : alors il s'agit d'une mesure de police plus que d'une mesure d'alignement.

Quant à l'injonction directe, à l'ordre, par exemple, de reculer et d'abandonner immédiatement une partie de terrain à la voie publique, il ne peut être donné que par le roi.

Cette différence en établit une grande dans les effets produits par les alignements partiels délivrés par les maires et les alignements généraux approuvés par le roi.

211. Les alignements ont deux objets : ou redresser *de suite* la voie publique, et par conséquent exproprier le propriétaire des terrains qui doivent servir à l'élargissement de la rue ; ou bien attendre cet élargissement de l'effet du temps, qui amène, par intervalles, des réparations et des constructions successives. (Voir les n°s 245 et suiv., 377 et suiv.)

Le premier objet, qui n'a lieu que dans les cas urgents, et lorsque les ressources des communes permettent de faire face aux frais de l'expropriation, ne peut être atteint que par une ordonnance royale : car la déclaration d'utilité publique qui doit précéder toute expropriation, et l'autorisation d'entreprendre les travaux, ne peuvent être données que par le roi. Ces principes sont consacrés par l'art. 3 de la loi du 7 juil. 1833. (Voir notre commentaire sur cette loi.) C'est ce qui a été établi depuis long-temps par la jurisprudence, ainsi que le constate un avis du conseil d'Etat du 30 août 1811, ainsi conçu :

Le conseil d'Etat, qui, en exécution du renvoi ordonné par Sa Majesté, a entendu le rapport de la section de l'intérieur sur celui du ministre de ce département, présentant un projet de décret tendant à homologuer l'acquisition faite par l'arrêté du 13 février 1809 du préfet du département de la Seine, au nom de la ville de Paris, de deux maisons situées rue de la Huchette, n° 40, qui appartenaient à la demoiselle Lasteyrie du-Saillant, et dont partie était destinée à être démolie pour former un quai ;

Considérant que, conformément à l'art. 52 de la loi du 16 septembre 1807, le conseil de Sa Majesté ne peut autoriser des acquisitions *pour l'ouverture de nouvelles rues, pour l'élargissement des anciennes, ou pour tout autre objet d'utilité publique,* que pour les communes dont les projets de plan auront été *arrêtés en conseil d'Etat ;*

Est d'avis 1e que le ministre de l'intérieur soit invité, avant de proposer à Sa Majesté un projet d'acquisition de maisons ou terrains necessaires à l'embellissement ou à l'utilité soit de la ville de Paris, soit de toute autre ville ou commune de l'empire, à faire précéder cette demande soit du plan des alignements déjà arrêtés légalement, s'il y en a eu, soit d'un projet de plan d'alignement, pour ledit plan être arrêté en conseil d'Etat, en exécution de l'art. 52 de la loi du 16 septembre 1807.

Quant au second objet que se proposent les plans d'alignements, celui d'arriver, par le laps du temps, et au fur et à mesure des réparations ou des constructions, à l'élargissement des rues, il peut être atteint par les plans partiels que les maires ont le droit de délivrer.

C'est ce que décidait l'art. 8 du projet de loi sur les attributions municipales, adopté par la chambre des députés dans la séance du 28 février 1834, projet de loi soumis ensuite à la chambre des pairs, à laquelle le défaut de temps n'a point permis de le discuter. Cet article 8 était ainsi conçu :

Le maire donne des alignements et autorisations de construire ou réparer les bâtiments riverains des rues, places et chemins communaux.

Il avait été entendu dans la discussion que ce droit ne pouvait s'exercer dans sa plénitude qu'en l'absence de plans généraux.

212. Les règles que nous venons d'énoncer sont applicables quelle que soit l'étendue des bâtiments absorbés par le reculement. Ainsi, lors même que la presque-totalité ou la totalité d'une maison devrait être réunie à la voie publique, en vertu d'un

plan d'alignement, cette réunion devrait s'opérer conformément aux principes qui régissent les alignements. Dans quelles difficultés d'exécution ne se serait-on pas jeté en effet, si on avait prescrit des modes différents de procéder, en raison de l'étendue différente du terrain ou du plus ou du moins de profondeur des maisons compris dans l'alignement ?

213. Lorsqu'à défaut d'un plan général d'alignement, approuvé par le roi, le maire donne un alignement partiel, ce magistrat n'a aucune formalité particulière à remplir. Il doit sans doute s'entourer de toutes les lumières propres à lui faire prendre la mesure la plus convenable et la plus utile, en conciliant autant que faire se peut l'intérêt public et l'intérêt particulier ; mais il ne lui est imposé aucune obligation, quant aux règles à suivre, pour éclairer sa religion. Un arrêt du conseil d'Etat, du 26 août 1829 (Macarel, t. 11, p. 349), a décidé que les formalités de l'art. 52 de la loi du 16 septembre 1807, et celles prescrites par les instructions ministérielles qui se rapportent audit article, ne sont relatives qu'aux plans généraux d'alignements, et non aux alignements partiels. Voir, pour le droit de se pourvoir contre les alignements partiels, les n°ˢ 177 et suivants.

Saillies sur la voie publique.

214. Le droit de donner les alignements emporte celui d'autoriser ou de défendre les saillies sur la voie publique, comme balcons, bancs, escaliers, auvents, devantures de boutiques, chenaux, etc. ; et, dans le cas d'autorisation, d'en régler les dimensions et le mode de construction. Ces attributions relativement aux saillies sont encore conférées aux maires par l'injonction que leur adresse, d'une manière générale et absolue, la loi du 16-24 août 1790, de

veiller à tout ce qui intéresse la sûreté et la commodité du passage dans les rues et places publiques. C'est conformément à cette injonction que les maires sont autorisés à prendre toutes les mesures propres pour prévenir les entreprises qui pourraient entraver la circulation, incommoder les passants, ou les menacer de quelques dangers.

On trouvera dans notre ouvrage sur la voirie de Paris de bons exemples à suivre sur cette matière, en ayant soin de n'appliquer aux villes de province que les dispositions en rapport avec leur population, leur industrie et leurs habitudes, qu'il ne faut pas contrarier, si elles n'entraînent pas de graves inconvénients. En fait de police municipale, les innovations ne doivent être entreprises qu'avec beaucoup de circonspection, car elles touchent aux intérêts les plus intimes des populations. Mais nous ne pouvons poser ici que des principes généraux, dont les applications particulières sont réservées aux autorités locales.

215. Les anciens règlements (Voir à la fin du volume) et l'art. 3 du titre II de la loi du 16-24 août 1790 donnent aux maires pour régler tout ce qui concerne les saillies un droit qui n'a d'autres limites que l'utilité publique et le respect de la propriété.

La jurisprudence n'a jamais varié sur ce point. « Attendu, dit un arrêt de cassation, du 30 mars 1827 (Dalloz, an 1827, p. 429.), que l'art. 15 du règlement de voirie pour la ville de Lyon porte qu'il ne peut être établi sans permission de grands balcons sur les places et dans les rues de voirie urbaine; que la disposition de cet article est, sans difficulté, un règlement de voirie urbaine, qui entre essentiellement dans les attributions de l'autorité municipale; qu'il appartenait aux juges de police de réprimer l'atteinte qui lui avait été portée. »

Il a été jugé de même par le conseil d'Etat (arrêt du 18 avril 1824, Macarel, t. 6, p. 229) que le maire d'une commune était compétent pour accorder ou refuser de construire un balcon sur la voie publique.

216. Du droit de permettre ou de défendre les saillies résulte celui de régler les conditions de solidité, de largeur, de hauteur, moyennant lesquelles elles peuvent être autorisées. C'est ainsi qu'un arrêté municipal peut fixer la hauteur jusqu'à laquelle doit s'élever le tuyau d'un poêle sortant sur la rue. (Arrêt cass. 14 mars 1833. Dalloz, an 1833, p. 177.)

217. Les maires ont également le droit d'ordonner la destruction des saillies existantes qui anticipent sur la largeur des rues, ou nuisent à leur sureté, à leur propreté, à leur conservation, ou seulement à la commodité de la circulation. C'est ce qui a été jugé le 9 février 1833 par la cour de cassation (Dalloz, an 1833, p. 180), à l'occasion d'un arrêté municipal qui ordonnait la destruction des auvents faisant saillie sur la rue. La même cour a rendu plusieurs autres arrêts dans le même sens; l'un, entre autres, du 14 octobre 1813 (Merlin, v° *Voirie*, n° 7) qui déclare obligatoire l'arrêté d'un maire qui prescrit la suppression des gouttières saillantes.

On ne peut pas dire qu'un pareil arrêté soit rétroactif : car les contrevenants ne sont pas poursuivis pour avoir établi des gouttières saillantes, mais pour ne pas les avoir supprimées, ainsi que le prescrivait l'arrêté. C'est le seul défaut de suppression qui constitue la contravention qui a été commise, par conséquent, postérieurement à l'époque où l'arrêté est intervenu.

Aussi a-t-il été jugé par un arrêt de la cour de cassation du 4 juin 1830 (Dalloz, an 1830, p. 295) que, lorsqu'un arrêté de police ordonne que des bornes établies en saillie dans les rues d'une ville seront enlevées, un tribunal de police ne peut se refuser de condamner un contrevenant, sous le prétexte que, les bornes existant avant l'arrêté, ce serait violer le principe de la non-rétroactivité des lois et des règlements que d'en ordonner l'enlèvement. Cette opinion, conforme aux principes, est encore consacrée par un arrêt du conseil d'Etat du 31 août 1826. (Dalloz, an 1826, p. 29.)

Hauteur des maisons.

218. Outre le droit de donner des alignements, les maires ont aussi celui de déterminer la hauteur des maisons, suivant la largeur des rues. L'exercice de ce droit peut être utile dans quelques circonstances, soit pour prévenir les incendies, soit dans l'intérêt de la salubrité ; cependant, comme il constitue une atteinte grave à la propriété, les maires ne doivent en user que dans le cas d'une nécessité bien démontrée. Mais dans ce cas, les arrêtés qu'ils ont pris pour limiter la hauteur des constructions sont légitimes, et doivent recevoir leur exécution, sauf recours devant l'autorité administrative supérieure. (Art. 3 du titre de 2 la loi du 16-24 août 1790, et 46 de la loi du 22 juillet 1791.) C'est ce qui est établi par un arrêt de cassation du 30 mars 1827 (Dalloz, an 1827, p. 429.), ainsi conçu :

Attendu que le règlement de voirie fait par le maire de Lyon, le 13 mai 1825, entrait essentiellement dans ses attributions ; que la disposition, notamment, dont l'infraction donnait lieu aux poursuites, et par laquelle le maire s'est réservé de fixer la hauteur des maisons, suivant la largeur des rues, se rattache directement à ce qui intéresse la solidité des bâtiments, la sûreté, la commodité, la propreté, la santé publique et la facilité de porter des secours en cas d'incendie ; que ces grands intérêts, que le maire a regardés comme compromis par l'état actuel des choses, et auxquels il a eu en vue de pourvoir pour l'avenir, sont spécialement confiés à la surveillance du pouvoir municipal; que ce pouvoir est autorisé, par la loi du 22 juillet 1791, à les régler de la manière qu'il juge la plus utile au bien public et la plus avantageuse aux habitants; que les dispositions de règlements de cette nature sont obligatoires pour les juges de police chargés d'en assurer l'exécution; qu'il ne leur appartient pas d'apprécier le mérite de ces dispositions, dont la réformation, s'il y a lieu, appartient aux autorités supérieures; qu'il leur suffit d'examiner et de s'assurer si le règlement a été fait dans l'étendue et dans les limites des attributions confiées à l'autorité municipale, si ce règlement statue sur des intérêts placés sous la surveillance de cette autorité; attendu que, si, d'après l'art. 552 du Code civil, invoqué par l'intervenant, la propriété du sol emporte la propriété du dessous et du dessus, il ne faut pourtant pas perdre de vue l'art. 544 du même Code, qui définit la propriété le droit de jouir et de disposer des choses de la manière la plus absolue, pourvu qu'on n'en fasse pas un usage prohibé par les lois et par les règlements.

219. Plusieurs autres arrêts de la cour de cassation confirment la jurisprudence que nous venons de faire connaître. Un arrêt de la même cour, du 18 septembre 1828 (Dalloz, an 1828, p. 418), non seulement déclare obligatoire l'arrêté d'un maire qui avait fixé la hauteur des maisons; mais il déclare en outre que le tribunal de police qui a reconnu et puni la contravention n'a pu se refuser à en prononcer la réparation, qui consiste dans la démolition de la partie supérieure de la maison nouvellement construite, qui excédait la hauteur fixée par l'autorisation. Telle est aussi la jurisprudence du conseil d'État. (Arrêt du conseil d'État du 26 octobre 1828, Macarel, t. 10, p. 757.)

Plans symétriques pour la forme d'architecture et la dimension des constructions.

220. Dans l'intérêt de l'embellissement des villes, l'autorité impose quelquefois aux propriétaires l'obligation d'observer dans leurs constructions des formes d'architecture et des dimensions symétriques. Cette obligation ne peut résulter d'un acte de l'autorité municipale : car, suivant un arrêt de la cour de cassation, du 14 août 1830 (Dalloz, an 1830, p. 358), l'arrêté d'un maire qui détermine un mode particulier d'architecture que ne prescrivait en aucune sorte la sûreté de la voie publique ne s'appuie sur aucune loi existante. L'obligation dont nous parlons, ne peut, en conséquence, être établie que par des stipulations particulières dans les actes par lesquels ont été acquis les terrains sur lesquels on veut bâtir. Mais si les actes d'acquisition ne renferment pas ces stipulations obligatoires, les propriétaires ont le droit de se refuser à exécuter des plans qu'ils n'ont point consentis. Dans ce cas, la ville a la faculté de réclamer l'expropriation des propriétaires refusants, après avoir fait déclarer l'utilité publique, et autoriser les travaux par une ordonnance royale, qui ne devra intervenir que lorsque le projet de plans symétriques s'appuie sur quelque raison de salubrité ou de sureté publique. L'expropriation consommée, la ville peut exécuter les constructions, les faire exécuter par des entrepreneurs, ou revendre les terrains, avec la charge de ne bâtir que suivant le plan arrêté.

221. Lorsque des constructions anciennes ont été élevées suivant un plan symétrique, il y a présomption qu'elles l'ont été ainsi d'après des conventions passées avec les propriétaires primitifs. Leurs successeurs ont donc la charge de les conserver dans l'état où elles se trouvent.

§ 4. INTERDICTION DE BATIR OU DE RÉPARER. DEMANDES D'ALIGNEMENT. — PERMISSIONS.

222. Les voies publiques sont établies dans l'intérêt général. Tout le monde a droit d'en jouir; mais le plus grand avantage qu'elles procurent est recueilli par les propriétaires riverains qui acquièrent sur la rue à laquelle ils sont contigus des droits de vue et de passage qu'on ne peut leur enlever sans indemnité. En retour de ces avantages, il est juste que ces propriétaires favorisés ne puissent rien faire qui porte atteinte à l'usage de la rue, et que, dans certains cas, ils soient astreints à faire ce que réclame l'utilité publique. Telle est l'origine des prohibitions et servitudes qui leur sont imposées; prohibitions et servitudes qui seraient encore justifiées, si elles avaient besoin de l'être, par ce principe, qui est le fondement de toutes les sociétés, que les particuliers doivent le sacrifice de leur intérêt privé à l'intérêt du plus grand nombre.

La principale prohibition, en matière de voirie, est celle qui défend à un propriétaire d'élever des constructions ou de faire certaines réparations dont l'effet serait de prolonger la durée de constructions existantes sur un terrain qui est destiné, suivant l'alignement donné, à faire partie de la voie publique.

L'interdiction de réparer s'applique également aux bâtiments qui seraient tenus d'avancer. Voir le n° 41.

Afin d'assurer l'exécution de cette interdiction et de prévenir les contraventions dont elle pourrait être l'objet, les anciens règlements dont les dispositions ont été maintenues par l'art. 29, titre 1er, de la loi du 19-22 juillet 1791, astreignent les propriétaires, architectes ou autres ouvriers constructeurs, à demander l'autorisation, avant d'entreprendre ou en commencer les travaux, lorsqu'il s'agit de constructions ou reconstructions sur la voie publique, ou de toute espèce d'ouvrages à faire aux murs de face sur route ou sur rue.

Nous rapportons à la fin du volume le texte des anciens règlements qui imposent cette obligation.

223. Sous les n°s 209 et 210 ci-dessus, 233 et 235 ci-après, nous rapportons quelques uns des arrêts de la cour de cassation et du conseil d'Etat qui ont consacré par leur autorité le maintien des dispositions obligatoires des anciens règlements sur le fait de la nécessité de l'autorisation préalable, lorsqu'il s'agit de bâtir ou de réparer.

On trouvera sous les n°s 46 et 47, au titre *De la grande voirie*, plusieurs exemples de la nature des constructions ou réparations qui peuvent être autorisées, des règles à suivre et des précautions à prendre par l'autorité qui accorde l'autorisation.

224. L'autorisation doit être demandée par le propriétaire, et, à son défaut, par l'architecte ou autres ouvriers constructeurs, qui sont responsables devant les tribunaux, ainsi que le propriétaire, et concurremment avec lui, de l'inaccomplissement de cette formalité. La responsabilité des architectes et ouvriers constructeurs est établie (Voir les articles des règlements cités plus haut; Desgodets, p. 276, et Lepage, 2e vol., p. 31, dans leur *Traité sur les lois des bâtiments*.) comme une garantie de l'exécution des obligations que les règlements imposent. Les propriétaires peuvent les ignorer; mais cette ignorance ne serait pas excusable chez des hommes qui font leur métier de diriger les constructions. Ces obligations sont donc plus étroites pour eux que pour les propriétaires. Cependant leur responsabilité n'a lieu que lorsqu'il est reconnu, en fait, qu'ils ont di-

rigé les constructions. (Arrêt cass. 20 juin 1829, Dalloz, an 1829, p. 385.) Ils ne seraient donc pas responsables s'ils s'étaient bornés à fournir des plans ou à donner des conseils, sans en faire l'application sur les lieux et se charger eux-mêmes de leur exécution.

225. En matière de petite voirie, les peines qui peuvent être prononcées contre les propriétaires, architectes ou autres ouvriers constructeurs, qui auraient commencé des travaux sur route ou sur rue, ou aux murs de face des maisons, sans en demander l'autorisation, sont celles écrites dans l'art. 471, n° 5, du Code pénal. Le tribunal compétent pour les prononcer est le tribunal de simple police.

226. La demande d'autorisation pour bâtir ou réparer comprend en même temps une demande d'alignement. Cette double demande, renfermée dans une même pétition, doit être présentée au préfet pour les rues qui sont le prolongement des grandes routes, et, pour toutes les autres rues, au maire de la commune. (Arrêt cass. 2 décembre 1825, Dalloz, an 1826, p. 145.) Les propriétaires, architectes ou constructeurs, doivent avoir le plus grand soin de ne s'adresser pour cet objet qu'à l'autorité compétente, et de ne point porter devant le préfet une demande qui doit être portée devant le maire, et réciproquement: car l'autorisation qui leur serait accordée et l'alignement qui leur serait délivré par une autorité incompétente seraient considérés comme non avenus, et la démolition des constructions ou réparations, si elles n'étaient pas conformes à ce qui aurait été déterminé par l'autorité ayant pouvoir de le faire, pourrait être ordonnée sans indemnité. (Arrêt du conseil d'État du 4 mai 1826, Dalloz, an 1827, p. 33, 3e partie.)

227. La demande des propriétaires, architectes ou ouvriers constructeurs, doit être suivie dans le plus bref délai possible, de la délivrance de l'autorisation demandée et de l'alignement à suivre. Si l'administration la faisait attendre, ainsi qu'il est arrivé trop souvent, elle manquerait à ses devoirs les plus impérieux. L'obligation de demander l'alignement est une sujétion qu'il n'est point permis d'aggraver par des retards qui peuvent compromettre la fortune de celui qui veut construire. Il est vrai que, si ces retards avaient lieu, le propriétaire qui en souffrirait n'aurait d'autre ressource que de se pourvoir devant l'autorité administrative supérieure. En l'absence de toute loi de responsabilité contre les fonctionnaires, il n'est possible d'agir contre eux que par voie de doléances, et non par voie d'action en dommages-intérêts, ainsi que cela devrait être toutes les fois qu'il y a de leur part faute ou négligence coupable.

228. Quelque retard qu'éprouve la réponse à la demande d'alignement, il ne peut être passé outre aux constructions. Sous aucun prétexte, le propriétaire ne doit se permettre de bâtir ou de réparer, avant d'en avoir obtenu l'autorisation. Voir le n° 338.

229. L'alignement doit être donné par écrit. Le propriétaire ne peut pas se contenter d'un alignement verbal ; car s'il était poursuivi pour contravention, il ne pourrait justifier qu'il s'est mis en règle *ou* qu'il a observé exactement les conditions qui lui étaient imposées.

Il ne doit pas se contenter non plus d'un alignement donné par le commissaire voyer, qui n'a point de caractère à cet effet, encore moins d'une visite que le voyer aurait faite sur les lieux, et dans laquelle il aurait semblé autoriser par son silence les constructions commencées. Aucune autre autorisation que celle du maire ne peut suppléer à son défaut et en tenir lieu. (Arrêt de cass. du 17 nov. 1831, Dalloz, an 1832, p. 19; arrêt du conseil d'État du 31 août 1826, Dalloz, an 1826, p. 295).

230. Nous avons dit que l'administration ne pouvait refuser l'autorisation préalable que le constructeur est obligé de demander; nous devons ajouter que cette autorisation ne peut contenir d'autres conditions que celles qui sont imposées par les règlements. L'ordre de se soumettre à de nouvelles conditions, si sages qu'elles soient, mais qui ne seraient écrites nulle part, n'aurait point un caractère obligatoire.

231. Les permissions de bâtir ne sont valables que pendant une année. Si, dans le courant de l'année qui suit la permission, le propriétaire n'a point exécuté les travaux pour lesquels elle a été accordée, il doit, avant de les commencer, se pourvoir d'une nouvelle permission. Les lettres patentes du 22 octobre 1733 l'établissent ainsi. Il est vrai que ces lettres patentes n'ont été données que pour la généralité de Paris; mais la mesure qu'elles prescrivent a évidemment un caractère d'utilité générale. Pour éviter toute difficulté, les maires feront bien d'insérer dans leur permission la clause expresse qu'elles ne sont valables que pour un an.

232. Non seulement, pour les rues de petite voirie, c'est aux maires à donner les alignements et à les signifier à la partie; mais ils doivent, en outre, faire tracer en leur présence, sur le terrain, les points principaux de cet alignement, et en dresser procès-verbal. (Avis du conseil d'État du 14 nov. 1823.) Le tracé de l'alignement, ainsi que la fixation des points de repère, sont faits par le commissaire voyer, qui est chargé en outre de recevoir les travaux, après leur confection. Cette opération ne donne lieu à aucun droit.

L'édit du mois de décembre 1607 est ainsi conçu:

Et après la perfection d'iceux (des travaux), seront tenus lesdits particuliers d'en avertir le grand-voyer ou ses
commis, afin qu'il récole lesdits alignements et reconnaisse
si lesdits ouvriers auront-travaillé suivant iceux, sans toutefois payer aucune chose pour ledit récolement et confrontation. »

L'architecte voyer qui a fait le récolement doit en
dresser procès-verbal dont le propriétaire peut exiger
une expédition.

233. Après avoir établi les principes généraux relativement à la nécessité de l'autorisation et de la délivrance de l'alignement, préalables à toute construction ou réparation sur la voie publique, il est essentiel d'entrer dans quelques détails, afin de préciser
les cas dans lesquels la demande de l'autorisation
et de l'alignement doit être formée et ceux où elle
ne doit pas l'être.

D'après les anciens règlements, auxquels la loi du
16 sept. 1807 n'a point dérogé, les propriétaires et
les architectes ou autres ouvriers constructeurs ne
sont tenus de demander autorisation avant d'entreprendre ou de commencer les travaux que lorsqu'il
s'agit de constructions à établir sur la voie publique,
ou de réparations à faire aux murs de face sur route
ou sur rue. Voir le n° 107.

Mais aucune autorisation préalable n'a besoin d'ê-
tre requise pour construire ou réparer, dans l'intérieur, des portions qui n'auraient pas pour objet de
consolider le mur de face, ou qui ne toucheraient
pas à la voie publique actuelle, *lors même que les propriétés seraient destinées, par des plans arrêtés en conseil
d'Etat, à faire, dans un temps plus ou moins éloigné,
partie de la voie publique future.*

Ces principes sont établis par un arrêt de la cour

de cassation en date du 25 juillet 1829, rendu, toutes les chambres réunies (Dalloz, an 1829, p. 310.) ;
en voici le texte :

La cour : Attendu, en droit, que les terrains appartenant
aux particuliers, et nécessaires pour l'ouverture des rues ou
la formation des plans d'alignement des villes, ne peuvent
devenir la propriété de ces villes qu'à l'aide de l'une des
deux voies indiquées par les art. 49 et 50 de la loi du 16 septembre 1807 ;

Que l'art. 52 de la même loi, qui a transporté aux maires des villes l'attribution antérieurement conférée aux trésoriers de France et plus anciennement au grand-voyer, de
donner les alignements, n'astreint, d'ailleurs, les propriétaires à demander aucune autorisation pour construire ;

Que, d'après les anciens règlements, auxquels cette loi n'a
pas dérogé, les propriétaires et les architectes ou autres ouvriers constructeurs ne sont tenus de demander autorisation, avant de commencer les travaux, que lorsqu'il s'agit
de constructions à établir *sur la voie publique*, ou de réparations à faire aux *murs de face sur route ou sur rue*; mais
qu'aucune autorisation préalable n'a besoin d'être requise
pour construire ou réparer, dans l'intérieur, des portions
qui n'auraient pas pour objet de *consolider le mur de face*,
ou qui ne toucheraient pas *à la voie publique actuelle*, lors
même que les propriétés sont destinées, par des plans arrêtés en conseil d'Etat, à faire, dans un temps plus ou
moins éloigné, partie de la voie publique future ;

Qu'on ne peut, en effet, entendre par *voie publique* que
l'emplacement devenu tel au moyen de l'acquisition consommée par l'autorité, soit aux conditions de l'art. 49 , soit
à celles de l'art. 50, et par suite, dans ce dernier cas, de la
démolition volontaire des édifices ou de leur destruction
obligée pour cause de vétusté ;

Attendu, en fait, qu'il résulte du jugement attaqué :
1° que Chaudesais n'a fait aucune reconstruction du *mur de
face de sa maison*, dont l'emplacement est destiné, par le
plan d'extension future du marché de la ville de Tours, à
faire un jour, mais ne fait pas encore partie de la *voie pu-*

blique ; 2° qu'il a seulement remplacé par un mur de maçonnerie la clôture en bois d'un appentis existant dans l'intérieur de sa propriété ; 3° qu'il n'a, en aucune façon, *consolidé son mur de face snr la rue actuelle :* d'où il suit qu'il n'était aucunement astreint à demander autorisation de construire, et que l'arrêté du maire de Tours, qui, faute par lui d'avoir demandé autorisation, a ordonné que sa construction serait démolie, a été rendu par cet administrateur hors des limites de sa compétence ; et qu'en le déclarant ainsi, le tribunal de police municipale séant à Montbazon n'a violé aucune loi ; rejette, etc.

234. Des principes professés dans l'arrêt de la cour de cassation du 25 juillet 1829, et dans un arrêt du conseil d'Etat du 8 septembre 1833, que nous citerons plus bas, n° 235, il ressort deux questions.

La première est celle de savoir si l'on peut appliquer à la création de nouvelles voies publiques les principes qui régissent l'alignement des anciennes ; c'est-à-dire si, lorsqu'un terrain est destiné, par des plans arrêtés, à devenir plus tard une place ou une rue, il est interdit aux propriétaires de construire ou de réparer sur ce terrain.

La négative n'est point douteuse. L'administration, qui d'abord avait eu une pensée contraire, a reconnu elle-même que l'ouverture d'une nouvelle voie publique n'était point soumise aux règles de l'alignement ; et que l'existence d'un projet de percement ne saurait être valablement opposée aux propriétaires intéressés qui voudraient changer les dispositions de leurs édifices.

Ces principes sont placés désormais nors de toute contestation par la consécration qu'ils ont reçue à la chambre des députés, lors de la discussion de la loi sur l'expropriation pour cause d'utilité publique (séance du 9 février 1833). M. Daguillon - Pujol, soutenu par M. Charlemagne, avait présenté un article additionnel pour prévenir les abus dont il fit l'exposition dans le discours suivant :

« Jusqu'ici on a abusé du mot *alignement*, qui se trouve dans la loi du 16 septembre 1807, pour exproprier sans indemnité.

» L'administration exhume je ne sais quels vieux règlements des années 1607 et 1754, et ne se contente pas de dire à ceux dont les maisons touchent à la voie publique : Vous ne réparerez pas, parce que, d'après un alignement arrêté, vos maisons sont sujettes à un reculement. Elle dit encore à ceux dont les maisons ne doivent subir aucun reculement, qui ne touchent à aucune rue : Vous ne les réparerez pas, je vous le défends, parce qu'un jour une nouvelle rue, une nouvelle place, doit être ouverte dans la direction occupée par vos maisons, et si vous construisez, je demanderai la démolition de vos constructions.

» Ainsi, Messieurs, il suffit à l'administration d'un plan qui sera exécuté on ne sait quand, pour qu'à l'instant les maisons, les édifices, ne puissent plus être réparés, et soient voués à une ruine certaine. »

M. Legrand, commissaire du roi et directeur de l'administration des ponts et chaussées, répondit ainsi qu'il suit :

« Je commence par déclarer que, si, dans certaines circonstances, la loi du 16 septembre 1807 a reçu l'application dont M. Daguilhon-Pujol et M. Charlemagne viennent d'entretenir la chambre, cette application me paraît tout - à - fait illégale ; et pour ma part je ne connais pas un seul cas où l'administration, chargée des travaux qui s'exécutent sur les fonds de l'État ait appliqué dans ce sens la loi de 1807.

» Il ne suffit pas que le projet d'une communication nouvelle soit arrêté pour que les terrains et bâtiments qui se trouvent sur la ligne de cette communication soient dès ce moment même frappés des servitudes essentiellement inhérentes aux bâtiments et terrains situés le long des routes déjà ouvertes. Ces servitudes ne sont que le prix des avantages que procure la jouissance de la communication; si les avantages n'existent pas (et ils n'existent pas si la communication n'est pas ouverte), les servitudes ne peuvent pas être invoquées; en un mot, les servitudes ne peuvent pas être antérieures à l'ouverture de la route, du canal, ou de la rue nouvelle, puisqu'elles ne dérivent que de l'existence même de ces communications. Quand il s'agit d'ouvrir pour la première fois des communications nouvelles, ce n'est pas par mesure d'alignement qu'on doit procéder, mais par voie d'expropriation. Il faut, dans ce cas, acheter et payer dans leur entière valeur les terrains et bâtiments qui doivent servir d'emplacement aux travaux, et toute interdiction de bâtir ou de réparer reposerait uniquement sur un plan arrêté dans le cabinet, et lorsqu'il n'y a encore ni route, ni canal, ni rue. Ce serait une interdiction contraire à l'esprit de la loi. L'amendement qui fait l'objet de l'art. 64, proposé par M. Daguilhon-Pujol, me paraît donc complètement inutile, puisqu'il va au-devant d'une illégalité qu'on ne doit pas supposer. »

Sur ces observations, la chambre jugea, comme M. Legrand, que le mode de procéder dénoncé par M. Daguilhon était une illégalité qu'on ne pouvait pas supposer devoir se reproduire. Elle rejeta en conséquence l'article additionnel proposé.

235. La seconde question qui ressort de l'arrêt de 1829 est celle-ci : Lorsqu'un plan d'alignement comprend dans la partie de terrain qui doit être réunie à la voie publique existante non seulement le mur de face, mais encore une portion plus ou moins considérable du sol au-delà du mur de face,

l'interdiction de bâtir ou de réparer s'applique-t-elle à toute la partie retranchable, ou uniquement à la façade, de sorte qu'il n'y ait obligation de demander l'autorisation que pour les travaux qui doivent consolider cette façade ?

La question que nous venons d'énoncer est vivement controversée. Tous les auteurs qui ne se sont pas seulement occupés de théorie, mais qui ont acquis, dans les fonctions administratives, une science pratique, et peut-être en même temps l'habitude de prendre trop peu de soucis des intérêts des propriétaires, soutiennent l'opinion que l'interdiction de bâtir ou de réparer doit s'étendre à toute la partie retranchable. MM. Davenne, Daubanton et Garnier, partagent le même sentiment. Perrot le professe également dans son *Dictionnaire de la voirie*.

Ces différentes opinions sont contraires aux principes émis dans l'arrêt de la cour de cassation du 25 juillet 1829, dans lequel on lit que l'autorisation de bâtir ou de réparer ne doit être demandée que lorsqu'il s'agit de constructions à établir sur la voie publique, ou de réparations à faire aux murs de face sur route ou sur rue; mais qu'aucune autorisation préalable n'est requise pour construire ou réparer, dans l'intérieur, des portions qui n'auraient pas pour objet de consolider le mur de face ou qui ne toucheraient pas la voie publique actuelle.

Le conseil d'état a adopté les principes de la cour de cassation. Il les énonce de la manière la plus expresse dans l'arrêt suivant, en date du 8 septembre 1832 :

En ce qui touche l'injonction faite au sieur Lafitte, par l'arrêté du 14 octobre 1831, de démolir le mur de refend dont il s'agit :

Considérant qu'aux termes de l'article 21 de l'arrêté du 12 messidor an VIII, il n'appartient qu'au préfet de police

de prescrire, pour cause de sûreté publique, la destruc
tion des bâtiments menaçant ruine, ce qui a lieu dans l'es
pèce, et que le conseil de préfecture du département de l
Seine n'a pu, sans excéder les bornes de sa compétence
ordonner, pour ladite cause, la démolition du mur dont
s'agit ;

En ce qui touche l'injonction faite au sieur Lafitte, pa
le même arrêté, de ne réparer ledit mur qu'avec l'autori
sation de qui de droit :

Considérant qu'aucune loi ne défend aux propriétaires
des maisons sujettes à reculement de faire des travaux dans
l'intérieur desdites maisons, *même sur la partie retranchable*
pourvu que ces travaux n'aient pas pour effet de reconfor
ter le mur de face ; que dès lors le sieur Lafitte pouvait exé
cuter ses travaux intérieurs sans autorisation préalable,
mais, en ce cas, à ses risques et périls, l'administration
ayant en tout temps le droit de vérifier si lesdits travaux ont
été confortatifs du mur de face, et d'en poursuivre, s'il y
a lieu, la démolition ;

En ce qui touche la demande faite par le sieur Lafitte,
fin de réparation de la voûte de la cave de sa maison :

Considérant que le sieur Lafitte a déclaré que son inten
tion était de tenir la voûte à reconstruire éloignée du mur
de face à une distance de six pouces, et qu'il s'est engagé à
ne reconforter ledit mur ni directement ni indirectement ;
que dès lors, et par les motifs ci-dessus énoncés, c'est à
tort que l'administration s'est opposée à ladite reconstruc
tion.

236. Les arrêts que nous venons de citer semblent
fixer la jurisprudence dans les deux cours régulatri-
ces dont l'autorité s'étend sur toutes les juridictions
de France appelées à s'occuper de questions de
voirie.

Quelque respect que nous ayons pour des décisions aussi solennellement rendues, nous n'hésite-
rions pas à les attaquer, si nous pensions qu'elles
ne sont pas conformes aux principes de la matière.
Mais nous avons la conviction, au contraire, qu'elles

n'ont fait que reproduire les véritables règles en fait
d'alignement; qu'elles ont renfermé dans de justes
bornes les atteintes contre la propriété que l'utilité
publique rend nécessaires, et fermé ainsi la porte à
beaucoup de tracasseries arbitraires.

Renfermé derrière son mur de clôture, le propriétaire doit être maître chez lui. On ne peut pas l'obliger, pour quelques réparations, décorations ou em-
bellissements intérieurs, de se déplacer à l'effet d'aller quérir une autorisation que souvent on fait attendre trop long-temps, et de provoquer les visites des
employés de l'administration. Le libre usage de la
propriété est le principe général. La servitude est
l'exception, qu'on doit restreindre autant que le permet l'utilité publique.

Afin d'arriver au but que l'autorité se propose
dans les plans d'alignement, c'est-à-dire le redressement des rues, il suffit que le mur de face ne
puisse être réparé ou consolidé, ni directement ni
indirectement. Qu'importe ensuite que les parties in-
térieures de la maison reçoivent des réparations.
Lorsque la vétusté fait disparaître le mur de face,
toute la portion retranchable du bâtiment sera soumise au reculement, dans quelque état qu'elle se
trouve. La durée de la portion retranchable dépend
donc toujours de la durée du mur de face : car une
maison ne peut subsister sans façade.

Tel est l'esprit des anciens règlements ; et quoiqu'en prescrivant l'interdiction de réparer, ils em-
ploient les expressions *maisons*, *bâtiments*, *édifices*,
et non pas celle de murs de face, c'est avec raison
qu'ils ont été interprétés dans le sens que l'interdiction ne devait pas porter sur toute la maison, sur
tout le bâtiment ou l'édifice. Les termes des anciens
règlements sont en général très vagues et d'une étendue effrayante par l'arbitraire qu'ils permettent. Il

appartient donc aux cours suprêmes de les définir
et de leur donner un sens précis.

Les juges, en cette matière, n'ont fait, au reste,
qu'accomplir les intentions du législateur. Nous lisons en effet dans un projet de loi sur la voirie, pré-
paré en 1806, la disposition suivante : « Art. 1er. Aucun propriétaire, architecte, entrepreneur ou autre,
ne pourra commencer aucune construction, reconstruction ou réparation, *dans les murs de face sur les
rues* des communes de la république, et, en général,
faire aucuns des travaux soumis à l'inspection de la
grande voirie, sans avoir obtenu les alignements et
permissions nécessaires. »

Des difficultés d'attributions entre différents fonctionnaires empêchèrent de convertir en loi ce projet, que nous trouvons rapporté dans le journal de
M. Daubanton sur la voirie.

257. L'interdiction de réparer ne s'applique
donc qu'aux murs de face sur place ou sur rue;
mais, ainsi que nous l'avons dit, cette interdiction
est absolue et ne peut être éludée par aucun moyen
indirect. C'est à l'administration à veiller à ce que,
sous prétexte de réparation intérieure, il ne soit apporté aucune espèce de consolidation à la façade de
la maison.

Nous savons que cette surveillance peut présenter
quelque difficulté; mais ce n'est pas une raison pour
imposer aux propriétaires une charge insupportable.
D'ailleurs, si une contravention à la défense de consolider le mur de face peut être cachée pendant quelque
temps, elle finira probablement par être découverte,
et alors il y aura lieu à poursuite et à la destruction
des ouvrages faits en contravention. Le laps de temps
qui se sera écoulé depuis la consolidation ne pourra
servir d'excuse au contrevenant. La cour de cassation a jugé, avec beaucoup de raison, que la pres-

cription d'une contravention occulte, telle que l'é-
tablissement d'arceaux de cave, propres à reconforter la façade d'un bâtiment soumis à reculement, ne
devait commencer à courir qu'à compter du jour où
elle était constatée.

Un arrêt du conseil d'État, du 2 septembre 1829
(Macarel, t. 11, p. 378), a consacré implicitement
les mêmes principes en rejetant la requête présentée contre l'arrêté d'un conseil de préfecture qui jugeait que des constructions non autorisées qui ont
pour effet de reconforter un mur de face sujet à reculement, si elles ont eu lieu dans l'intérieur de la
maison et d'une manière occulte, constituent une
contravention dont la prescription n'est acquise qu'à
l'expiration de l'année, à partir du jour où elle a été
constatée par procès-verbal.

238. Nous avons dit que la consolidation d'un
mur de face ne pouvait avoir lieu ni directement ni
indirectement. Ainsi, les travaux intérieurs sont prohibés, lors même qu'ils ne seraient pas faits au mur
de face, s'ils doivent avoir pour résultat de le soutenir et d'en prolonger la durée, « considérant, dit un
arrêt du conseil d'État de 1831, que c'est sans autorisation que le requérant a fait aux murs de face
de sa maison les réparations dont il s'agit, et que
les travaux par lui exécutés dans l'intérieur avaient
pour effet de réconforter lesdits murs de face; que,
dès lors, le conseil de préfecture a fait une juste application des lois de la matière en ordonnant la destruction desdits travaux. »

La construction d'arceaux de cave dont nous venons de parler est un exemple de constructions in-
térieures dont l'effet peut être de consolider le mur
de face. Dans l'arrêt du conseil d'État du 8 septembre 1832, on n'autorise le sieur Lafitte à opérer la
reconstruction de sa voûte que sous la condition de

la placer à six pouces de distance du mur de face.
On doit en induire que, s'il avait entendu la reconstruire immédiatement dessous, l'autorisation lui
eût été refusée.

Ce serait avec raison que les tribunaux applique-
raient l'amende et ordonneraient la destruction des
travaux dans le cas de la réparation ou de la reconstruction d'un mur de refend qui servirait d'appui
au mur de face et l'empêcherait de se déverser. C'est
afin de prévenir ces fraudes à la loi que le conseil
d'État a réservé à l'administration le droit de vérifier en tout temps si les travaux faits à l'intérieur
étaient confortatifs.

239. Il est une autre fraude de même nature déjà
commise plusieurs fois, et toujours justement répri
mée. Un propriétaire ne pouvant faire des travaux
extérieurs à sa maison comprise dans un plan d'alignement, faisait les travaux derrière le mur de face,
avec le dessein de l'abattre ensuite. Ainsi, derrière
une façade destinée à être détruite, s'élevait, sans
autorisation, une nouvelle façade.

La cour de cassation a eu deux fois à se prononcer sur un fait de ce genre. Le 1er décembre 1832
(Dalloz, an 1833, p. 108.), elle a jugé que le tribunal qui avait refusé de condamner avait violé les
lois et ordonnances, « attendu, en fait, que le terrain d'Aubin Houtin touche immédiatement à la
voie publique actuelle, et qu'il n'en était séparé, au
moment ou la contravention dont il s'agit a été commise, que par un ancien mur; que le prévenu n'aurait donc pu légalement réédifier cette clôture, s'il
avait commencé par la détruire, qu'après en avoir
obtenu l'autorisation de l'autorité municipale, conformément au plan susmentionné : d'où la conséquence qu'en ne la démolissant que lorsque les nouvelles constructions par lui indûment entreprises

pour la remplacer, ont été achevées, il a enfreint le règlement du maire.

Le second arrêt sur la même question est du 4 mai 1833. (Dalloz, an 1833, p. 190.) Il a été rendu toutes les chambres réunies, malgré un réquisitoire contraire de M. Dupin, procureur-général ; il contient le motif suivant : « Attendu que, si le mur de clôture en état de vétusté n'a été abattu qu'après l'achèvement de la construction, ce mur ne pouvait en aucun cas être reconstruit, ou réparé, ou *remplacé*, qu'après que l'autorité compétente aurait donné l'alignement de la construction à faire, conformément au plan auquel chaque propriétaire était soumis. »

La jurisprudence du conseil d'État est conforme à celle de la cour de cassation. Nous lisons dans un arrêt de ce conseil, du 16 mai 1827 :

Considérant que l'ancien mur de face du jardin du sieur Calance est sujet à reculement d'après les plans de la traverse de Chassigny, faisant partie de la route de Saint-Dizier à Lauzanne ; que, pour se soustraire au redressement de la route, le sieur Calance a construit, sans autorisation, sur l'emplacement du sol destiné à son élargissement, un mur neuf *adossé à l'ancien ;* que le conseil de préfecture à justement réprimé cette contravention, mais qu'il a excédé les dispositions des règlements de voirie, en étendant au vieux mur la peine de la démolition qui ne peut être appliquée qu'aux constructions faites en contravention ; considérant qu'il y a lieu de fixer un autre délai pour la démolition du nouveau.

Il est un principe qui ressort de cet arrêt, et qu'il est utile de rappeler : c'est que la démolition ordonnée comme réparation de la contravention ne doit pas s'étendre au-delà de la contravention. Ainsi, dans l'espèce, la contravention n'avait lieu que pour avoir édifié sans autorisation un mur neuf. On ne pouvait donc ordonner que la démolition de ce mur, et l'on n'avait pas le droit de faire démolir l'ancien, quoique existant sur un terrain retranchable. L'ordre de le démolir n'aurait pu être donné légitimement que s'il avait menacé ruine.

Les règles que nous venons de signaler sont assez nombreuses et assez sévères pour donner l'assurance que les contraventions occultes que l'on redoute relativement à la consolidation des murs de face seront prévenues ou au moins réprimées.

240. En discutant la question de savoir si les réparations ou constructions étaient interdites sur toute la partie retranchable, nous avons supposé jusqu'à présent que cette partie retranchable était fermée sur la rue par une clôture; mais s'il n'existait pas de clôture, et que le terrain fût ouvert, les constructions seraient prohibées dans toute l'étendue du sol qui doit être réuni à la voie publique. La cour de cassation l'a ainsi décidé avec raison dans un arrêt du 5 juillet 1833 (Dalloz, an 1833, p. 324.), « attendu, dit cet arrêt, qu'il n'est permis d'entreprendre aucunes constructions quelconques sans avoir au préalable demandé et obtenu l'alignement de l'autorité municipale, quand bien même ces constructions ne toucheraient pas immédiatement à la voie publique actuelle, et s'en trouveraient séparées par un espace plus ou moins considérable. » Il s'agissait, dans l'espèce, d'un hangar construit sur un terrain qui, en vertu d'un plan d'alignement, devrait être réuni à la voie publique.

241. Dans l'hypothèse où nous nous sommes placés, celle d'un terrain ouvert sur la voie publique, l'autorité municipale doit non seulement veiller à ce qu'il n'y soit fait aucune construction, elle peut encore, si la salubrité ou la sûreté publique le réclament, ordonner que le terrain sera fermé par une clôture sur la rue. Mais alors, comme la clôture

né pourra être élevée que dans les limites de l'alignement, il résultera de l'arrêté qui ordonne la clôture que le propriétaire sera immédiatement obligé de se reculer, et par suite dépossédé de toute la portion retranchable.

242. Nous venons de dire qu'il y avait interdiction de bâtir dans toute l'étendue d'un terrain ouvert compris dans un plan d'alignement. Il est clair que cette interdiction ne va pas au-delà, et ne peut s'appliquer aux parties qui se trouvent hors des limites de l'alignement, sous la distinction néanmoins que nous mentionnons ci-après ; mais dans ce cas y a-t-il lieu à demander l'autorisation de bâtir ou de réparer ? A quoi bon imposer l'obligation de demander l'autorisation, s'il n'y a pas d'interdiction possible ? Cela est vrai ; mais le propriétaire sera-t-il juge de la question de savoir où s'arrête la limite de l'alignement ? N'y a-t-il pas d'ailleurs à prendre des mesures de sûreté publique relativement à la solidité et à la hauteur des bâtiments. Sous tons ces rapports, l'autorité municipale doit être prévenue des constructions qu'on a le projet d'élever.

Il est une dernière raison, qui nous semble décisive : c'est que l'interdiction de bâtir frappe non-seulemsnt les propriétés qui doivent reculer, mais encore celles qui doivent avancer (voir les n°ˢ 41 et 222). Ainsi donc, lors même qu'on aurait l'intention de construire hors de l'alignement, on n'en serait pas moins soumis à l'interdiction dont nous parlons, parce qu'on est obligé de construire sur la limite de l'alignement, à moins qu'on ne consente à établir une clôture sur cette limite. Mais l'établissement de la clôture doit précéder la construction qui est destinée à s'élever derrière, et ne peut lui-même avoir lieu qu'en vertu d'une autorisation régulièrement donnée. La demande à fin d'être autorisé à bâtir est, par conséquent, exigée dans tous les cas où l'on veut construire sur un terrain ouvert, ou joignant immédiatement la voie publique.

Cette demande est exigée dans l'intérêt général, afin de prévenir des entreprises contraires aux lois et règlements, et dans l'intérêt particulier, afin d'empêcher un propriétaire de se livrer à des constructions dispendieuses qu'il serait plus tard obligé de démolir.

Aussi les arrêts de la cour de cassation des 1er fév. et 8 août 1833, que nous avons cités sous le n° 209, établissent-ils qu'il est de droit public en France qu'aucune construction ne puisse être légalement entreprise sur ou *joignant la voie publique* qu'après avoir demandé et obtenu l'autorisation de l'autorité compétente.

Un autre arrêt de la même cour, en date du 15 novembre 1833 (Dalloz, an 1834, p. 57), consacre les mêmes principes. Il décide que la circonstance qu'on aurait construit sur un emplacement qui ne serait situé ni sur une place publique, ni sur une rue, mais à une certaine distance des limites tracées par un arrêté municipal, portant qu'on doit demander l'alignement lorsqu'on construit soit dans les rues et places, soit dans leur voisinage, ne saurait être considérée comme un fait d'excuse, et empêcher l'application des peines portées par l'art. 471, n° 15, du Code pénal.

M. de Cormenin, dans ses *Questions de droit administratif*, 2e vol., p. 627, paraît être d'un sentiment contraire, en admettant cependant la nécessité de l'autorisation préalable, mais en repoussant la sanction pénale attachée au défaut d'autorisation. Il s'exprime ainsi :

« En thèse, il ne peut être fait sur la grande route aucune construction sans autorisation. Toutefois, si l'on a bâti sans autorisation sur une grande route, en arrière de l'alignement donné par une ordonnance royale, il n'y a pas, dans ce fait, de contravention aux règlements de voirie; on peut être seulement tenu de se clore dans l'alignement, afin de faire disparaître des angles et renfoncements dangereux pour la sûreté publique. »

Cette doctrine ne nous paraît pas admissible, surtout en matière de voirie urbaine. Nous ne pouvons penser qu'il soit défendu de faire aucune construction sans autorisation, et que, toutefois, il n'y ait pas contravention si l'on a bâti sans autorisation en arrière de l'alignement; que la défense soit ainsi dénuée de sanction pénale.

Nous préférons l'opinion du conseil d'Etat exprimée dans deux arrêts du 10 août 1828 et du 8 avril 1829 (Macarel, tome 10, p. 632 et tome 11 p. 122,) d'après lesquels les travaux faits, sans autorisation, sur un terrain joignant la voie publique, constituent une contravention punissable de l'amende, lors même que ces travaux seraient placés sur la limite de l'alignement. Seulement, dans ce cas, comme il n'y a d'autre reproche à adresser à l'auteur des travaux que celui de ne pas avoir demandé l'autorisation, le conseil d'Etat décide qu'il n'y a pas lieu de prononcer la démolition.

Suivant la jurisprudence du conseil d'Etat, il y aurait contravention, à bien plus forte raison, si les travaux faits sans autorisation étaient placés en arrière de l'alignement : car alors on aurait enfreint l'alignement en ne bâtissant pas sur la limite. Aussi y aurait-il lieu non seulement à l'amende, mais aussi à la démolition, si le propriétaire ne consentait pas à se clore dans l'alignement. Voir le n° 41.

§ 5. EXÉCUTION DES PLANS D'ALIGNEMENT.

243. Les plans généraux d'alignement arrêtés en conseil d'Etat sont exécutés, pour les rues qui forment la prolongation des grandes routes, par les soins et sur les ordres des préfets; et pour les autres rues, par les soins et sur les ordres des maires, qui, pour chaque cas particulier, délivrent un extrait du plan général et en prescrivent l'exécution par un arrêté. (Art. 52 de la loi du 16 septembre 1807.)

Les plans partiels d'alignement sont exécutés par les soins et sur les ordres de l'autorité qui les a délivrés. (Voir, pour le droit de se pourvoir contre les plans d'alignement, les n°ˢ 177 et suivants.)

L'application en est faite sur les lieux par un architecte-voyer nommé par le préfet pour ce qui concerne la grande voirie, et par le maire pour ce qui concerne la petite voirie.

Les droits dus à cet architecte-voyer pour l'accomplissement de la mission qui lui est confiée et la surveillance qu'il exerce sur l'exécution des travaux sont payés par les propriétaires, et réglés ainsi qu'il est établi par le tarif des droits de voirie, faisant suite à l'édit du mois de novembre 1697, et rapporté à la fin du volume.

244. Tous les arrêtés d'alignement se résument dans les trois prescriptions suivantes : 1° Permission de bâtir sur les anciennes fondations, 2° obligation de reculer, 3° faculté d'avancer.

Lorsqu'un arrêté d'alignement permet de bâtir sur les anciennes fondations, il ne peut s'élever aucune difficulté. Nous allons examiner, dans les deux sections qui suivent, les régles relatives à l'obligation de reculer et à la faculté d'avancer.

Obligation de reculer

245. Les arrêtés d'alignement suivant lesquels des propriétés particulières doivent être réunies à la voie publique, pour la redresser ou l'élargir, peuvent recevoir leur exécution de deux manières différentes, ainsi que nous l'établissons n° 211, ou par voie d'expropriation, ou par voie d'alignement. Voir notre commentaire sur la loi du 7 juillet 1833, art. 3 et 30.

L'administration, (nous confondons dans cette expression l'administration proprement dite et les communes), en choisissant la voie de l'expropriation pour parvenir à l'exécution immédiate de l'alignement, se soumet à toutes les conséquences légales de cette forme de procéder, et, par conséquent, à l'observation de toutes les formalités prescrites par la loi du 7 juillet 1833, ainsi qu'au paiement préalable de l'indemnité, conformémnent aux art. 545 du code civil, 9 de la charte, et 53 de la dite loi de r833. Voir les n° 377 et suivants.

Mais elle peut aussi adopter pour arriver aux mêmes fins, et c'est ce qu'elle fait dans le plus grand nombre de circonstances, un moyen plus lent, indiqué dans l'art 50 de la loi du 16 septembre 1807, ainsi conçu : « Lorsqu'un propriétaire fait volon-« tairement démolir sa maison, lorsqu'il est forcé « de la démolir pour cause de vétusté, il n'a droit à « indemnité que pour la valeur du terrain délaissé, « si l'alignement qui lui est donné par les autorités « compétentes le force à reculer sa construction. »

Dans ce cas, l'administration n'agit pas par voie de commandement. Elle n'ordonne pas au propriétaire d'abandonner son terrain. Elle attend qu'il soit forcé de l'abandonner. Elle procède ainsi

par voie de prohibition, et se borne à défendre
toute construction et toute réparation sur le terrain
qui doit être réuni à la voie publique, suivant un
plan d'alignement arrêté en conseil d'Etat ou simplement par l'autorité locale.

Cette défense amène tôt ou tard l'abandon du terrain : car il est certain qu'il arrivera un jour où le
propriétaire sera forcé de réparer, ou bien où il jugera convenable à ses intérêts de le faire. Alors, comme la réparation ne peut avoir lieu que dans les limites
de l'alignement, il y aura pour lui obligation de délaisser à la voie publique le terrain sur lequel la réparation est interdite.

246. Dans cette hypothèse, qui, nous le répétons,
est la plus commune, s'élève la question de savoir
si l'indemnité due au propriétaire doit être préalable
au délaissement et à la prise de possession par l'autorité ?

En ne consultant que les articles de la charte et
des lois que nous avons citées plus haut, cette question ne semblerait présenter aucune difficulté.

Tout propriétaire exproprié pour cause d'utilité
publique doit recevoir une indemnité préalable à
la dépossession qu'il est obligé de subir. Telle est la
prescription légale et constitutionnelle pour tous les
cas d'expropriation, au nombre desquels il faut certainement placer la dépossession par suite d'alignement. Cependant, après un examen plus attentif, il
est facile de reconnaître que le principe de l'indemnité préalable ne s'applique pas à cette dépossession,
dont le prix ne peut et ne doit être payé que lorsqu'elle est accomplie.

La signification d'un arrêté d'alignement qui soumet un bâtiment à reculer produit deux effets qu'il
est essentiel de distinguer. Son premier effet, et le
plus immédiat, est une défense de construire, ré-

parer ou réédifier au-delà des limites de l'alignement. Il est évident que cette défense n'est point une expropriation : car le propriétaire conserve la jouissance de sa propriété; seulement il est obligé de la laisser dans l'état où elle se trouvait au moment où l'arrêté d'alignement est intervenu. C'est là une sujétion municipale imposée aux propriétés riveraines de la voie publique, en compensation des avantages que leur position leur procure. Un arrêt de la cour de cassation du 7 août 1829 (Dalloz, an 1829, p. 326) confirme notre opinion à cet égard. Voici l'un des principaux motifs de l'arrêt :

Sur les troisième et quatrième moyens, qui rentrent en partie dans le premier, attendu que, d'après les art. 50 et 52 de la loi du 16 septembre 1807, les propriétaires des maisons qui doivent, en tout ou en partie, être comprises dans les alignements arrêtés et être rendues à la voie publique ne sont pas à l'instant dépossédés de leurs propriétés, ni tenus de reculer ou de démolir de suite ; qu'ils continuent au contraire de jouir de leurs maisons ou bâtiments dans l'état où ils se trouvent, jusqu'à ce que ces édifices soient sujets à être démolis pour cause de vétusté, ou que volontairement ils les démolissent eux-mêmes ; qu'alors seulement, c'est-à-dire au moment de la démolition, ils ont droit à l'indemnité de la valeur du terrain à délaisser ; mais qu'à dater de la signification de l'ordonnance fixant les alignements, les propriétaires des édifices sujets à ces alignements ne peuvent ni faire de nouvelles constructions ni exécuter des ouvrages tendant à consolider, réconforter ou réparer les murs des bâtiments faisant face à la rue, sans avoir demandé et obtenu l'alignement du maire

Le second effet que produit l'arrêté d'alignement est une obligation de reculer, mais seulement dans le cas de démolition volontaire ou forcée. L'époque à laquelle l'obligation de reculer deviendra exécutoire est incertaine, et dépend d'événements qui se réaliseront plus ou moins prochainement, suivant la volonté du propriétaire ou l'état de vétusté des constructions existantes.

Le moment venu de réparer ou de construire, le propriétaire peut-il, avant de commencer ses travaux, exiger le paiement préalable du prix du terrain qu'il va délaisser? Nous concevons très bien que, dans le cas d'expropriation, le propriétaire dise à l'administration : Vous m'obligez à vous céder ma propriété, prenez-la ; mais avant, payez-m'en la valeur. Ici, il ne peut pas tenir le même langage : car l'administration ne lui demande pas sa propriété ; c'est lui au contraire qui veut la lui livrer, afin d'obtenir la faculté d'exécuter les travaux qu'il a projetés. Le droit de l'administration sur le terrain ne prendra naissance que lorsque la démolition sera effectuée. Ce droit, en effet, n'a lieu que sur une propriété démolie. Ce n'est donc aussi qu'après la démolition que s'ouvre pour le propriétaire le droit à une indemnité.

On peut ajouter encore qu'il n'est permis au propriétaire de réclamer une indemnité que lorsqu'il lui est possible de livrer à l'instant même, et en échange de l'indemnité, le terrain qui lui est payé. Mais ce terrain n'est point livrable avant la démolition, puisque l'administration n'a pas la prétention d'acheter une propriété bâtie, et qu'elle ne doit payer, aux termes de l'article 50 de la loi de 1807, que la valeur du terrain, sans y comprendre la valeur des constructions qui le couvraient.

Il faut donc, avant qu'il soit fait aucune demande d'indemnité, que les constructions soient démolies et les matériaux enlevés. Et comme, au moment de la démolition, le terrain est, de droit, par la seule force de l'arrêté d'alignement, réuni à la voie publique, il en résulte nécessairement que ce terrain

est délaissé avant qu'il ait été possible de réclamer et de payer l'indemnité. Aussi l'art. 5o ne parle-t-il de l'indemnité que pour la valeur du terrain *délaissé*, et non du terrain *à délaisser*.

Non seulement le propriétaire n'a pas le droit de réclamer une indemnité préalable, mais on peut dire aussi qu'il n'a pas d'intérêt. Sous ce second rapport, sa réclamation serait donc également non recevable, puisque l'intérêt est la mesure des actions.

En effet, qu'il ait touché ou non l'indemnité, il ne peut pas contrevenir à l'alignement qu'il a reçu. Ainsi, s'il veut bâtir, s'il veut réparer, s'il veut reconstruire après avoir démoli, il faut qu'il se soumette à l'alignement. Le défaut de paiement de l'indemnité ne lui donne pas le droit d'enfreindre les limites tracées : car l'indemnité n'est point due pour le reculement forcé des constructions, c'est là une servitude légale attachée aux propriétés riveraines de la voix publique ; mais elle est due pour la prise de possession, par l'administration ou la commune, de la partie de terrain qui doit être réunie à la rue. Puisque le propriétaire est obligé de délaisser cette partie de terrain avant d'avoir reçu l'indemnité, il lui importera peu d'en permettre la prise de possession immédiate. Il y sera même intéressé : car le terrain incorporé de suite à la rue sera pavé et éclairé comme les autres parties de la voie publique ; au lieu que, si l'incorporation était retardée, il resterait en place vague devant sa propriété, à moins qu'il ne lui ait été permis de le clore provisoirement.

D'ailleurs, on doit remarquer que la prise de possession du terrain délaissé ne s'opère que par l'exécution des mesures de police, telles que le pavage, l'éclairage, le nivellement, qui sont confiées à la vigilance de l'autorité municipale, chargée de pourvoir à la sûreté, à la propreté et à la salubrité publiques; que ces mesures ne peuvent recevoir aucune entrave de la part d'un intérêt particulier, et qu'elles s'exécutent abstraction faite des droits du propriétaire.

Dans le cas où la réparation n'est pas volontaire et n'a lieu que par mesure de sûreté publique, pour prévenir le danger que présente un bâtiment menaçant ruine, l'indemnité préalable est plus impossible encore. L'imminence du péril ne permet pas d'attendre, pour opérer la démolition, que l'indemnité soit réglée et payée. L'intérêt public commande: il faut avant tout qu'il soit obéi. On ne devra s'occuper qu'ensuite de l intérêt du propriétaire.

Dans tous les cas, par conséquent, l'indemnité préalable est impossible. C'est la meilleure raison qu'on puisse donner pour légitimer l'inobservation d'une disposition légale.

247. La possession *d'an et jour* ne peut être opposée pour se soustraire aux peines infligées en cas de contravention à un arrêté d'alignement. Arrêt de cassation, 6 septembre 1828.

Cet arrêt est fondé sur ce double motif, que les tribunaux de police appelés à statuer sur une contravention sont incompétents pour prononcer sur une question de propriété ou de possession; que la possession d'ailleurs ne peut être une excuse de la contravention : car il est évident que l'alignement ne peut concerner que les propriétaires ou possesseurs des terrains sur lesquels il doit avoir lieu.

248. Dans les n°⁵ 294 et suivants, relatifs à l'obligation de démolir pour cause de vétusté, nous examinons la question de savoir si les propriétaires voisins qui éprouvent un préjudice du reculement auquel est assujettie la maison démolie, ont droit à une indemnité. Nous renvoyons aux numéros ci-dessus cités

pour la solution de cette question. Il est inutile sans doute de faire observer que, si le propriétaire de la maison soumise à reculer la faisait démolir volontairement, il ne devrait alors s'élever aucun doute sur la légitimité des indemnités qui pourraient être répétées contre lui pour la réparation de toutes les conséquences préjudiciables de sa démolition volontaire. C'est en vain qu'il prétendrait qu'il ne recule sa maison que parce qu'il y est obligé par un plan d'alignement : on lui répondrait que, si le plan d'alignement est devenu obligatoire, c'est parce qu'il a démoli. Il y aurait donc lieu à l'application du principe écrit dans l'art. 1382 du Code civil, qui veut que tout fait quelconque de l'homme qui cause à autrui un dommage soit réparé par celui par la faute duquel il est arrivé. Cependant, comme le propriétaire, en démolissant, n'a fait qu'un usage légitime de sa chose, et que le reculement auquel il s'est soumis contribue à l'utilité publique, les tribunaux, dans l'appréciation du dommage, devront user de ménagement. C'est ainsi qu'il a été jugé par la cour de Bordeaux, le 25 novembre 1831, « que, pour que le propriétaire cessât d'être passible d'aucune action, il suffisait qu'il eût fait effectuer des ouvrages et des réparations au moyen desquels il aurait été pourvu, *autant qu'il dépendait de lui*, à la solidité des maisons voisines. » On ne doit donc pas déclarer le propriétaire responsable de toute espèce de dommages, mais seulement de ceux qu'il aurait pu éviter.

249. Dans le même cas de démolition volontaire d'une maison soumise à reculement, les locataires de la maison démolie auraient également le droit de réclamer contre leur propriétaire l'application du principe que nous venons de rappeler.

Ils pourraient aussi demander la résolution de leur bail, suivant les dispositions des art. 1719,

1723 et 1724 du Code civil, si, le reculement étant opéré, ce qu'il reste de la maison n'était plus propre à remplir l'objet qu'ils se sont proposé en louant.

250. Mais si l'état de ruine de la maison soumise à reculement rendait sa démolition nécessaire, quels seraient les droits des locataires ? Ils n'en auraient certainement aucun à exercer contre l'administration qui aurait ordonné la démolition. L'ordre de démolir est une mesure de sûreté publique, qui ne peut soumettre les communes à aucune indemnité envers les propriétaires, locataires ou tous autres intéressés. D'un autre côté, l'obligation de reculer est une sujétion municipale, dont l'indemnité est réglée par l'art. 50 de la loi du 16 septembre 1807. Cet article est ainsi conçu :

> Lorsqu'un propriétaire fait volontairement démolir sa maison, lorsqu'il est forcé de la démolir pour cause de vétusté, il n'a droit à une indemnité que pour la valeur du terrain délaissé, si l'alignement qui lui est donné par les autorités compétentes le force à reculer sa construction.

On voit que la loi ne parle que du propriétaire, sans faire aucune mention des locataires, et qu'en outre elle n'accorde d'indemnité que pour la valeur du terrain, à laquelle les locataires n'ont aucun droit. L'administration, en effet, n'achetant le terrain qu'après la démolition effectuée, ne peut payer les constructions qui existaient précédemment sur ce terrain, et ne doit par conséquent aucune indemnité à ceux qui, tels que les locataires, n'avaient de droit que sur les constructions.

Les locataires, dans le cas de démolition forcée, ont-ils du moins un recours à exercer contre le propriétaire ? Il faut distinguer : si l'état de ruine qui a nécessité la démolition est la suite d'un cas fortuit ou d'un accident de force majeure, résultant, par exemple, des ravages de la guerre, du feu du ciel, ou d'un tremblement de terre, le propriétaire n'encourt aucune responsabilité. Dans ces divers cas, et autres semblables, les droits des locataires sont réglés par l'art. 1722 du Code civil, ainsi conçu :

Si, pendant la durée du bail, la chose louée est détruite en totalité par cas fortuit, le bail est résilié de plein droit; si elle n'est détruite qu'en partie, le preneur peut, suivant les circonstances, demander, ou une diminution de prix, ou la résiliation même de bail. Dans l'un et l'autre cas, il n'y a lieu à aucun dédommagement.

Si le cas fortuit qui nécessite la démolition donnait ouverture à une action en indemnité en faveur du propriétaire, comme le cas d'incendie communiqué par une maison voisine, ou celui d'émeute, les locataires auraient le droit de prendre une part proportionnelle dans l'indemnité du propriétaire, et même de réclamer une indemnité spéciale pour la réparation des pertes particulières qu'ils auraient éprouvées. Ce serait le cas d'appliquer ici par analogie les dispositions de l'art. 39 de la loi du 7 juillet 1833. Voir notre commentaire sur cette loi.

Mais lorsque la vétusté des bâtiments est la seule cause de la démolition, nous ne mettons pas en doute que le propriétaire ne soit tenu d'indemniser les locataires. Ici ne s'applique pas l'art. 1722, cité plus haut. Ce n'est point par cas fortuit que la chose louée est détruite en totalité ou en partie; mais par suite de circonstances que le propriétaire devait prévoir au moment où il a loué. C'était à lui à connaître l'état dans lequel se trouvaient les constructions et à ne pas en promettre la jouissance à des tiers pour un temps plus long que celui pendant lequel elles pouvaient subsister. Il est donc responsable, vis-à-vis des locataires, de la perte de la chose louée,

par suite du reculement, qui n'est qu'une conséquence de la démolition.

Dans un jugement du tribunal de Paris, qui l'a
ainsi décidé nous lisons le motif suivant :

Considérant que l'ordonnance de police qui prescrit la
démolition d'une maison pour cause de vétusté est la conséquence des vices ou défauts de la chose qui en empêchent
l'usage, et dont le bailleur est responsable, aux termes de
l'art. 1721 du Code civil. (*Gazette des Tribunaux du 4 août
1832.*)

Le propriétaire alléguerait en vain qu'il n'a pas
connu les vices de la chose lors du bail. L'art. 1721
répond à ce moyen de défense. Cet article est ainsi
conçu :

Il est dû garantie au preneur pour tous les vices ou défauts de la chose louée qui en empêchent l'usage, quand
même le bailleur ne les aurait pas connus lors du bail. S'il
résulte de ces vices ou défauts quelque perte pour le preneur, le bailleur est tenu de l'indemniser.

Faculté d'avancer sur la voie publique.

251. Les plans d'alignement peuvent imposer à
certains propriétaires l'obligation de reculer et donner à d'autres la faculté d'avancer sur la voie publique, afin de placer, autant qu'il se peut, toutes les
constructions de la rue sur une ligne uniforme, et
aussi pour prévenir les renfoncements qui, outre
l'effet désagréable qu'ils produisent, sont ordinairement un réceptable d'immondices et peuvent présenter des dangers pour la sûreté publique.

La faculté d'avancer sur la voie publique peut
être accordée non seulement par des plans généraux
d'alignement arrêtés en conseil d'Etat, mais aussi
par des plans partiels accordés par les maires seuls,

Il est vrai que cette faculté d'avancer entraîne la concession d'un terrain qui fait partie des biens communaux, et qu'on peut dire qu'un maire n'a pas le droit d'aliéner aucune portion des biens de la commune. Cette objection n'est pas plus fondée que celle qui consistait à prétendre qu'un maire n'avait pas le droit de donner un alignement d'où résultait l'obligation de reculer, parce que, dans ce cas, l'alignement entraînait une expropriation.

Nous avons prouvé que les maires avaient le droit de donner des alignements partiels.

Comme tous les alignements se résument en obligation de reculer ou en faculté d'avancer, du droit de donner les alignements résulte nécessairement celui d'obliger de reculer ou de permettre d'avancer : car sans cela le droit d'alignement serait illusoire ; ce serait accorder la fin, sans autoriser les moyens. Le reculement et l'avancement ne sont que les conséquences de l'alignement. Si ces conséquences sont obligatoires pour les particuliers, elles le sont à bien plus forte raison pour les communes dans l'intérêt desquelles l'alignement est principalement donné. Voir le n° 41.

Néanmoins lorsqu'un plan d'alignement permet d'avancer sur la voie publique, le maire ne doit pas le délivrer sans le soumettre au conseil municipal et obtenir son approbation.

252. L'arrêté du maire qui, en donnant un alignement à un propriétaire, l'autorise à avancer sur la voie publique, est soumis aux règles générales qui régissent les pourvois contre les arrêtés municipaux en matière de voirie. Voir les n°ˢ 164, 177 et suivants, 199, 203 et 207.

253. Le propriétaire qui se trouve dans le cas d'avancer est tenu, s'il veut réparer des constructions existantes ou en élever de nouvelles, de porter

ses constructions sur la ligne tracée par le plan d'a-
lignement qui lui a été délivré, ou au moins d'établir une clôture sur cette ligne. Augmentant alors sa
propriété du terrain sur lequel l'avance est opérée,
il doit la valeur de ce terrain qui lui est cédé par la
commune. Telle est la disposition du 1ᵉʳ § de l'art.
53 de la loi du 16 septembre 1807, ainsi conçu :

> Au cas où, par les alignements arrêtés, un propriétaire
> pourrait recevoir la faculté de s'avancer sur la voie publi-
> que, il sera tenu de payer la valeur du terrain qui lui sera
> cédé. Dans la fixation de cette valeur, les experts auront
> égard à ce que le plus ou le moins de profondeur du terrain
> cédé, la nature de la propriété, le reculement du reste du
> terrain bâti ou non bâti loin de la nouvelle voie, peut ajou-
> ter ou diminuer de la valeur relative pour le propriétaire.

(Voir l'art. 56 de la même loi pour la nomination
des experts.)

254. La valeur du terrain cédé par la commune
au propriétaire qui doit avancer est ordinairement
réglée amiablement. Si le règlement ne pouvait s'en
faire à l'amiable, il y aurait lieu de procéder conformément aux dispositions de la loi du 16 septembre 1807. Ainsi des experts nommés suivant l'art.
56 de cette loi seraient chargés d'évaluer le montant de l'indemnité à payer par le propriétaire, d'a-
près les bases indiquées par l'art. 53. L'opération
des experts serait constatée par un procès-verbal
que le préfet soumettrait au conseil de préfecture,
qui doit fixer définitivement la valeur de l'indemnité,
aux termes de l'art. 57, sauf toutefois le recours de
droit devant le conseil d'état.

255. Quelques auteurs avaient pensé que la loi de
1807 avait été abrogée à cet égard par la loi du 8
mars 1810, et ensuite par celle du 7 juillet 1833.
Nous regardons cette opinion comme une erreur.
Les lois de 1810 et 1833 ne sont applicables qu'aux

expropriations et aux règlements d'indemnités dues pour expropriations. Ici, bien évidemment, il ne s'agit pas d'expropriation. La concession qu'une commune fait d'une partie de la voie publique est, au contraire, l'opposé de l'expropriation. Dans l'expropriation, le propriétaire perd une partie de sa propriété ; ici il l'augmente. Mais, dit-on, si ce n'est pas le propriétaire qui est exproprié, c'est la commune. On ne fait pas attention que l'avancement sur la voie publique est arrêté dans l'intérêt de la commune, par le maire, mandataire de la commune. Ce serait donc la communue qui s'exproprierait elle-même. L'objet des lois de 1810 et de 1833 n'a aucun rapport avec la concession de terrain dont il s'agit. La loi de 1807 est restée seule en vigueur pour ce qui concerne cette concession et le règlement de l'indemnité à payer par le propriétaire. Telle est la jurisprudence du conseil d'Etat. Un arrêt du 17 août 1825 décide « que le prix des portions de terrain concédées sera versé dans la caisse municipale, après que l'estimation en aura été faite, conformément à la loi du 16 septembre 1807. »

256. L'article 53, que nous venons de citer, ne dit pas que le propriétaire a *l'obligation* de s'avancer, mais la *faculté*, et cela avec raison. En effet, l'obligation n'existe pour le propriétaire que s'il veut réparer ou construire. Dans ce cas seulement il est tenu de demander l'alignement et de s'y conformer, sous les peines de droit, s'il y contrevenait. Mais s'il n'a l'intention ni de réparer ni de construire, il reste dans les limites où il se trouve, et l'on ne peut le contraindre de se rendre acquéreur du terrain sur lequel l'avance doit avoir lieu, n'y d'y élever aucune construction ou clôture.

Il est possible cependant qu'il soit urgent, pour la sûreté ou la propreté de la rue, de renfermer ce terrain dans une clôture placée sur la même ligne que celle sur laquelle sont bâties les maisons voisines. Dans ce cas, il n'y a plus lieu de procéder par voie d'alignement, mais par voie d'expropriation. C'est pourquoi le 2e § de l'art. 53 donne à l'administration le droit de déposséder de l'ensemble de sa propriété le propriétaire qui doit avancer. Le 2e § s'exprime ainsi qu'il suit :

Au cas où le propriétaire ne voudrait point acquérir, l'administration publique est autorisée à le déposséder de l'ensemble de sa propriété, en lui payant la valeur telle qu'elle était avant l'entreprise des travaux. La cession et la revente seront faites comme il a été dit ci-dessus.

Aux termes de cet article 51, la dépossession du propriétaire par l'administration doit être effectuée d'après un décret rendu en conseil d'Etat, sur le rapport du ministre de l'intérieur, dans les formes prescrites par la loi. Cette seule formalité ne suffit plus aujourd'hui. La dépossession du propriétaire est une véritable expropriation qui ne peut être opérée qu'après l'accomplissement de toutes les formalités exigées par la loi du 7 juillet 1833. Le décret rendu en conseil d'État, ou plutôt l'ordonnance royale qui déclare l'utilité publique et autorise les travaux, n'est plus que le préliminaire des autres formalités exigées par la loi de 1833. Ces formalitées remplies, la dépossession ne doit avoir lieu qu'après le paiement de l'indemnité, qui doit être réglée par le jury spécial, conformément à ladite loi.

Obligation d'avancer sur son propre terrain.

257. Dans l'intérêt d'une bonne police, et afin de faire disparaître des angles et renfoncements dangereux pour la sûreté publique, l'autorité a le droit

de faire fermer par des clôtures tous les terrains ouverts sur des rues ou sur des places. Si le propriétaire veut élever des constructions sur ces terrains, ou s'il veut réparer des constructions existantes, comme il n'est séparé de la voie publique par aucune clôture, il est tenu de demander l'alignement en même temps que l'autorisation de bâtir ou réparer. Cette autorisation ne doit lui être accordée que sous l'alternative de porter les constructions ou d'établir une clôture sur la ligne de l'alignement. S'il établit la clôture, il pourra ensuite construire ou réparer comme bon lui semblera ; mais s'il n'en établit pas, il sera obligé, dans ses constructions ou réparations, de se conformer à l'alignement.

L'obligation de se clore sur la voie publique n'est point une mesure de voirie, mais une mesure de police, qui peut être prise indépendamment de ce que prescrivent les plans d'alignement ; mais cette mesure vient souvent aider à l'exécution des alignements en forçant les propriétaires des terrains ouverts d'élever des clôtures qu'ils sont obligés d'avancer ou de reculer, suivant l'alignement.

Contestations entre voisins sur l'exécution d'un plan d'alignement qui permet d'avancer sur la voie publique.

258. Les contestations qui peuvent s'élever entre voisins sur l'exécution d'un plan d'alignement qui permet d'avancer sont de diverses natures. Ou elles soulèvent des questions de propriété ou de servitude : alors elles appartiennent à la compétence des tribunaux civils, ainsi que nous l'établissons dans les n°˙ 134, 146 et 371. Ou bien elles ne font naître que des questions d'interprétation de l'acte qui prescrit l'alignement : dans ce cas elles doivent être déférées

à l'administration. Ainsi, s'il s'agit de décider, entre deux voisins, auquel des deux la portion de rue retranchable doit être accordée, ou si elle doit être concédée à l'un et à l'autre, et dans quelle proportion, ce sont là évidemment des questions d'interprétation de l'arrêté d'alignement dont il faut déterminer l'application sur le terrain. Il est donc nécessaire pour obtenir la solution de ces questions de s'adresser à l'autorité qui a délivré le plan d'alignement. C'est à elle qu'il appartient d'expliquer comment elle a entendu que l'alignement serait exécuté. Il est nécessaire qu'elle indique le terrain à occuper, qu'elle en fasse la distribution entre les voisins, qu'elle détermine la quantité qui doit être acquise par chacun d'eux et la ligne à suivre pour enclôre et élever les murs de séparation. Arrêt de la cour de Bordeaux du 15 juin 1824. Arrêt du conseil d'État du 9 juin 1824.

259. De ce principe que les questions d'interprétation et d'exécution des actes qu'il s'agit d'interpréter ou d'exécuter appartiennent à l'autorité de qui les actes émanent, il résulte 1° que les contestations qui s'élèvent entre voisins sur des plans d'alignements arrêtés en conseil d'État doivent être portées devant le conseil d'État. Le second § de l'art. 52 de la loi du 16 septembre 1807 le décide ainsi :

En cas de réclamation de tiers intéressés, il sera de même statué en conseil d'Etat sur le rapport du ministre de l'intérieur.

2° Que, s'il s'agit de contestations sur un alignement partiel donné par le maire d'une commune, elles doivent être portées en premier ressort devant ce magistrat, sauf la réformation ou l'approbation de l'arrêté municipal par le préfet, dont la décision peut elle-même être déférée au ministre des travaux publics. Ce n'est que lorsque le ministre a prononcé que la question peut être soumise au conseil d'Etat par un pourvoi formé régulièrement contre la décision ministérielle.

Ce mode de se pourvoir, différent suivant que le pourvoi est formé contre un plan général d'alignement arrêté en conseil d'Etat ou contre un plan partiel délivré par un maire, est clairement indiqué dans la lettre suivante du ministre du commerce et des travaux publics, sous la date du 25 juin 1832 (1) :

Monsieur, par la lettre que vous m'avez fait l'honneur de m'écrire le 12 de ce mois, comme fondé de pouvoir des dames veuves Gressent et Deshayes, vous demandez en leur nom que je défère au conseil d'Etat la connaissance du pourvoi qu'elles entendent former contre une décision du 7 janvier et du 30 avril dernier, qui ont confirmé l'approbation donnée par le préfet de l'Eure à un arrêté de M. le maire de Pont-Audemer, du 15 novembre précédent, lequel a autorisé le sieur Pivain à reconstruire sa maison sur l'alignement de la rue de la Brasserie et de la place Saint-Aignan, en obtenant de la ville, conformément à l'art. 53 de la loi du 16 septembre 1807, la cession de la partie de la voie publique située entre sa propriété et les nouveaux alignements.

Il ne m'appartient pas d'introduire moi-même ce pourvoi ; mais, en outre, je dois vous faire observer que l'interprétation que vous donnez au dernier paragraphe de l'article 52 de la loi du 16 septembre 1807 ne saurait recevoir son application.

Cet article dispose, à la vérité, qu'en cas de réclamation de tiers intéressés en matière d'alignement, il y sera statué en conseil d'Etat, sur le rapport du ministre de l'intérieur ; mais ce paragragraphe doit être entendu dans le sens du précédent, c'est-à-dire pour le cas où un plan d'alignement

---

(1) Cette lettre est tirée du *Journal de la voirie* par M. Daubanton, numéro de décembre 1833.

aurait été approuvé par le gouvernement, et que des réclamations seraient élevées postérieurement à son adoption. Or, j'ai établi, par les termes de ma décision du 7 janvier dernier, et en me fondant sur la jurisprudence du conseil d'Etat et de la cour de cassation, qu'en l'absence de plan arrêté par le gouvernement, la loi du 24 août 1790 confère aux autorités municipales le droit de délivrer des alignements sur l'approbation des préfets. Dans ce cas, d'après l'ordre hiérarchique des pouvoirs, le recours immédiat des parties intéressées ne peut avoir lieu que devant le ministre compétent. J'ajouterai que les oppositions des dames veuves Gressent et Deshaies ne sont pas nouvelles, et que mes décisions des 7 janvier et 30 avril ont statué sur l'objet de leurs réclamations.

Si donc elles se croient fondées à attaquer ces décisions devant le conseil d'Etat, elles doivent former directement leur pourvoi dans les formes déterminées par le décret du 11 juin 1806 sur l'organisation et les attributions du conseil d'Etat, c'est-à-dire par voie de requête signée par un avocat aux conseils.

260. L'alignement qui autorise un propriétaire à avancer sur la même ligne que celle sur laquelle est bâtie la maison voisine peut-il enlever à cette maison les jours de côté et autres servitudes dont elle jouissait?

La négative n'est point douteuse. L'alignement n'est censé donné à celui qui doit avancer qu'à la charge par lui de respecter les servitudes établies sur la partie concédée. Par conséquent il ne peut bâtir, à moins d'observer les distances prescrites par le Code civil.

Cependant si l'utilité publique constatée par un plan d'alignement arrêté en conseil d'Etat, exigeait que ces distances ne fussent point observées ou que les autres servitudes qui grèvent la partie concédée cessassent d'exister, il devrait être payé une indemnité au propriétaire du fonds dominant, et cela préalablement à tous travaux pouvant nuire à la jouissance des servitudes. Voir les n°*. 144 et suiv.

L'indemnité, dans ce cas, est à la charge de la commune. On ne pourrait la mettre à la charge du propriétaire qui, en s'avançant sur la voie publique, ne fait que se conformer à une mesure d'intérêt général, dont l'exécution est obligatoire pour lui de même que pour les voisins. Le propriétaire, d'ailleurs, en payant à la commune le prix du terrain concédé a accompli la seule condition qui lui soit imposée. Il ne serait pas juste de lui en imposer d'autres : car le prix du terrain représente tous les avantages qu'il doit retirer de la concession. Le prix est plus ou moins élevé suivant que le terrain est ou non grevé de servitudes.

A défaut de convention amiable, l'indemnité est réglée par les tribunaux civils.

261. Voici un autre exemple de l'une des difficultés que peut faire naître l'obligation d'avancer sur la voie publique.

Un particulier dont je suis le voisin immédiat s'empare d'une partie de la rue qui conduit à ma propriété. Quelle est la voie à suivre pour faire cesser cet empiétement, qui me nuit ? Est-ce la voie civile ou de police, ou la voie administrative, que je dois adopter ?

Il faut distinguer. Si l'empiétement a été commis en vertu d'un alignement régulièrement délivré, je puis me pourvoir contre cet alignement par toutes les voie de droit. (Arrêts, conseil d'Etat, 24 février 1825 et 15 juillet 1829, Dalloz, années 1826, p. 18, et 1829, p. 14.)

Si, après avoir épuisé les moyens de recours, l'alignement est maintenu, ou bien si je ne l'ai pas attaqué, je suis obligé de souffrir l'empiétement ordonné ; mais si cet empiétement me cause un préju dice, s'il rend, par exemple, l'accès de ma maison beaucoup plus difficile, s'il ferme des jours ou des issues que j'avais sur la rue, j'ai droit à une indemnité, ainsi qu'il a été dit dans le numéro précédent.

Si, au contraire, l'auteur de l'empiétement n'a point agi en vertu d'un acte de l'autorité, mais de son propre mouvement et sans autorisation, je puis dénoncer cette entreprise au maire, aux adjoints, aux commissaires de police, qui doivent la constater par un procès-verbal, pour la réparation en être poursuivie devant le tribunal de simple police. Si le maire et les autres agents de l'autorité auxquels la loi confie le soin de verbaliser contre les contraventions en matière de voirie montrent de la négligence, je puis m'en plaindre au préfet.

Je puis aussi, sans recourir à aucune autorité intermédiaire, citer directement le contrevenant devant le tribunal de simple police et me porter partie civile contre lui.

Je puis enfin le poursuivre, par action possessoire, devant le juge de paix, pour trouble à la jouissance de ma propriété, pourvu toutefois qu'il me soit possible de prouver que depuis plus d'un an j'étais en possession paisible, et non précaire, des jours et issues dont l'accès a été fermé ou embarrassé par l'empiétement dont je me plains.

262. Lorsque, d'après un plan d'alignement, un propriétaire est autorisé à s'avancer, si un tiers prétend être propriétaire du terrain sur lequel l'avance doit avoir lieu, et qu'il s'élève contestation à ce sujet, la question de propriété doit être déférée aux tribunaux civils. Il faut remarquer que ces tribunaux ne peuvent statuer que sur le droit de propriété, mais qu'il leur est interdit d'ordonner la démolition des ouvrages faits conformément à l'alignement. Sur ce chef, ils doivent surseoir jusqu'à ce

que l'arrêté d'alignement ait été réformé par l'autorité supérieure (Arrêt du conseil d'Etat du 3o juillet
1828, Macarel, t. 10, p. 577.

263. Si, dans un plan d'alignement, il est établi
que l'un des côtés d'une rue doit reculer et le côté
opposé avancer, et qu'une des maisons bâties sur ce
dernier côté vienne à être construite avant la démolition de la maison qui y fait face, et opère ainsi un
rétrécissement tel que la circulation en soit gênée ou
même interdite, l'autorité, afin de parer à l'inconvénient qui résulte de ce défaut de simultanéité dans
l'exécution de l'alignement, doit traiter avec l'un ou
l'autre des propriétaires des maisons situées en face,
de manière à retarder la reconstruction de celle qui
doit avancer, ou hâter la démolition de celle qui
doit reculer. Si, par une transaction amiable, l'autorité ne parvient pas à obtenir l'arrangement qu'elle
désire, elle peut alors recourir à la voie de l'expropriation pour cause d'utilité publique, à l'effet d'acquérir l'une ou l'autre des deux maisons.

Si l'autorité ne veut pas faire les frais de cette acquisition, il ne lui reste qu'à se soumettre aux conditions de l'alignement qu'elle a donné, ou bien à le
faire rectifier, si les travaux de reconstruction ne
sont pas commencés.

Il existe cependant un avis du conseil d'Etat, cité
par M. Daubanton dans son *Journal de la voirie*,
p. 160, qui déclare « qu'en certain cas, il est juste
et nécessaire, pour conserver la liberté de la voie
publique, d'ordonner que ceux à qui le nouvel alignement accorde la faculté d'avancer, ne l'exerceront qu'après que les propriétaires opposés auront
reculé les leurs. »

Suivant cet avis, il serait permis à l'administration de jeter l'interdit sur les propriétés particulières, et de priver les propriétaires du libre usage de leur chose pendant un temps indéterminé. C'est là une de ces prétentions auxquelles l'administration s'abandonne quelquefois, au mépris des droits les mieux établis. Les propriétaires ne sont soumis à aucune autre sujétion qu'à celle de demander l'alignement et de s'y conformer. On peut les obliger à bâtir dans les limites de l'alignement; mais on ne peut leur refuser le droit de bâtir. L'autorisation doit leur en être accordée aussitôt qu'ils le demandent; autrement l'administration commettrait un déni de justice. C'est à elle à prévoir les inconvénients qui peuvent résulter des alignements qu'elle a arrêtés, et à prendre les mesures nécessaires pour les prévenir sans aggraver la position des propriétaires. Les servitudes sont de droit strict et ne peuvent être étendues. L'autorité qui, en fait d'alignement, se conformerait à l'avis du conseil d'État ci-dessus cité, se rendrait coupable d'un acte arbitraire, qui devrait être dénoncé à l'autorité administrative supérieure et réformé par elle.

Mais, dit-on, dans le cas que nous supposons, l'administration ne refuse pas le droit de bâtir; elle l'accorde au contraire, mais sous la condition d'élever sur les anciennes fondations les constructions nouvelles. C'est là précisément que se trouve l'abus de pouvoir; car l'administration n'accorde alors qu'un alignement provisoire, se réservant plus tard de faire exécuter l'alignement définitif qui prescrit d'avancer. Ainsi vous ne pouvez bâtir qu'en dehors de l'alignement, et vos constructions, à l'instant où vous les élevez, sont frappées du discrédit qui existe pour les constructions qui ne sont pas sur les limites de l'alignement. Vous bâtissez à grand frais; mais quinze ans plus tard, quand il vous faudra réparer, vous ne le pourrez pas; vous serez obligé de laisser votre maison tomber en ruine. Voilà qui est intolérable. Il n'est pas permis de prendre des mesures provisoires en fait d'alignement. Lorsque le propriétaire se présente, et qu'il réclame un alignement, il doit le recevoir définitif, et être assuré, pour lui et pour ses successeurs, que les constructions qu'il se propose d'édifier ne varieront plus dans leurs limites.

SECTION II.

OUVERTURE DES RUES NOUVELLES. — SUPPRESSION DES RUES ANCIENNES.

264. C'est au roi qu'il appartient, après que l'utilité publique en a été régulièrement constatée, d'autoriser, par ordonnance, l'ouverture des rues nouvelles, d'en déterminer la largeur et la direction, et même, si cela est nécessaire, de déterminer la hauteur des constructions riveraines. Art. 2 et 3 de la loi du 7 juillet 1833. Voir notre commentaire sur cette loi, p. 37.

En vertu de l'ordonnance royale, l'administration ou la commune, suivant qu'il s'agit ou non de l'ouverture d'une rue devant servir de prolongement à une grande route, a la faculté de traiter amiablement avec les propriétaires des terrains nécessaires pour l'emplacement de la rue. Si les traités amiables ne sont pas possibles, il faut poursuivre l'expropriation pour cause d'utilité publique, et la faire prononcer par les tribunaux. Art. 13 de la loi du 7 juillet 1833. Voir notre Commentaire, p. 56.

L'expropriation prononcée, l'administration ou la commune peut de nouveau entrer en relation avec les propriétaires expropriés et leur proposer de s'arranger pour le règlement et le paiement de l'indemnité qui leur est due. Si cette nouvelle proposition d'arrangement n'est point acceptée, l'indemnité est réglée et payée, conformément aux dispositions des titres 4 et 5 de la loi ci-dessus citée.

65. La suppression d'une rue ne peut être ordonnée que par la même autorité qui a le droit d'autoriser l'ouverture d'une rue nouvelle, c'est-à-dire par le roi en conseil d'État.

En cas de suppression d'une rue, les propriétaires riverains ont droit à une indemnité pour le préjudice que cette suppression leur fait éprouver.

Les jours et les issues qu'ils avaient ouverts sur la rue constituaient un droit de servitude perpétuelle, qu'on ne peut paralyser ou dont on ne peut diminuer les avantages sans donner un équivalent en argent, qui, à défaut d'arrangement amiable, sera déterminé par le conseil de préfecture s'il s'agit de la suppression d'une rue servant de prolongement à une grande route, et par les tribunaux ordinaires s'il s'agit de la suppression d'une rue appartenant à la petite voirie. Voir les n°° 144 et suivants.

Cette indemnité pour diminution de valeur est d'autant plus juste, qu'aux termes de la loi du 16 septembre 1807, les propriétaires sont soumis au paiement de la plus-value lorsque des travaux publics exécutés près de leur propriété leur procurent un avantage appréciable en argent. On ne peut donc leur refuser un dédommagement lorsque d'autres travaux publics leur causent une moins-value.

Ces principes ont été reconnus par un arrêt du conseil d'État du 17 août 1825, Macarel, t. 8, p. 520.

Cet arrêt s'exprime ainsi :

Un particulier est sans droit et sans qualité pour attaquer une ordonnance royale qui, dans l'intérêt d'une commune, a autorisé l'échange d'une rue contre un terrain destiné à en ouvrir un autre. Mais s'il prétend avoir droit à une indemnité pour anéantissement de son droit de sortie sur la rue

échangée, il y a lieu de surseoir à l'exécution de l'ordonnance, jusqu'à ce qu'il ait été statué sur l'indemnité réclamée dans les formes prescrites par la loi du 8 mars 1810. »

Nous devons faire observer que c'est à tort que
l'arrêt décide qu'il doit être statué sur l'indemnité
dans les formes prescrites par la loi du 8 mars 1810.
On pourrait en induire qu'aujourd'hui que la loi du
8 mars 1810 est abrogée, il faut recourir aux formes
de la loi du 7 juillet 1833 qui la remplace. Ce serait
une erreur. La loi de 1833, de même qu'autrefois
la loi de 1810, ne s'applique qu'au cas d'expropriation. La suppression de servitude pour cause d'utilité publique ne constitue pas une expropriation,
mais seulement un dommage à la propriété en faveur de laquelle les servitudes existaient. L'indemnité pour ce dommage doit donc être réglée dans les
formes ordinaires : c'est-à-dire par le conseil de préfecture, s'il n'y a pas contestation sur le fond du
droit, pour les servitudes acquises sur les grandes
routes; et pour les servitudes acquises sur des rues
et chemins de petite voirie, par les tribunaux civils.

CHAPITRE IV.

EXÉCUTION DE TRAVAUX PUBLICS. — EXPROPRIATION. —
OCCUPATION TEMPORAIRE. — EXTRACTION DE MATÉ-
RIAUX. — DOMMAGES.

266. Les propriétés particulières sont obligées de
se soumettre à tous les sacrifices que réclame l'utilité
publique. Ces sacrifices sont plus ou moins étendus
suivant l'exigence des circonstances. Dans certain cas,
tout ou partie de la propriété est enlevé définitivement

au propriétaire qui est ainsi contraint d'abandonner tous ses droits à l'administration ou au 'concession-naire qui la représente. C'est là |une expropriation.

Dans le chapitre III nous avons indiqué les diffé-rents cas d'expropriation que pouvaient rendre né-cessaires l'établissement, l'alignement ou le redres-sement de la voie publique ; nous avons fait connaî-tre, à ce sujet, les droits des propriétaires et de l'ad-ministration, et avons renvoyé pour plus de déve-loppements à notre commentaire sur la loi du 7 juillet 1833. Il ne nous reste à faire qu'une senle observation : c'est que, lorsqu'il s'agit d'expropriaion, le maire, le préfet et le ministre, chacun dans les limites de sa compétence, ne doivent s'expliquer que sur le projet d'établissement ou de redresse-ment de la rue, en ce qui concerne son utilité, sa convenance et son mérite ; mais qu'ils sont incom-pétents pour prononcer sur la question d'indem-nité, qui est attribuée au jury spécial. (Arrêt du con-seil d'Etat 7 avril 1824, Macarel, tomeVI, p. 232.)

Cet arrêt, rendu sous l'empire de la loi du 8 mars 1810, renvoie la question d'indemnité aux tribunaux civils. Mais la loi de 1810 a été abrogée par la loi du 7 juillet 1833, et le jury spécial a été mis à la place des tribunaux civils.

Dans d'autres cas, les travaux entrepris pour l'é-tablissement, l'alignement ou le redressement des rues, n'exigent pas que le propriétaire soit dépouillé; mais ils portent à ses droits, quant à la jouissance, une atteinte qui peut être plus ou moins grave, plus ou moins prolongée. Cette atteinte, ne retranchant aucune portion matérielle de la chose et n'en modi-fiant que l'usage ou la valeur, ne constitue pas une expropriation et n'est point régie par les mêmes rè-gles. Elle donne ouverture cependant à une action en indemnité ; mais cette action n'est point de la compétence du jury spécial, comme pour le fait d'expropriation. Elle doit être portée devant le conseil de préfecture ou devant le tribunal civil, suivant la distinction que nous établissons dans les numéros 271 et suiv.

267. Les principes que nous venons de poser ne reçoïvent d'exception que dans un seul cas : c'est lorsque le dommage ou la dépréciation de valeur d'une portion de la propriété est une conséquence directe d'une expropriation pour cause d'utilité publique à laquelle une autre portion de la même propriété aurait été soumise. Voir le n° 67.

Le dommage est alors considéré comme un accessoire de l'expropriation; et, d'après la règle que l'accessoire suit le sort du principal, l'indemnité pour le dommage doit être appréciée par un jury spécial, de même et en même temps que l'indemnité pour l'expropriation. Ces deux indemnités, ainsi évaluées ensemble, n'en font qu'une et doivent être acquittées conjointement.

Nous disons *en même temps*, parce que, si le dommage n'avait eu lieu qu'après la décision du jury sur l'évaluation de l'indemnité pour l'expropriation, le sort du principal étant réglé, on ne pourrait pas soumettre isolément au jury spécial la question d'indemnité pour dommage. Les règles ordinaires que nous avons tracées plus haut reprendraient leur cours, et le conseil de préfecture ou le tribunal civil seraient alors seuls compétents.

268. Dans le cas où les travaux publics à l'occasion desquels a été opérée l'expropriation d'une portion de la propriété ont causé des dommages de différente nature à la portion restante, il faut distinguer, entre les dommages, ceux qui sont une suite directe de l'expropriation et ceux qui ne sont que la conséquence de l'exécution des travaux, in-

dépendamment de l'expropriation. Les dommages seuls qui sont connexes à l'expropriation doivent être renvoyés devant le jury. Les autres qui en sont indépendants sont réglés conformément aux règles ordinaires en matière de dommages. Arrêt conseil d'Etat 25 mai 1832. Dalloz, an 1832, p. 111, 3e partie.

269. La demande en indemnité ne pouvant pas en général précéder le dommage, car ce n'est que lorsqu'il est consommé qu'on en connaît l'étendue, il est évident qu'il n'est pas toujours possible d'appliquer aux cas *de dommages* le principe du paiement préalable applicable aux cas d'*expropriation*. Aussi n'est-ce que pour la cession pleine et entière de la propriété qu'a été stipulée la garantie écrite dans les articles 545 du code civil et 9 de la charte. Voir le n° 272, relatif aux fouilles et extractions de matériaux.

270. Les dommages qui peuvent être causés aux propriétés particulières par suite de l'exécution de travaux publics se résument dans les dénominations suivantes : 1° occupation temporaire ; 2° fouilles et extraction de matériaux ; 3° privation de jouissance ; 4° dégradation ou destruction accidentelle de clôture ; 5° dépréciation de valeur ; 6° entraves à l'exercice des droits de jour ou d'issue.

Occupation temporaire, fouilles, extraction de matériaux.

271. L'occupation temporaire, les fouilles et extractions de matériaux, qui auraient eu lieu pour l'exécution de travaux publics effectués sur des rues qui servent de prolongement aux grandes routes, sont réglées comme en matière de grande voirie. Voir les n°s 28, 29, 65 et suivants, 74 et suivants, au titre *De la grande voirie.*

272. Quant à celles qui seraient nécessaires pour l'exécution de travaux publics effectués sur des rues de la petite voirie, elles sont assujetties aux règles et aux limitations que nous avons expliquées dans les numéros ci-dessus cités, avec cette seule différence que les attributions que nous avons reconnu appartenir aux préfets sont exercées par les maires. Ainsi nécessité d'une opération spéciale et indicative des terrains qui doivent être occupés ou fouillés, avertissement préalable au propriétaire, règlement et paiement d'une indemnité avant le commencement des travaux.

Ici l'indemnité préalable est impérieusement exigée par le législateur. Il n'est permis à l'administration ou à ses représentants de s'y soustraire sous aucun prétexte. Cependant, s'il arrivait que l'appréciation totale de l'indemnité fût impossible, parce que son élévation doit dépendre du plus ou moins de durée de l'occupation, de la plus ou moins grande quantité des matériaux enlevés, l'entrepreneur serait obligé au moins de convenir avec le propriétaire du mode et des bases de l'appréciation du dommage futur et de payer un à-compte pour la valeur du dommage qui sera réalisé immédiatement. Sur tous ces objets, lorsqu'un arrangement amiable n'a pas lieu, le règlement doit être fait à dire d'experts qui sont nommés conformément au dernier § de l'art. 56 de la loi du 16 septembre 1807, ainsi conçu :

Quant aux travaux des villes, un expert sera nommé par le propriétaire, un par le maire de la ville ou de l'arrondissement, pour Paris, et le tiers expert par le préfet. (Voir le nᵉ 29.)

273. Les difficultés qui s'élèveraient relativement à l'évaluation du montant de l'indemnité réglée par les experts seront portées devant le tribunal civil de

l'arrondissement dans lequel les travaux seront exécutés. (Arrêts du conseil d'État des 10 février 1816, Sirey, t. 3, p. 226 et 23 juin 1819, Cormenin, *Droit administratif*, 2ᵉ vol., p. 286.)

274. Nous avons réuni sous l'empire des mêmes règles l'occupation temporaire, les fouilles et extractions de matériaux, parce qu'il nous a semblé que ces trois objets portaient une atteinte également grave aux droits de la propriété, et qu'il y avait lieu d'accorder pour les uns et pour les autres des garanties égales aux propriétaires. Nous devons reconnaître cependant que l'art. 1ᵉʳ de la section 6 du Code rural de 1791 ne parle que de fouilles et d'extraction de matériaux, et pas d'occupation temporaire. Mais n'y a-t-il pas analogie entre ces différentes natures d'entreprises sur la propriété? Toutes privent temporairement le propriétaire de la disposition de son bien et l'empêchent d'en recueillir les fruits. Elles ont aussi cela de commun qu'elles ne sont pas une conséquence forcée ou accidentelle de l'exécution des travaux, comme la dégradation d'une clôture, la dépréciation de valeur, etc. Leur nécessité peut au contraire être prévue avant le commencement des travaux, et l'on peut dès lors les régler de manière à les rendre le moins préjudiciables possible. C'est pourquoi nous avons pensé qu'il ne fallait pas abandonner le droit d'occupation temporaire au libre arbitre des entrepreneurs ou des ouvriers, et qu'on ne devait en permettre l'exercice, de même que celui du droit de fouilles et d'extraction, que lorsqu'il avait été donné une permission expresse par l'autorité compétente, et après notification de cette permission au propriétaire.

275. Nous savons qu'il est généralement reconnu que le droit de fouilles et d'extraction de matériaux n'est point autorisé pour les travaux communaux,

pour lesquels, prétend-on, les entrepreneurs n'ont
d'autre ressource, à l'effet de se procurer le sable
ou la pierre dont ils ont besoin, que de traiter de
gré à gré avec les propriétaires. Nous ne pouvons
partager cette opinion. Il est vrai que l'art. 1er de la
section 6 de la loi du 6 septembre 1791 ne parle du
droit dont il s'agit qu'à l'occasion d'*ouvrages publics*; mais il nous semble que ces expressions de la
loi de 1791 signifient ouvrages entrepris dans un intérêt public, en opposition avec les ouvrages entrepris dans un intérêt particulier. Sous ce rapport,
les ouvrages communaux sont certainement des ouvrages publics.

L'objet de la loi de 1791, qui concerne principalement les biens des communes, le prouve suffisamment. La question, au reste, est tranchée aujour-
d'hui par l'art. 12 de la loi du 7 juillet 1833 (Voir
notre commentaire sur cette loi.), qui donne le caractère d'utilité publique aux travaux que fait une
commune dans un intérêt purement communal.
Déjà la loi du 28 juillet 1824 avait autorisé, pour
l'exécution des travaux entrepris sur les chemins vicinaux, l'application de la loi du 8 mars 1810. On
ne peut tirer un argument contraire de la loi du 28
pluviôse an 8, qui donne aux mots, *travaux publics*
un sens beaucoup plus restreint, ne les employant
que pour signifier les travaux exécutés dans l'intérêt
de l'état ou des départements. La loi de l'an 8 n'é-
tait destinée qu'à régler la compétence des corps administratifs; et en se servant de ces mots *travaux
publics*, dans son article 4, elle a voulu limiter aux
contestations qui pouvaient prendre naissance à
l'occasion de travaux domaniaux ou départementaux les attributions des conseils de préfecture.
Ainsi, dans la loi de l'an 8, les mots travaux publics ont été employés pour former opposition aux

travaux des communes et aux travaux des particuliers qui sont de la compétence des tribunaux ordinaires, quand ils donnent lieu à des difficultés; dans
la loi de 1791, au contraire, les mots ouvrages publics ont été employés pour former opposition aux
seuls ouvrages des particu.iers. Ce qui le prouve, ce
sont les dispositions des art. 55 et 56 de la loi du 16
septembre 1807, qui règlent le mode d'évaluation
des indemnités qui seront dûes aux propriétaires
des *terrains occupés pour prendre les matériaux nécessaires aux travaux des villes.* Le 1ᵉʳ § de l'art. 56 dispose quant aux travaux de grande voirie, et le 2° § du
même article, quant aux travaux de petite voirie.
L'occupation de terrain et les extractions de matériaux sont donc permises par la loi, en matière de
petite voirie. D'ailleurs l'arrêt du 7 septembre 1755,
rapporté à la fin du volume, accordait le droit d'extraction pour la confection ou la réparation de toute
espèce de rues ou de chemins. Il est vrai que postérieurement, et par un arrêt du 18 novembre 1781,
il fut ordonné que les rues, chemins et communications des villes, bourgs et villages, qui ne faisaient
point partie des grandes routes, cesseraient d'être
entretenus aux frais du roi. Mais en attribuant ainsi
aux seigneurs, et depuis aux communes, qui pour
cet objet ont succédé aux seigneurs, l'entretien de
leurs rues et de leurs chemins, on leur a fait cette
attribution avec tous les priviléges attachés précédemment audit entretien.

Aussi est-il certain que l'arrêt de 1755 s'appli-
quait aux rues et aux chemins qui ne faisaient
point partie des grandes routes.

Il n'est pas moins certain que cet arrêt doit continuer à recevoir son exécution, aux termes de l'art.
29 de la loi du 19-22 juillet 1791, qui maintient les
anciens règlements touchant la voirie.

Cependant les communes agiront prudemment en n'usant que très rarement, et seulement pour des réparations urgentes, du droit que nous leur reconnaissons. Dans tous les autres cas, elles feront bien de traiter amiablement avec les propriétaires des terrains propres à leur fournir les matériaux nécessaires à l'entretien de leurs rues ou de leurs chemins. Les maires doivent faire attention que les communications de la petite voirie ne sont pas d'une importance générale, et que presque toujours il est permis de différer leur réparation pendant le délai nécessaire pour contracter des marchés amiables.

Dommages, dépréciation de valeur, privation de jouissance, entraves à l'exercice des droits de jour et d'issue, destruction accidentelle ou dégradation de clôture etc.

276. Nous sommes obligés de rappeler ici une distinction sur laquelle nous revenons souvent, parce qu'elle est fondamentale en fait de compétence. S'il s'agit de dommages, de quelque nature que ce soit, causés à une propriété particulière par l'exécution de travaux publics effectués sur des rues qui forment la prolongation des grandes routes, l'appréciation de ces dommages est soumise au conseil de préfecture, comme matière de grande voirie. Il suffit d'ouvrir le recueil des arrêts de M. Macarel pour rencontrer une foule de décisions du conseil d'État qui consacrent ce principe (particulièrement, arrêts des 24 octobre 1821, t. 2, p. 404; 22 janvier 1823, t. 5, p. 20; 24 mars 1824, t. 6, p. 227; 19 décembre 1827, t. 9, p. 615; 14 juillet 1830, t. 12, p. 377), principe qui

est attesté également par M. Favard de Langlade, v° *Travaux publics*, n° 6. (a)

Si au contraire il s'agit de dommages résultant de travaux entrepris sur des terrains communaux, tels que chemins vicinaux, rues, places et quais, qui dépendent de la petite voirie, tous les auteurs et la jurisprudence sont d'accord pour soumettre l'appréciation de l'indemnité aux tribunaux civils. (Favard de Langlade, v° *Travaux publics*, n° 3; Cormenin, t. 2, p. 388; Dalloz, v° *Voirie*; arrêts du conseil d'État, 1er septembre 1819, Macarel, t. 9, p. 628; 31 juillet 1822; arrêt de la cour de cassation du 11 décembre 1827, Dalloz, an 1828, p. 54.) Un autre arrêt de la même cour du 18 janvier 1826 (Dalloz, an 1826, p. 130), dans lequel il était question d'une dépréciation de valeur occasionée à une maison qui avait été en partie enfouie par suite de l'exhaussement du pavé de la rue, en reconnaissant implicitement le principe que nous venons d'énoncer, appuie le droit à une indemnité sur le motif suivant :

Si l'administration à le droit de faire exécuter des travaux dommageables à la propriété privée, elle ne le peut qu'à charge d'indemnité, lorsque leur effet immédiat est de ruiner ou de de déprécier notablement un immeuble, et que cette perte n'est pas, pour celui qui la subit, compensée par un avantage qui lui soit propre.

(a) Lorsqu'il ne s'agit pas d'un dommage résultant de l'exécution même des travaux publics, mais d'un dommage causé après que les travaux ont été terminés, par suite de défaut d'entretien, d'imprudence ou de négligence de la part des concessionnaires d'un canal ou d'un chemin, le conseil de préfecture cesse d'être compétent, et il n'appartient qu'aux tribunaux d'apprécier et de fixer ce dommage. (Arrêt du conseil d'Etat du 16 juin 1831, Dalloz, an 1833, p. 100, 3e partie.)

Le principe que les motifs de cet arrêt consacrent, combiné avec les principes énoncés dans un autre arrêt de la cour de cassation du 12 juin 1833 (Dalloz, an 1833, p. 237), d'après lesquels une commune qui fait exécuter sur la voie publique des travaux de sûreté et de salubrité dommageables à autrui n'est tenue qu'à la réparation du préjudice *matériel*, s'il n'y a aucune faute à lui reprocher; ces principes combinés, disons-nous, forment toute la théorie de l'indemnité en fait de dommages ou de dépréciation de valeur. Voici le texte de l'arrêt de 1833 :

La cour, — Vu l'art. 3, titre 11, de la loi du 24 août 1790, et l'art. 544 du Code civil ; — Attendu que les travaux exécutés par la ville de Paris l'ont été sur la voie publique ; que la ville de Paris y avait été autorisée par l'autorité supérieure ; que chaque habitant d'une commune doit supporter personnellement et sans indemnité toutes les charges et sujétions qui sont la conséquence nécessaire du régime municipal, et sont d'ailleurs autorisées par les lois et règlements de police ; — Que le nivellement des rues et voies publiques des villes tient à la sûreté des communications et à la salubrité des habitations ; que les pertes qui résultent momentanément de l'interruption de la circulation pendant les travaux se trouvent compensées par l'avantage qui est la suite des travaux mêmes ; — Que la ville de Paris n'a fait qu'user de son droit ; que l'arrêt ne constate point qu'elle en ait usé sans se conformer aux lois ; que celui qui a usé de son droit, sans qu'il y ait à lui reprocher aucune faute, n'est tenu qu'à la réparation du dommage matériel que ses travaux ont pu causer à autrui ;

Que la cour royale de Paris, en condamnant à dédommager par état les propriétaires ou locataires qui ont souffert de l'exécution des travaux par elle entrepris pour le nivellement du boulevart de la porte Saint-Denis, sans avoir égard aux avantages que ces travaux pourraient leur procurer, a fait une fausse application de l'art. 1382 du Code civil, et ouvertement violé l'art. 3, titre 11 de la loi du

24 août 1790, et l'art. 544 du Code civil; par ces motifs, casse, etc.

La cour royale de Paris a eu depuis occasion d'appliquer les principes de la cour de cassation dans une espèce dans laquelle était élevée la question de savoir si le propriétaire d'une maison contiguë à une place publique affectée aux exécutions capitales avait droit à une indemnité pour le dommage qu'il éprouvait dans la jouissance de sa propriété par suite de cette affectation. La cour de Paris a prononcé ainsi qu'il suit, par arrêt du 14 janvier 1833 :

Considérant que, dans la circonstance , la ville de Paris a fait un usage licite du droit de propriété, et n'a porté aucune atteinte matérielle aux droits des propriétaires voisins de la place publique ;

Considérant que tout propriétaire riverain de la voie publique, jouissant des avantages que procure ce voisinage, est soumis aux charges résultant de l'usage légal qu'en fait l'administration :

« Qu'ainsi il n'y a lieu à accorder des dommages-intérêts à raison d'une décision prise par le préfet dans la limite de ses attributions et pour l'exécution des lois:

Déboute Ledieu de sa demande et le condamne aux dépens.

277. Il n'est fait exception du principe de la compétence des tribunaux civils en fait de dommages que lorsque les dommages causés sont une conséquence immédiate d'une expropriation pour cause d'utilité publique. Voir les nos 266 267 et 268.

CHAPITRE V.

DE LA POLICE.

278. Dans notre introduction, page 11 et suivantes, ainsi que dans les n⁰ˢ 51, 87, 161 et 162, nous établissons la différence de la voirie et de la police, et nous faisons voir que, si les droits de voirie conférés à l'autorité municipale sont limités aux rues qui dépendent de la petite voirie, les droits de police attribués à la même autorité par la loi des 16-24 août 1790 sont plus étendus, et comprennent tout ce qui intéresse le bon ordre, la sûreté des habitants, le respect des propriétés, la propreté et la salubrité de la commune; sans distinction de grande et de petite voirie.

Les droits de police sont donc exercés par les maires sur toutes les voies publiques comprises dans l'étendue de leur juridiction. En ce qui concerne la petite voirie, ils sont exercés par eux seuls. Il en est de même pour le plus grand nombre de ceux de ces droits qui regardent les rues dépendant de la grande voirie. Cependant, quant à ces derniers, il en est quelques uns qui, se liant plus intimement à la voirie, tels que la surveillance des bâtiments en construction, la démolition des maisons menaçant ruine, les dépôts de fumier et autres objets, ne pouvaient être entièrement séparés des fonctions de voyers attribuées aux préfets. Pour ceux-là, ils sont exercés concurremment par les maires et par les préfets.

Mais pour les uns et pour les autres, l'exercice des droits de police n'a lieu, de la part des maires,

que sous la surveillance de l'autorité administrative
supérieure, qui a le droit de réviser et de réformer
les actes de l'autorité municipale et devant laquelle
doivent être portés les recours dont ces actes sont
l'objet.

Sans nous écarter de notre sujet principal, qui
est la voirie, nous allons expliquer quels sont les
principaux droits de police confiés à la vigilance des
maires.

Démolition des constructions menaçant ruine.

279. Lorsque des constructions menacent ruine,
c'est aux maires qu'il appartient d'en constater le
péril et d'en ordonner la démolition ou la réparation.

280. Suivant l'ancien droit, constaté par deux
déclarations du roi, en date des 18 juillet 1729 et 18
août 1730, enregistrées au parlement, la surveillance des édifices menaçant ruine était exercée par
le bureau des finances, et les mesures de sûreté à
prendre confiées au Châtelet, en l'audience de police tenue par le lieutenant-général de police, qui
pouvait aussi, hors l'audience, et sans aucune formalité préliminaire, ordonner les mesures nécessaires en cas de péril urgent. Dans les cas ordinaires, la procédure était réglée ainsi qu'il suit : En
vertu du procès-verbal constatant les maisons ou bâtiments où il y avait quelque péril, le propriétaire
était assigné au premier jour d'audience. S'il contes-
tait le péril, une visite des lieux était ordonnée.
Cette visite devait être faite par des experts, dont
l'un était nommé par le procureur du roi au Châtelet, et le second par la partie. Sur le vu du rapport
contenant l'avis des experts, le juge prononçait.

On voit que cette façon de procéder était toute judiciaire, et qu'elle ne prenait le caractère d'une mesure administrative que lorsque l'imminence du péril ne permettait pas d'attendre le jour de l'audience.

En est-il encore de même aujourd'hui, ou, en d'autres termes, est-ce aux tribunaux que doivent être soumises les contestations qui s'élèvent sur l'exécution d'un arrêté municipal qui prescrit la réparation ou la démolition d'un édifice menaçant ruine?

Nous demanderons d'abord devant quel tribunal ces contestations pourraient être portées. Quelques auteurs veulent que ce soit devant le tribunal civil, et ils se fondent sur les déclarations de 1729 et de 1730, qui soumettaient ces sortes de contestations au Châtelet, présidé par le lieutenant-général de police ; mais ils ne font pas attention que le Châtelet, ainsi présidé, était constitué en audience de police, dans laquelle le lieutenant-général jugeait seul ; que sa juridiction n'était point civile, mais se rapprochait de celle attribuée actuellement à nos tribunaux de police, quoiqu'elle fût beaucoup plus étendue. En effet, non seulement il prononçait des peines pour les contraventions de police, mais en outre il faisait des règlements et en ordonnait l'exécution. C'étaient les attributions aujourd'hui divisées du préfet et du tribunal de police réunis en une seule juridiction, qu'on nommait l'audience de police du Châtelet. Nos tribunaux civils n'ont aucune analogie avec une pareille juridiction. Comment serait-il possible d'ailleurs de constituer un tribunal civil juge de l'opportunité ou de la nécessité d'une mesure municipale. Les lois de 1789 et de 1790, que nous avons déjà citées, n'ordonnent-elles pas que les autorités administratives soient distinctes et toujours séparées des autorités judiciaires? N'est-il pas interdit aux tribunaux de s'immiscer dans la connaissance des actes administratifs? La question de savoir si une maison doit être démolie pour cause de vétusté est un acte de pure administration, qui ne peut être décidé qu'administrativement. Ce serait porter la confusion dans tous les pouvoirs que de soumettre une question de cette nature à l'autorité judiciaire.

Ce que nous avons dit pour repousser la juri-diction des tribunaux civils, nous le répéterons pour repousser celle des tribunaux de police, en tant qu'ils auraient la prétention d'apprécier la nécessi-té sur laquelle est fondé l'arrêté qui leur est déféré.

Cependant un arrêt du conseil d'Etat, en date du 19 mars 1823, a visé les déclarations royales de 1729 et de 1730, et semble leur reconnaître encore force exécutoire en renvoyant devant le conseil de préfec-ture, parce qu'il s'agissait d'une grande route, des contestations relatives au péril d'un édifice. C'était évidemment une erreur, dont la jurisprudence posté-rieure du même conseil a fait suffisamment justice. Le conseil de préfecture n'est pas plus compétent que l'autorité judiciaire pour apprécier la valeur des con-testations qui s'élèvent contre un acte administratif.

On insiste, et l'on cite à l'appui de la compétence des tribunaux civils un arrêt de la cour de Mont-pellier que nous avons rapporté nous-mêmes sous le n° 374. Cet arrêt est tout-à-fait étranger à la ques-tion qui nous occupe. Il décide, conformément à l'art. 3 du Code d'instruction criminelle, que l'ac-tion civile peut être exercée séparément de l'action publique, et qu'en conséquence un maire qui avait le droit de poursuivre un contrevenant devant le tri-bunal de police a pu se borner à demander, devant la juridiction civile, la réparation de la contraven-tion. Ce point est hors de doute; mais telle n'est point la question.

Il ne s'agit pas de savoir si le maire a la faculté , mais s'il a l'obligation de s'adresser à la juridiction civile, pour faire condamner le propriétaire d'un édifice menaçant ruine à le réparer ou à le démolir , et si, dans le cas où la juridiction civile n'aurait pas été saisie , il y a lieu de faire valoir un moyen d'incompétence.

D'après les principes que nous avons rappelés , nous n'hésitons pas à répondre négativement, et nous ajoutons même que les maires ne doivent recourir à la juridiction civile que le plus rarement possible ; car devant cette juridiction ils auront à supporter des frais et des lenteurs, toujours préjudiciables aux intérêts communaux.

Nous avons établi dans les n⁰ˢ 331 et suivants de quelle manière il devait être procédé sur les infractions aux arrêtés des maires. Les règles générales que nous avons posées alors, loin de recevoir aucune exception pour le cas d'édifices en péril de ruine, sont au contraire confirmées par des dispositions législatives qui s'appliquent précisément à un cas de cette nature.

L'art. 3 du titre 11 de la loi du 16-24 août 1790 confie à la vigilance et à l'autorité des corps municipaux tout ce qui intéresse la sûreté et la commodité du passage dans les voies publiques, « ce qui comprend la démolition ou la réparation des bâtiments menaçant ruine. »

L'autorité municipale a ainsi remplacé, en cette partie, les anciennes juridictions supprimées , telles que celle du Châtelet.

L'art. 46 de la loi du 22 juillet 1791 autorise les corps municipaux (maintenant les maires) à prendre des arrêtés sur les objets confiés à leur vigilance.

Voilà les attributions des maires réglées d'une

manière bien précise. Ils peuvent prendre des arrêtés pour ordonner la démolition ou la réparation des
bâtiments menaçant ruine.

Si ces arrêtés ne sont pas exécutés, qu'en arrivera-
t-il? Ce qu'il arrive dans tous les cas où on contre-
vient à un arrêté municipal. Le contrevenant doit
être poursuivi devant le tribunal de simple police,
qui inflige l'amende, et, sans se permettre de juger
de l'opportunité de l'arrêté, en ordonne l'exécution,
afin de faire cesser et de réparer la contravention.
Cette manière de procéder est même ordonnée
d'une manière spéciale par le législateur pour le cas
de maison menaçant ruine, car l'art. 471, n° 5, du
Code pénal, s'exprime ainsi : «Seront punis.... ceux
qui auront refusé ou négligé d'obéir à la sommation,
émanée de l'autorité administrative, de réparer ou
démolir les édifices menaçant ruine. »

Mais, dit-on, le tribunal de police doit appliquer
l'arrêté sans se permettre de le juger. Par conséquent, si l'arrêté est rendu sur un fait inexact, si
la maison ne menace pas ruine, par exemple, quelle
est la garantie qui sera offerte au propriétaire pour
empêcher qu'il ne soit victime de l'erreur du maire?
Cette difficulté qu'on oppose pour le cas de démolition est la même pour tous les autres cas où les
maires sont autorisés à rendre des arrêtés qui peuvent blesser des intérêts privés. Nous répondrons
qu'alors on peut appeler du maire trompé au
maire mieux informé. Si l'état de ruine ou de dégradation de la maison est contesté, nous voulons
nous refuser à croire qu'il existe un maire qui soit
assez peu soucieux de ses devoirs, pour ne pas ordonner sur-le-champ les vérifications et les expertises contradictoires propres à éclairer sa religion.

Outre ce premier pourvoi devant l'auteur même
de l'arrêté, le propriétaire a le droit de recours de-

vant le préfet, ensuite devant le ministre, et enfin devant le conseil d'Etat.

Nous savons que les arrêtés des maires sont exécutoires provisoirement et nonobstant tout recours; mais le tribunal de police est autorisé à accorder un délai pour l'exécution de l'arrêté. C'est ce qu'il doit toujours faire, à moins d'une urgence bien démontrée, lorsqu'il s'agit de démolition et qu'un pourvoi a été formé contre l'autorité municipale. La jurisprudence nous prouve d'ailleurs que l'administration elle-même ne prend pas sur elle de passer outre lorsqu'il existe un pourvoi. En cela elle agit très sagement.

Plusieurs arrêts du conseil d'Etat et de la cour de cassation confirment le système que nous venons d'exposer, et qui nous semble tellement fondé en principes, que nous sommes étonnés de l'avoir vu contester par un auteur très instruit, M. Daubanton, dans son *Journal de la voirie*, p. 8.

Voici les autorités que nous pouvons citer à l'appui de notre opinion : Cormenin, *Droit administratif*, 2ᵉ vol. p. 618; arrêts du conseil d'Etat des 16 juin 1824 et 8 septembre 1832; arrêt de cassation du 28 avril 1827, Dalloz, an 1827, p. 410.

281. Le dernier arrêt de la cour de cassation que nous venons de citer établit en outre que le tribunal de police auquel la contravention est déférée n'a pas le droit, lorsque l'arrêté municipal ordonne la démolition de la totalité du mur, de décider que telle ou telle partie de ce mur ne menace pas ruine. En prononçant ainsi, le tribunal de police s'est attribué l'examen d'un fait dont la connaissance lui était interdite.

282. Il n'appartient donc qu'aux maires en matière de petite voirie, et aux maires concurremment avec le préfet en matière de grande voirie, d'ordon-

ner la démolition ou la réparation des constructions menaçant ruine (Voir, pour le mode de procéder, les n°s 283, 286 et suivants, ci-après.), comme il n'appartient qu'à l'autorité administrative supérieure de prononcer sur les contestations auxquelles donneraient lieu les arrêtés des maires.

Quant à l'action devant les tribunaux civils, elle est purement facultative de la part des maires, mais non pas obligatoire.

283. Pour les notifications et citations à faire par suite d'un arrêté qui ordonne la démolition, il doit être procédé comme il est dit en l'art. 4 de la déclaration du 18 juillet 1729, ainsi conçu :

ART. 4. Les assignations seront données au domicile du propriétaire, s'il est connu et s'il est dans l'étendue de notre bonne ville de Paris ou faubourgs d'icelle ; sinon les assignations pourront être données à la maison même où se trouvera le péril, en parlant au principal locataire, ou à quelqu'un des locataires en cas qu'il n'y en ait pas de principal ; et vaudront lesdites assignations comme si elles avaient été données au propriétaire.

Ce mode de procéder est consacré par un arrêt de cassation du 30 août 1833. (Dalloz, an 1833, p. 383, dont voici la teneur :

Vu l'art. 4 des déclarations du roi des 18 juillet 1729 et 18 août 1730, concernant les périls imminents des maisons et bâtiments de la ville de Paris, enregistrées au parlement le 5 septembre de ces mêmes années ; — Attendu que ces déclarations sont spéciales pour l'objet d'intérêt public et général qu'elles concernent, et doivent, par cela même, recevoir leur exécution dans toutes les villes du royaume, quand le cas l'exige, bien qu'elles n'aient été faites d'abord que pour la ville de Paris ; que dès lors l'autorité municipale, lorsqu'elle croit, au lieu d'user du pouvoir qu'elle tient à cet égard des art. 3, n° 1, titre II de la loi du 16-24 août 1790 ; 46, titre Ier, de celle du 19-22 juillet 1791,

et 471, n° 5 Code pénal, devoir faire ordonner judiciaire-
ment la démolition ou la réparation qu'elle a jugé nécessaire
de prescrire des bâtiments ou édifices qui menacent d'une
ruine imminente dûment constatée et compromettent inces-
samment la sûreté publique, n'est tenue de se conformer,
dans l'assignation donnée par elle à cet effet qu'aux dispositions dudit article ;

Que cette assignation est donc valable quand elle a été
notifiée (le propriétaire de la maison ou de l'édifice n'étant
pas domicilié dans le lieu même où il est situé) au p.inci-
pal locataire, ou, s'il n'y en a point, à quelqu'un des locataires ; qu'elle l'est également et par suite dans l'espèce,
puisqu'elle a été remise à M° Boullanger, mandataire de
Guerlin.

284. Nous venons de dire que les contraventions
aux arrêtés des maires ordonnant la réparation ou
la démolition d'édifices menaçant ruine devaient
être portées devant le tribunal de simple police. Nous
ajoutons, afin de rappeler une règle que nous exprimons
mons dans le n° 326, que les maires n'ont pas le
droit de faire exécuter de leur seule autorité l'arrêté qu'ils ont rendu, si le propriétaire se refuse à
l'exécuter volontairement. Il faut qu'ils attendent
le jugement qui interviendra, et qui seul a le pouvoir de les autoriser à mettre ouvriers et à démolir aux frais du propriétaire.

285. Cette règle ne reçoit d'exception que dans
le cas d'urgence extrême et de péril imminent. Les
maires peuvent alors, mais seulement alors, si des
accidents graves doivent résulter du moindre retard,
prendre un arrêté spécial, dans lequel, déclarant l'urgence, ils ordonnent les mesures provisoires que la
sûreté publique réclame. Ici s'applique, à titre de
conseils toujours bons à suivre, les règles de la déclaration royale de 1729. Voici les termes de ses articles 10 et 11 :

Dans le cas où le péril serait si urgent qu'on ne pourrait

atteindre le jour d'audience ni observer les formalités prescrites sans risquer quelque accident fâcheux, les commissaires pourront en faire leur rapport au lieutenant d. police en son hôtel, qui, parties appelées, pourra ordonner, par provision, ce qu'il jugera absolument nécessaire à la sûreté publique. Seront, les ordonnances rendues à ce sujet, exécutées par provision, nonobstant et sans préjudice de l'appel.

Nonobstant les mesures provisoires, la poursuite devant le tribunal de police se continue, et le jugement qui intervient, en condamnant le contrevenant à l'amende, met à sa charge les frais de la démolition opérée.

286. Après avoir posé les principes, il est nécessaire de revenir sur nos pas pour expliquer quelles sont les formalités à suivre dans le cas de péril des bâtiments, et de quelle nature sont les garanties offertes aux propriétaires. Nous ne pouvons mieux faire que de rapporter à ce sujet le passage suivant de l'ouvrage de M. Davenne sur la voirie, p. 85 :
« Il doit être procédé suivant les formes administratives à l'égard des bâtiments dont il y a nécessité de provoquer la démolition pour cause de péril. Quant à l'exécution et aux formes à suivre dans le cas d'urgence et de péril imminent, après en avoir fait dresser procès-verbal par gens de l'art et l'avoir dénoncé au propriétaire, le maire a le droit, sous sa responsabilité légale, d'ordonner sans délai ce qu'il juge absolument nécessaire à la sûreté publique. Hors le cas d'urgence absolue, le maire, après avoir fait dresser procès-verbal circonstancié des dégradations existantes, le dénonce au propriétaire, avec l'injonctiou d'abattre ou de réparer, suivant les cas, dans un délai qu'il détermine selon l'urgence des circonstances. Il désigne en même temps l'expert qu'il a

nommé dans l'intérêt public. Si le propriétaire mis en demeure se refuse d'obtempérer à la décision du maire, il a la faculté de faire choix d'un expert contradictoire, et forme, s'il persiste, son recours devant le préfet. Le préfet peut, s'il y a lieu, commettre un tiers expert, et prononce sur le dire des parties et des experts ; et comme il s'agit d'une question de police municipale, la marche est la même, soit que le cas prévu se présente dans une rue dépendant de la voirie urbaine ou dans une rue formant traverse. Telle est la jurisprudence admise par le ministère, d'après divers avis du comité de l'intérieur, sur les cas de péril. »

287. Ainsi, lorsque des constructions ou édifices menacent ruine, et peuvent compromettre la sûreté publique par leur état de vétusté, de dégradation, ou toute autre cause, l'autorité municipale a le droit de prendre les mesures qu'elle juge nécessaires pour prévenir les dangers dont elle a constaté l'imminence.

Ces mesures sont de deux sortes : elles peuvent tendre à la réparation ou à la démolition de l'édifice menaçant ruine.

Si l'édifice n'est point soumis à reculement, et que des réparations suffisent pour le remettre en bon état, et éloigner toute crainte de ruine, le maire ordonne les réparations, en indique le mode et l'étendue, ainsi que la nature des matériaux qui doivent y être employés. L'arrêté est dénoncé au propriétaire, comme il est dit en l'art. 4 de la déclaration du 18 juillet 1729, cité plus haut. Le maire en fait ensuite surveiller l'exécution afin d'être assuré que ses prescriptions ont été accomplies de la manière et dans le délai par lui fixés.

Si d'après l'alignement de la rue où se trouve l'édifice menaçant ruine, celui-ci est soumis au reculement, ou bien si les réparations sont jugées insuffisantes pour lui rendre une solidité qui fasse disparaître toute crainte d'accident, le maire en ordonne la démolition. Son arrêté à cet égard est signifié comme il a été dit dans le n° précédent, et l'exécution doit en être opérée dans un délai que l'arrêté a déterminé.

288. A défaut par le propriétaire d'avoir obéi à la sommation de réparer ou de démolir, il est traduit devant le tribunal de simple police du lieu où se trouve la maison menaçant ruine, et condamné aux peines prévues par le n° 5 de l'art. 471 du code pénal. Le même jugement doit ordonner la réparation ou la démolition, ainsi qu'il est prescrit par l'arrêté, et autoriser le maire à mettre ouvriers et faire effectuer les travaux aux frais du propriétaire, si celui-ci ne les effectue pas conformément au jugement.

289. Les diverses formalités citées plus haut, qui permettent au propriétaire d'établir un débat contradictoire, ne doivent être observées que lorsque l'état de l'édifice menaçant ruine ne présente pas un danger imminent qui ne souffre aucun retard dans les mesures nécessaires pour le prévenir. Dans le cas de péril extrême, le maire doit prendre sur lui de faire immédiatement réparer et démolir, si le propriétaire n'exécute pas sur-le-champ l'arrêté qui lui est signifié. Les frais de la réparation ou de la démolition sont alors avancés par la commune, d'après la disposition de l'art. 4 de la loi du 11 frimaire an 7, qui met à la charge des communes les dépenses relatives à la voirie et celles qui ont pour objet la sûreté et la propreté. Plus tard, et en vertu de la condamnation qui intervient contre le propriétaire, celui-ci est tenu de rembourser à la commune les frais par elle déboursés.

290. On a pensé que le tribunal devait ordonner le remboursement de ces frais par préférence ou privilége sur toutes autres créances, ainsi qu'il étai ordonné par les déclarations de 1729 et 1730. L Code civil ne contient aucune disposition de laquell on puisse induire que ce privilège soit maintenu Nous concevons bien qu'on considère comme créan ce privilégiée des dépenses faites pour la conser vation de la chose ; mais nous ne concevrions pa qu'on pût donner le même caractère à des dépense faites pour sa destruction. Ce serait un double pré judice qu'on ferait supporter aux créanciers. Le déclarations de 1729 et 1730 ont perdu, en ce point leur force obligatoire. Elles n'avaient été faites d'ail leurs que pour Paris.

291. Voici les principaux indices qui peuvent fair reconnaître qu'il y a lieu de démolir un bâtimen pour cause de péril :

291. 1° Lorsque c'est par vétusté que l'une ou plusieurs jambes étrières, trumaux ou piédroits, sont en mauvais état.

2° Lorsque le mur de face sur rue est en surplomb de la moitié de son épaisseur, dans quelque état que se trouvent les jambes étrières, les trumeaux et piédroits ;

3° Si le mur sur rue est à fruit, et s'il a occasioné sur la face opposée un surplomb égal au fruit de la face sur rue.

On entend par l'expression de mur à fruit l'inclinaison que présente le profil de certains bâtiments par la retraite progressive des étages supérieurs.

4° Chaque fois que les fondations sont mauvaises, quand il ne se serait manifesté dans la hauteur du bâtiment aucun fruit ou surplomb ;

5° S'il y a un bombement égal au surplomb dans les parties inférieures du mur de face.

292. L'ordre de démolir un édifice menaçant ruine est une mesure de sûreté publique, qui ne préjuge en rien la question de savoir si le propriétaire, lors de la reconstruction, sera tenu d'abandonner à la voie publique une quantité de terrain plus ou moins considérable. Cette seconde mesure est prise dans un autre ordre d'idées, et ne concerne que l'embellissement, l'assainissement, ou la commodité de la voie publique. Ainsi le propriétaire tenu, pour cause de vétusté, d'abattre une partie de ses constructions, ne pourra pas les réédifier, si le plan d'alignement s'y oppose, lors même que, par suite de la prohibition de réédifier la partie abattue, il se trouverait dans la nécessité d'abattre la totalité. (Arrêt de cassation, 30 décembre 1826, Dalloz, an 1827, p. 367.)

293. Dans le cas de démolition, pour cause de vétusté, si le propriétaire dont la maison est démolie est obligé de reculer, l'indemnité qui lui est due ne doit être évaluée que d'après la valeur du terrain par lui délaissé. On ne doit point joindre à cette valeur celle de la dépréciation que le reste de la propriété éprouve par suite du reculement. (Arrêt de cassation, 7 juillet 1829, Dalloz, an 1829, p. 291.) Cet arrêt s'appuie sur les art. 50 et 52 de la loi du 16 septembre 1807 qui, dit-il, sont seuls applicables aux alignements dans les villes et aux démolitions pour cause de vétusté.

294. L'administration, lorsqu'elle ordonne la démolition d'un bâtiment pour cause de vétusté, ne peut être arrêtée dans la mesure que réclame la sûreté publique par le préjudice que doivent en éprouver les constructions voisines. Il arrivera souvent, en effet, que le mur adhérent au bâtiment détruit sera dégradé d'une manière notable ou même attaqué dans sa solidité. Les voisins cependant

quelque dommage qu'ils aient à souffrir de la démolition, n'ont pas droit de s'opposer à l'action de la police; mais, suivant les circonstances, ils pourront avoir une action en indemnité à exercer contre le propriétaire de la maison démolie pour cause de vétusté, en vertu des articles 1382, 1383 ou 1386 du Code civil. Ce dernier article est ainsi conçu

Le propriétaire d'un bâtiment est responsable du dommage causé par *sa ruiné*, lorsqu'elle est arrivée par une suite du défaut d'entretien ou par le vice de sa construction.

Il faut remarquer que cette disposition ne serait applicable que dans le cas où l'imminence du danger que présenterait la maison serait telle qu'il n'aurait été possible de prendre aucune précaution pour préserver les maisons voisines, et que sa démolition précipitée pourrait être considérée comme *une ruine*.

Mais hors ce cas, le propriétaire pouvant faire de ses bâtiments ce que bon lui semble, les voisins n'auraient aucun reproche à lui adresser de les avoir démolis, lors même que leurs constructions devraient en souffrir. Ils n'ont pas dû compter sur les bâtiments du voisin pour soutenir ces constructions. C'est à eux d'ailleurs à prendre les mesures convenables pour que la démolition ne leur cause que le moins de préjudice possible. De son côté, le propriétaire de la maison qui doit être démolie est tenu de se prêter à tout ce que les circonstances exigent pour faciliter les travaux que les voisins seront obligés de faire, et lui-même doit diriger ses propres travaux de manière à éviter de nuire aux propriétés voisines : car si la démolition causait un dommage qu'il eût été possible de prévenir avec des soins ordinaires, le propriétaire alors serait responsable non pas de la démolition, mais de sa négligence.

Art. 1382 et 1383 du Code civil. Les obligations du propriétaire sont plus étroites, lorsque la maison qui doit être démolie est adossée à un mur mitoyen. En raison de la communauté d'intérêts qui existe entre les deux copropriétaires, le voisin doit être averti de la démolition, par acte d'huissier, afin qu'il prenne les précautions nécessaires pour soutenir sa maison, et l'on ne pourrait procéder à la démolition avant que la maison de ses voisins ne fût solidement étayée; ce qui pourrait être fait à ses frais par ordonnance de justice, s'il ne s'était pas mis en mesure de le faire dans le délai assigné. (Desgodet, p. 277.)

295. Puisque le propriétaire n'est point responsable de la démolition, il l'est moins encore du reculement auquel il serait obligé de se soumettre par suite de l'alignement.

Cependant ce reculement peut causer le plus grand tort aux constructions voisines. En effet, un mur qui était destiné à être renfermé entre deux bâtiments devient un mur de face par suite du reculement de la maison qui le masquait; il ne peut dès lors être réparé ou reconstruit. Cependant la démolition et le reculement de la maison voisine ont pu compromettre sa solidité. Malgré cette considération, l'administration n'en est pas moins tenue de faire exécuter les règlements, et d'interdire toute réparation ou reconstruction à la partie de ce mur joignant nouvellement la voie publique, et s'il menace ruine, elle doit en ordonner la démolition. Telle est la rigueur des principes. Dans l'usage, on y apporte cet adoucissement, que, si les dégâts commis n'influent pas essentiellement sur la solidité, on juge raisonnable de permettre la reprise, *sans confortation*, des parties dégradées. Mais si la solidité est compromise, toute réparation est interdite. L'alignement profite ainsi d'une circonstance accidentelle, et la démolition d'une maison peut entraîner celle de plusieurs autres.

296. Lorsque le mur devenu mur de face était mitoyen avec la maison démolie, on a pensé avec raison qu'il y avait lieu à une plus grande tolérance. Ce mur, en effet, n'était point fait pour exister isolément de la maison voisine. Lorsqu'on l'en sépare, on doit permettre au propriétaire de le mettre en état de remplir le nouvel usage auquel il est destiné. Telle est la jurisprudence ministérielle attestée par M. Davennes, dans son ouvrage sur la voirie, p. 88. Il s'exprime ainsi à ce sujet :

« Cette jurisprudence est appuyée par diverses ordonnances royales rendues sur le rapport du comité du contentieux, entre autres celles qui sont intervenues le 24 juin 1816, sur la réclamation du sieur Delime, propriétaire rue Saint-Denis, et le 13 mars 1823, sur le pourvoi du sieur Larive, rue St.-Nicolas, Chaussée-d'Antin, à Paris. Il résulte de la première de ces ordonnances, et le ministère a adopté comme règle, qu'il y a lieu de permettre, en pareil cas, la reconstruction du mur mitoyen ; savoir, dans la hauteur du rez-de-chaussée, en briques à plat ravalées des deux côtés, et dans le surplus de la hauteur des bâtiments, au moyen d'un simple cloisonnage en plâtre de huit centimètres d'épaisseur ou tout autre moyen équivalent. Mais soit que l'on autorise la reconstruction entière du mur suivant ce mode, soit qu'on en permette seulement la reprise en moellons et plâtre dans les parties dégradées, l'autorité municipale doit défendre l'introduction d'aucun moyen de liaison de ce mur avec la façade, afin d'éviter de conforter celle-ci. »

Surveillance des bâtiments en construction ou en réparation.

297. En vertu de l'art. 3 de la loi du 16-24 août 1790, qui confère à l'autorité municipale la fonction de veiller à tout ce qui intéresse la sûreté et la commodité du passage dans les rues, quais, places et voies publiques, les maires doivent surveiller, sous le rapport de la solidité, les travaux qui s'exécutent aux faces des bâtiments sur rue, et prendre toutes les précautions qu'ils jugent convenables à l'effet de prévenir les accidents.

De ce droit dérive nécessairement celui d'exercer la même surveillance, sous les mêmes rapports, relativement aux réparations et constructions qui se font dans l'intérieur des bâtiments.

Cette surveillance est exercée par les maires seuls sur les rues qui dépendent de la petite voirie, et par les maires, en concurrence avec les préfets sur les rues qui dépendent de la grande voirie.

Pans de bois, couvertures en paille.

298. L'édit du mois de décembre 1607, que nous rapportons à la fin du volume, défendait d'une manière générale de faire *aucuns pans de bois* dans les constructions à élever ou à réparer. «Mais, dit Perrot (*Dictionnaire de voirie*), on a reconnu que cette construction pouvait être assez solide en y employant suffisamment de fer pour retenir et joindre les pièces de charpente : en conséquence l'usage en a été autorisé *dans les circonstances où le grand-voyer trouverait convenable d'en accorder la permission.*» Voici comment s'explique la déclaration du roi du 16 juin 1693, enregistrée au parlement :

Faisons défense à tous particuliers, maçons et ouvriers, de faire démolir, construire ou réédifier aucun édifice, *élever aucun pan de bois*, balcons, etc., sans avoir pris les alignements et permissions nécessaires.

Ainsi il est établi aujourd'hui que l'on peut pratiquer des pans de bois, mais seulement lorsqu'on en a obtenu préalablement la permission.

Par des règlements de police fondés sur l'art. 3, § 5, du titre II de la loi du 24 août 1790, qui place au rang des objets confiés à la vigilance et à l'autorité des corps municipaux le soin de prévenir par les précautions convenables les accidents et fléaux calamiteux, tels que les incendies, les maires peuvent défendre d'une manière expresse aux habitants d'une commune de faire bâtir et réparer des maisons en bois ou en colombage, aucun hangar, galerie ou appentis quelconque, s'ils contiennent du bois.

Ces règlements sont obligatoires; leur infraction doit être punie de peines de police, et les contrevenants condamnés à la démolition des travaux faits en contravention. (Arrêts de la cour de cassation des 29 décembre 1820 et 15 février 1830.)

Il est utile de rappeler que cette défense ne doit pas être prise indistinctement dans toutes les communes.

« Il y a certaines villes de province où la rareté et le prix élevé de la pierre ne permettent pas généralement de bâtir autrement qu'en bois. Plusieurs décisions ministérielles ont refusé en conséquence d'approuver des projets de règlement de police tendant à prohiber ce genre de construction, à moins qu'il n'ait été expressément interdit par quelque acte de l'ancienne législation spécial aux localités. » (Supplément au *Recueil des lois et règlements sur la voirie*, par M. Davenne.)

299. L'article 3, §, 5 de la loi du 16-24 août 1790,

autorise également les maires, dans le but d'éviter les incendies, de prendre des règlements portant défense de faire des couvertures en paille ou roseaux,

Tous les travaux faits en violation de ces règlements doivent être abattus. Le tribunal de police est compétent pour en ordonner la démolition. (Arrêts de cassation des 23 avril 1819, 29 décembre 1820 et 12 avril 1822.)

Les démolitions ordonnées doivent être effectuées à la requête de l'autorité municipale, parce qu'elles ne sont prononcées qu'à titre de réparations civiles par le juge de police, qui se borne à donner aux règlements une sanction exécutoire.

Pavage.

300. Le pavage, est un objet de voirie, plutôt que de police. Le titre du chapitre dans lequel nous l'avons placé ne lui convient donc pas. Nous l'y conservons cependant, pour ne pas le séparer d'autres objets qui, comme lui, concourent à la viabilité des rues.

Le pavage faisant partie de la voirie n'est rangé dans la classe des objets confiés à l'autorité municipale que pour les rues dépendant de la petite voirie. Pour les rues qui forment la prolongation des grandes routes, le pavage concerne exclusivement l'administration.

301. Le pavage des rues de petite voirie, ce qui comprend le premier établissement du pavé et son entretien, est mis à la charge des communes par la loi du 11 frimaire an 7 dont l'art. 4 dispose ainsi :

Les dépenses communales, quant aux communes faisant partie d'un canton, sont celles :

1° De l'entretien du pavé pour les parties qui ne sont pas grandes routes ;

2° De la voirie et des chemins vicinaux dans l'étendue de la commune;

3° Des frais de réverbères, lanternes, de ceux relatifs aux incendies, de ceux de l'enlèvement des boues, et autres objets de sûreté, propreté et salubrité.

302. On pouvait penser, d'après les dispositions de cet article, qui mettait à la charge des communes généralement tous les frais de petite voirie, et par conséquent les frais d'établissement et d'entretien du pavé des rues, que les doutes qui s'étaient élevés sous l'ancienne jurisprudence ne se représenteraient plus. Il régnait alors beaucoup d'incertitude sur la question de savoir qui devait supporter les frais du pavage. Il existe un grand nombre d'édits et d'arrêts de parlement qui mettent à la charge du roi, des seigneurs hauts justiciers, des seigneurs censiers, ou des propriétaires riverains, le premier établissement ou l'entretien du pavé.

Cependant, postérieurement à la loi de l'an 7, on mit en question si les communes, dans tous les cas, étaient chargées des frais du pavage, ou si ces frais, dans certaines circonstances, ne pouvaient pas être imposés aux propriétaires riverains.

La question fut soumise au conseil d'Etat, qui l'a résolue par un avis du 3 mars 1807, approuvé par l'empereur le 25 du même mois. Cet avis est ainsi conçu :

Le conseil d'État, sur le renvoi qui lui a été fait par Sa Majesté l'empereur et roi, du rapport de son ministre de l'intérieur, en date du 21 janvier dernier, par lequel le ministre demande qu'il soit statué sur la question de savoir si, dans toutes les communes, le pavé des rues *non grandes routes* doit être mis à la charge des propriétaires des maisons qui les bordent, lorsque l'usage l'a ainsi établi, et si l'art. 4 de la loi du 11 frimaire an 7 n'y apporte pas d'obstacle, estime que la loi du 11 frimaire an 7, en distinguant la partie du pavé des villes à la charge de l'État, de celle à la charge des villes, n'a point entendu régler de quelle manière cette dépense serait acquittée dans chaque ville, et qu'on doit continuer de suivre à ce sujet l'usage établi pour chaque localité, jusqu'à ce qu'il ait été statué, par un règlement général, sur cette partie de la police publique ; en conséquence, que, dans les villes où les revenus ordinaires ne suffisent pas à l'établissement, restauration ou entretien du pavé, les préfets peuvent en autoriser la dépense à la charge des propriétaire, ainsi qu'il s'est pratiqué avant la loi du 11 frimaire an 7. —

Nous croyons utile de donner aussi un extrait du rapport du ministre de l'intérieur, qui renferme quelques considérations que l'avis du conseil d'État n'a point reproduites.

La loi du 11 frimaire an 7 (dit le ministre) détermine positivement quelle portion du pavé des villes est à la charge de l'État, et quelle autre est à la charge des villes mêmes ; mais elle ne va point au-delà. On ne doit rien induire de plus de ses dispositions, et surtout on n'en peut pas conclure que le législateur ait eu l'intention de renvoyer exclusivement la dépense du pavé sur la caisse municipale. Une telle disposition eût été contraire aux règles de justice ; car presque partout les propriétaires des maisons sont, comme on l'a dit, chargés de cette dépense dans une proportion plus ou moins forte ; ils ont dû par conséquent réduire du montant de cette servitude le prix de leurs acquisitions. Or, si l'on faisait aujourd'hui de cette même servitude une charge commune à tous les habitants d'une ville, ce serait faire un présent aux propriétaires des maisons avec la bourse de ceux qui ne le sont pas. Ensuite cette disposition eût rencontré de grands obstacles dans son exécution. En effet, les caisses municipales, essentiellement dans les villes principales, ne suffiraient pas à cette dépense.

On n'a donc pas eu l'intention d'intervertir, et l'on n'a pas interverti, par la loi de frimaire an 7, l'ancienne jurisprudence. Elle consistait à suivre les usages admis dans chaque localité : ici c'est la ville qui fournit les matériaux, les propriétaires la main-d'œuvre ; ailleurs la distribution est toute différente. Les nombreux règlements d'administration publique ne présentent rien d'uniforme en ce point ; ils s'accommodent aux besoins et aux ressources de chaque localité.

Un arrêt du conseil d'état du 21 décembre 1833 , après avoir visé l'avis du 25 mars 1807, a consacré le principe de la répartition des frais de pavage entre les propriétaires riverains, suivant l'usage des lieux et à raison de l'insuffisance des ressources de la commune. Il a en outre décidé que c'était à l'autorité administrative qu'il appartenait de reconnaître et de déclarer l'usage.

Un second arrêt du conseil d'Etat, du 3 janvier 1834, a confirmé la même doctrine en reconnaissant au propriétaire imposé pour frais de pavage le droit de faire procéder, par voie administrative, à la vérification contradictoire de la part contributive qu'il devait supporter.

303. Les rôles de répartition et toutes les dépenses relatives au pavage doivent être autorisés par le préfet. En vertu de l'art. 15 de la loi du 28 frimaire an 8, qui charge les conseils municipaux de régler la répartition des travaux et contributions des routes, l'autorisation des préfets ne doit intervenir que lorsque ces conseils ont délibéré et donné leur avis.

Il résulte cependant d'un arrêt du conseil d'Etat à la date du 17 mai 1813 que l'autorisation est valable quoiqu'elle n'ait été donnée que sur l'avis du maire. Le conseil d'Etat, en cette circonstance, a consacré une grave irrégularité et méconnu les droits du conseil municipal. L'absence de son avis entachait certainement de nullité l'autorisation du préfet.

Eclairage.

304. L'éclairage des rues est un objet de police et de sûreté publique, confié exclusivement aux soins de l'autorité municipale. Les frais de premier établissement et d'entretien sont donc à la charge des communes. Le n° 9 de l'art. 4 de la loi du 11 frimaire an 7 en contient la disposition expresse. Voir le n° 30).

305. Les propriétaires des maisons auxquelles doivent être attachés les réverbères sont obligés de souffrir les travaux nécessaires pour leur établissement. Ils ne doivent non plus porter aucune atteinte à la conservation de ces travaux. Ils seraient responsables des dégradations qui proviendraient de leur fait et devraient les réparer à leurs frais. C'est là une servitude municipale imposée aux propriétés riveraines de la voie publique, en compensation des avantages qu'elles en retirent.

306. Les villes passent ordinairement un marché avec un entrepreneur qui se charge, moyennant les conditions qui lui sont imposées et un prix arrêté, de l'éclairage des rues de la ville. Ce marché, duquel il résulte une dépense pour la commune, doit être passé avec concurrence et publicité, après approbation du conseil municipal. Voici un exemple de quelques unes des clauses qu'il sera utile d'y insérer.

« 1° Toutes les lanternes devront êtr complétement allumées aux époques et aux heures fixées par les tableaux arrêtés par le maire; faute de quoi, il sera fait à l'adjudicataire une retenue d'un franc par chaque réverbère qui ne se trouverait pas allumé auxdites époques et heures. Cette retenue s'exercera sur le vu des procès-verbaux des commissaires ou agents de police, constatant les contraventions au

présent article. S'il arrive aussi des extinctions pré-
maturées, constatées par lesdits commissaires ou
agents de police, il sera fait de même une retenue
d'un franc par chaque extinction, quelle que soit
l'heure à laquelle ces extinctions auraient lieu.

» 2° L'entrepreneur sera garant de ses allumeurs ou
préposés, pour les peines pécuniaires qu'ils auront
encourues, sauf celles résultant des délits ou contraventions dont lesdits préposés se rendraient coupables, et pour lesquels ils seront personnellement
poursuivis, le cas échéant ;

» 3° Dans le cas où l'entrepreneur ne remplirait pas
exactement les clauses de son adjudication, comme
le service public ne doit pas en souffrir, il sera pourvu de suite par le maire à l'illumination de la ville,
aux frais de l'adjudicataire. »

Voir, pour la responsabilité des entrepreneurs de
l'éclairage, en cas de contravention, ce que nous
avons dit relativement à la responsabilité des entrepreneurs du nettoiement des rues, n°ˢ 311 et 312.

Il est une remarque à faire sur tous les marchés
passés entre une commune et des entrepreneurs
d'un service public : c'est que les contestations qui
peuvent s'élever entre ces entrepreneurs et la commune sont de la compétence des tribunaux civils,
nonobstant toute clause contraire. Ainsi, les contestations dont il s'agit ne peuvent être portées devant
le conseil de préfecture, lors même que les marchés
en contiendraient la stipulation expresse. Arrêt du
conseil d'État du 10 juin 1829. Dalloz, an 1829,
p. 22, 3ᵉ partie.

Balayage. Enlèvement des immondices.

307. L'art. 3 du titre 11 de la loi du 16-24 août
1790 confie aux soins et à la vigilance de l'autorité

municipale les mesures à prendre pour la propreté des rues et la salubrité publique.

Le n° 9 de l'art. 4 de la loi du 11 frimaire an 7 place au nombre des dépenses communales les frais de l'enlèvement des boues. Voir le n° 301.

De la combinaison de ces deux articles il résulte que c'est au maire qu'il appartient de pourvoir au balayage des rues (sans distinction de grande ou de petite voirie), ainsi qu'à l'enlèvement des boues et immondices qui nuisent à la propreté, à la salubrité, et à la facilité de la circulation; que les frais faits pour ces divers objets doivent être à la charge de la commune.

308. De ce que l'art. 4 de la loi de frimaire an 7 n'indiquait pas le balayage, mais seulement l'enlèvement des boues, au nombre des dépenses communales, on a conclu avec raison que les maires pouvaient prendre des arrêtés pour en imposer la charge aux propriétaires riverains, qui sont ceux qui ont le plus grand intérêt à la propreté de la rue. En effet, il est d'usage dans toutes les villes d'ordonner que ces propriétaires balaieront ou feront balayer la moitié de la largeur du pavé dans toute l'étendue de leur propriété sur la rue. L'arrêté du maire qui impose cette obligation détermine également les jours et les heures où elle devra être remplie. Dans le n° 337, art. 471, n° 3, notes *a*, *b* et *c*, nous citons plusieurs exemples d'arrêtés pris sur cet objet.

309. Les droits de l'autorité municipale à l'effet de pourvoir à la propreté de la voie publique vont jusqu'au point de pouvoir par un arrêté enjoindre aux propriétaires des maisons bordant les rues, ruelles et remparts d'une ville, de faire arracher l'herbe qui croît devant leurs maisons.

Les propriétaires qui sont l'objet de cet arrêté peuvent porter leurs réclamations devant le pouvoir municipal dont il émane, ou devant l'autorité administrative supérieure; mais tant qu'il subsiste, les tribunaux sont obligés d'en faire l'application, et les contrevenants ne pourraient être excusés sous prétexte qu'ils ne l'ont pas connu, ou qu'ils n'habitaient pas leur maison, ou bien que le lieu où l'herbe croît est une propriété publique. Arrêt de cassation du 17 décembre 1824. Dalloz, an 1825, p. 116.

310. Si le balayage et le nettoiement des voies publiques peuvent être imposés aux propriétaires, il n'en est pas de même de l'enlèvement des boues et immondices, qui est une charge communale, et doit avoir lieu aux frais de la commune. Ainsi, on ne peut en charger les propriétaires riverains, mais on peut leur défendre de déposer sur la voie publiques aucuns immondices, ordures, fumiers ou autres choses semblables, et leur enjoindre en même temps de les transporter dans un lieu déterminé, ou au moins à une certaine distance des habitations. L'arrêté d'un maire qui contient ces prescriptions est pris dans la sphère des attributions de l'autorité municipale, et par conséquent obligatoire. (Arrêt de cassation du 6 octobre 1833.)De sorte que les boues et immondices dont l'enlèvement doit être opéré aux frais de la commune ne sont que ceux qui se forment naturellement dans les voies publiques, par l'effet de l'intempérie des saisons, et de la circulation des hommes et des animaux.

311. Dans un grand nombre de localités, il est passé un marché avec un entrepreneur qui se charge, moyennant les conditions imposées, de l'enlèvement des boues et immondices.

Ce marché, duquel il résulte quelquefois une dépense pour la commune et le plus souvent un bénéfice, ne doit avoir lieu qu'avec l'approbation du conseil municipal et par adjudication publique.

Les adjudicataires sont tenus d'exécuter les clauses du marché, sous peine de résiliation et de dommages-intérêts. Il est utile de fixer la quotité des dommages-intérêts qui sera encourue pour chaque infraction à l'une des conditions du marché, et de stipuler que ces dommages-intérêts seront dus sans qu'il soit besoin de jugement, pour le seul fait des contraventions, et sur le vu des procès-verbaux dressés par les maires, les adjoints, les commissaires ou les agents de police.

312. La cour de cassation a jugé, le 12 novembre 1813 (Merlin, Rép., v° *Voirie*, n° 9), que l'entrepreneur du nettoiement des rues et de l'enlèvement des boues avait été subrogé par l'acte d'adjudication à l'obligation des habitants, et que, par suite, il était soumis aux peines de police qu'ils auraient eux-mêmes encourues par leurs contraventions au règlement qui prescrit le nettoiement des rues et l'enlèvement des boues.

Un second arrêt de la même cour, du 31 juillet 1830 (Dalloz, an 1830, p. 326), a confirmé la même doctrine par le motif suivant :

Attendu que lorsque l'adjudicataire d'un service public s'est *expressément soumis* en cas d'inexécution de l'une des clauses de son bail, aux peines de police prononcées par les lois, l'acte d'adjudication passé entre lui et le délégué de l'administration municipale, ne saurait être considéré comme un contrat ordinaire dont la violation se résout en condamnations civiles.

Un précédent arrêt de la cour de cassation, du 26 juillet 1827 (Dalloz, an 1827, p. 324), avait développé le même système, et n'avait déclaré l'entrepreneur à l'abri des peines de police que parce que dans l'acte d'adjudication il ne s'était pas soumis, en cas d'inexécution, aux peines portées par les lois; qu'il résultait au contraire de l'ensemble des articles

de l'acte, que toutes les stipulations étaient relati
ves à des intérêts purement civils, et que leurs infractions ne pouvaient se résoudre qu'en condamnations pécuniaires.

Nous ne pouvons adopter cette jurisprudence. Il
est contre tous les principes, en effet, que des infractions à une convention purement civile puissent
donner lieu à l'application des lois pénales. Mais,
dit-on, si l'adjudicataire s'est soumis expressément
à ce que ces lois lui soient appliquées, il s'est alors
subrogé à l'obligation des habitants. Nous répon-
dons que les lois pénales sont obligatoires par elles-
mêmes; qu'une convention particulière ne peut
ajouter à leur force ou à leur étendue, comme elle
ne peut rien en retrancher; qu'on ne peut pas se
soumettre par stipulation à une peine de police à laquelle on ne serait pas soumis en l'absence de cette
stipulation; qu'une pareille convention est radicale-
ment nulle. Nous pouvons ajouter encore que les
tribunaux de police ne tiennent leur pouvoir que
de la loi, et non de la volonté des parties, et que les
parties n'ont pas le droit de créer des peines qui les
placent sous la juridiction des tribunaux de police,
lorsque régulièrement, et s'ils n'avaient pas fait une
exception aux lois ordinaires par une stipulation expresse, ils ne devraient être placés que sous la juridiction des tribunaux civils.

Le second moyen invoqué par la cour de cassation
n'est pas mieux fondé. Il consiste à dire que les adjudicataires ont pris la place des habitants, et qu'ils
sont tenus des peines que les habitants auraient encourues pour infraction aux règlements sur le balayage, l'enlèvement des immondices ou l'éclairage.
Quant à l'éclairage et à l'enlèvement des immondices
les habitants ne sont soumis à aucune obligation : car
ces deux objets sont mis par la loi de l'an 7, non pas

à la charge des habitants, mais à la charge de la commune. Par conséquent, relativement à ces deux objets, les adjudicataires ne prennent pas la place des habitants, mais bien la place de la commune. Lors même qu'ils auraient pris la place des habitants, ils ne pourraient être passibles des mêmes peines de police; car on ne peut déléguer à un tiers une obligation pénale comme on délègue une obligation civile. Les obligations pénales sont personnelles, et par suite intransmissibles. On peut bien s'engager par contrat à faire une chose à la place de tel autre individu, à supporter à sa place des dommages-intérêts; mais on ne peut se soumettre à encourir pour un autre une peine qu'on n'a pas encourue personnellement.

Nous pensons donc que les infractions aux clauses des traités passés entre les communes et les adjudicataires de l'enlèvement des boues ne donnent lieu qu'à des dommages-intérêts. Les précautions que nous avons indiquées plus haut suffisent d'ailleurs, il nous semble, pour assurer l'exécution de ces traités.

Dégradations.

313. Les maires ont le droit de prendre des arrêtés pour prévenir toutes dégradations ou détériorations de la voie publique. Ainsi ils peuvent défendre de construire des ponts contre la voie publique, si la construction de ces ponts doit entraîner une dégradation quelconque, en rendant plus difficile, par exemple, l'écoulement des eaux. Arrêt de cassation des 1er février et 6 juillet 1833, Dalloz, an 1833, p. 177 et 325.

Fosses d'aisance.

314. Un règlement municipal peut interdire à tous

autres qu'à un individu désigné d'ouvrir et de vider des fosses d'aisance. Ce règlement est pris dans les attributions conférées aux municipalités en matière de sûreté et de salubrité publiques. Il ne peut être déclaré illégal comme portant atteinte à la liberté d'industrie. Arrêts de cassation des 27 décembre 1832 et 19 juillet 1833, Dalloz, an 1833, p. 253 et 342.

Marchés, comestibles.

315. Il est dans les attributions de l'autorité municipale d'assigner les lieux qui doivent servir de marché aux différentes denrées ou aux divers objets de consommation.

Les communes étant autorisées par la loi du 11 frimaire an 7 à percevoir un droit de location sur les places assignées aux marchands et débitants de diverses denrées dans les halles et marchés publics, les maires ont le droit de mettre un prix à la permission d'exposer en vente et de vendre dans les lieux par eux désignés. (Arrêt de cassation du 22 juin 1830, Dalloz, an 1830, p. 285.) Mais il faut observer que les contraventions au règlement municipal en ce qui concerne le paiement des droits de plaçage des marchandises ou de la location des places pour le débit ne donnent pas lieu à une action devant le tribunal de police, et ne constituent qu'une discussion purement civile, de la compétence des tribunaux ordinaires. Arrêt de cassation du 1er décembre 1832, Dalloz, an 1833, p. 244.

Le règlement de l'autorité municipale qui ne permet à certains débitants de ne vendre leurs denrées que dans un lieu déterminé, et leur défend de les colporter, est obligatoire. Arrêt de cassation du 11 juin 1830, Dalloz, an 1830, p. 314.

Il en est de même de l'arrêté municipal qui défendrait que certaines denrées soient portées ou déposées dans des lieux autres que ceux fixés pour leur débit. Arrêt de cassation du 8 décembre 1827, Dalloz, an 1828 p. 52.

Est obligatoire également l'arrêté qui défend aux revendeurs non pas seulement d'acheter, mais même de s'introduire dans les marchés avant une certaine heure. Arrêt de cassation du 11 mai 1832, Dalloz, an 1832, p. 313.

Service des ports.

316. Il appartient aux maires, dans l'ordre des pouvoirs qui leur sont confiés par la loi du 16-24 août 1790, pour le maintien du bon ordre sur la voie publique et dans les lieux publics où il se fait de grands rassemblements d'hommes, de publier des règlements de police concernant le service des ports. Mais ces règlements ne peuvent être étendus aux propriétés particulières voisines des ports pour lesquels ils ont été faits. Arrêt de cassation du 24 février 1827, Dalloz, an 1827, p. 388.

Voirie des rues.

317. Chacune des rues d'une ville, bourg ou village, doit porter un nom particulier. Il est essentiel de désigner, autant qu'il est possible, par un même nom, toutes les parties de rues qui suivent une même direction et sont la prolongation les unes des autres.

Le droit de donner un nom aux rues nouvelles est considéré comme un droit régalien, qui appartient au gouvernement. Lors donc qu'il s'agit de choisir le nom qu'une nouvelle rue portera, le maire doit faire connaître au préfet la dénomination qu'il juge convenable d'adopter. Le préfet transmet, avec son avis, au ministre du commerce et des travaux publics, la proposition du maire, et le ministre prononce.

Il y a lieu de suivre le même mode de procéder sur la demande à fin de changement de dénomination des rues anciennes.

Nous pensons, toutefois, que, dans le plus grand nombre des circonstances, le préfet peut prendre sur lui d'autoriser, en sa qualité de délégué du gouvernement, l'établissement des noms nouveaux ou le changement des noms anciens des rues sauf ensuite à rendre compte au ministre.

L'établissement et l'entretie des écriteaux portant le nom des rues sont à a charge des communes, conformément aux n°s 2 et 9 de l'art. 4 de la loi du 11 frimaire an 7. Voir le n° 301.

Cependant si ces écriteaux étaient détruits ou dégradés par le fait des propriétaires des maisons sur lesquelles ils sont placés, ceux-ci devraient les rétablir ou les réparer à leurs frais. L'obligation de souffrir le placement des écriteaux dont il s'agit et de ne porter aucune atteinte à leur conservation est une servitude municipale que doivent supporter les maisons désignées par l'autorité pour les recevoir.

Numerotage des maisons.

318. *Ordonnance royale du 23 avril 1823*

Sur le rapport de notre ministre secrétaire d'état au département de l'intérieur, relatif à des questions élevées par diverses administrations locales sur les moyens de pourvoir aux frais de numérotage des maisons dans les villes et les communes du royaume où cette opération est jugée nécessaire ;

Vu le décret du 15 pluviose an 13 (4 février 1805) sur le numérotage des maisons de Paris, et les observations du préfet de la Seine sur son mode d'exécution ;

Considérant que le numérotage des maisons dans les villes et les communes du royaume est à la fois un moyen d'ordre et de police et un avantage personnel pour tous les habitans ;

Que, s'il est juste que le premier établissement des numéros soit payé sur les fonds communaux, ainsi que le renouvellement, lorsqu'il y a lieu d'en changer la série, il n'est pas moins convenable que l'entretien et la restauration des numéros demeurent à la charge des propriétaires, soit à raison de l'avantage qu'ils en tirent par la facilité des relations ; soit parce que la dégradation des numéros n'est qu'une suite de la dégradation de la propriété ou des changemens qu'elle subit par le fait du propriétaire ;

Notre conseil d'Etat entendu,

Nous avons ordonné et ordonnons ce qui suit :

Art. 1. Les dispositions des art. 9 et 11 du décret du 4 février 1805, relatif au numérotage de la ville de Paris, sont déclarées applicables à toutes les villes et communes du royaume où la même opération sera jugée nécessaire.

Décret du 4 février 1805 (15 pluviôse an 13).

Art. 2. Le numérotage sera établi par une suite de numéros pour la même rue, lors même qu'elle dépendrait de plusieurs arrondissemens municipaux, et par un seul numéro, qui sera placé sur la porte principale de chaque habitation. Ce numéro pourra être répété sur les autres portes de la maison, lorsqu'elles s'ouvriront sur la même rue que la porte principale. Dans le cas où elles s'ouvriraient sur une rue différente, elles prendront le numéro de la série appartenant à cette rue.

Art. 3. Les rues dites des *faubourgs*, quoique formant continuation à une rue du même nom, prendront une nouvelle suite de numéros.

Art. 4. La série des numéros sera formée des nombres pairs pour le côté droit de la rue, et des nombres impairs pour le côté gauche.

Art 9. Le numérotage sera exécuté à l'huile, et, pour la première fois, par la commune de Paris.

Art. 11. L'entretien du numérotage est à la charge des propriétaires. Ils pourront en conséquence les faire exécuter à leurs frais d'une manière plus durable, soit en tôle vernissée, soit en faïence ou terre à poêle émaillée, en se conformant cependant aux autres dispositions du présent décret sur la couleur des numéros et la hauteur à laquelle ils doivent être placés.

CHAPITRE VI.

CONSTATATION DES CONTRAVENTIONS. — POURSUITES ET MESURES PROVISOIRES.

319. Après avoir établi quelles étaient les autorités qui avaient le droit de faire des règlements pour assurer l'exécution des lois en matière de voirie, et avant de déterminer celles devant lesquelles doivent être portées les questions contentieuses, auxquelles pouvait donner naissance l'application de ces lois et de ces règlements, nous devons indiquer le mode de constater et de poursuivre les contraventions commises, ainsi que les mesures provisoires qui peuvent être prises avant le jugement.

Constatation des contraventions.

320. Les contraventions à la voirie commises sur les rues qui servent de prolongement aux grandes routes sont constatées, comme contraventions de grande voirie, par les fonctionnaires et agents de l'administration désignés dans les n°ˢ 91 et suivants.

321. Les contraventions de police commises dans toutes les rues, qu'elles soient ou non la prolonga-

tion des grandes routes, et les contraventions aux lois et règlements sur la voirie commises dans les rues qui ne sont pas la prolongation des grandes routes, sont constatées par procès-verbaux et rapports dressés par les commissaires de police; dans les communes où il n'y en a pas, par les maires, et, au défaut de ceux-ci, par les adjoints des maires.

Les officiers de police judiciaire doivent en outre recevoir les rapports, dénonciations et plaintes, qui seraient relatifs aux contraventions dont il s'agit.

A défaut de rapports ou procès-verbaux, ou bien à leur appui, ces contraventions peuvent être prouvées par témoins. Art. 11, 154 et 189 du Code d'instruction criminelle.

Les rapports et procès-verbaux dressés ainsi qu'il vient d'être dit, font foi jusqu'à preuve contraire. Art. 154, 189 du Code d'instruction criminelle.

Le rapport par écrit d'un simple agent de police ne suffirait pas pour établir une contravention, même jusqu'à preuve contraire. Ce rapport ne sert que de renseignement, et ne fait pas foi en justice. Il est donc nécessaire de le corroborer par de nouvelles preuves, telles que des dépositions de témoins ou l'aveu des parties intéressées. Arrêts de cassation des 26 janvier et 7 août 1829 Dalloz, an 1829, p. 330 et 360.

Poursuite des contraventions.

322. Les rapports, procès-verbaux, plaintes ou dénonciations, dressés conformément à ce qui a été énoncé dans le paragraphe précédent, doivent être envoyés, sans délai, s'ils ont pour objet un fait de la compétence du tribunal de simple police, au commissaire de police de la commune, chef-lieu de la justice de paix, qui a été désigné par le procureur

général près la cour royale pour remplir les fonctions du ministère public, et dans les communes où il n'y a pas de commissaires de police, au maire, ou, à défaut de maire, à son adjoint, qui sont chargés d'exercer les fonctions du ministère public près le tribunal de simple police. Art. 21 et 144 du Code d'instruction criminelle.

Si les rapports, procès-verbaux, plaintes ou dénonciations, ont pour objet un fait de la compétence du tribunal correctionnel, ils seront renvoyés sans délai au procureur du roi. Art. 53 du Code d'instruction criminelle.

Le ministère public saisi par l'envoi qui lui a été fait doit immédiatement faire citer le contrevenant, ainsi que la personne civilement responsable (art. 1384 du Code civil), devant le tribunal près duquel il remplit ses fonctions. Art. 145, 147, 169 et 182 du Code d'instruction criminelle.

L'affaire étant portée à l'audience au jour indiqué, il expose les faits, et conclut contre le contrevenant, s'il y a lieu, à l'application des lois pénales, ainsi qu'aux réparations civiles, auxquelles réparations doit être condamné également et solidairement la personne civilement responsable Art. 153, 190 du Code d'instruction criminelle.

Le ministère public seul a le droit de requérir les condamnations à l'amende et à l'emprisonnement. Art. 1ᵉʳ du Code d'inst. crim.

323. Cependant, si la contravention a porté préjudice à quelque individu en empêchant ou entravant le service d'un droit acquis à sa propriété, tel qu'un droit de vue, d'issue, ou d'écoulement des eaux sur la voie publique, le propriétaire n'est pas obligé d'attendre que le ministère public agisse par action directe. Il peut, par une simple citation, déférer au tribunal compétent le fait dont il se plaint,

et réclamer des dommages-intérêts pour la réparation du tort qu'il a éprouvé, sauf au ministère public à requérir l'application de la peine.

Si le ministère public a poursuivi par action directe, la partie lésée peut intervenir et demander accessoirement des dommages-intérêts. Art. 1er, 3, 145 et 182 du Code d'inst. crim.

324. S'il ne s'agissait que d'un simple droit individuel, non afférent à une propriété, comme celui d'aller et de venir sur la voie publique, la personne troublée dans l'exercice de ce droit ne pourrait point agir par action directe; elle ne pourrait que dénoncer le trouble à l'autorité compétente, et se joindre ensuite à l'action exercée au nom de la commune, à l'effet de réclamer des dommages-intérêts.

Le droit de passer, d'aller et de venir sur la voie publique, appartient bien à chaque habitant individuellement; mais, à la différence des droits de servitude acquis à certaines propriétés, ce droit appartient aussi à tous les habitants, et même aux étrangers. Il n'a pas été établi pour un seul, mais pour tous. Il ne peut donc être abandonné à la poursuite d'un seul et compromis par sa mauvaise défense. Ce droit constitue un bien communal, placé sous la protection et la surveillance des mandataires de la commune, qui sont chargés d'exercer en justice les actions nécessaires pour le maintenir dans son intégralité.

Un arrêt du conseil d'Etat du 11 mai 1807 (Sirey, 1er vol., p. 88) établit la distinction que nous venons d'indiquer. « En cas d'anticipation sur la voie publique, dit cet arrêt, le droit de se plaindre appartient au maire, et non aux voisins, à moins que l'anticipation ne nuise à l'usage public de la rue, *et notamment à la desserte particulière des maisons voisines.* »

Mesures provisoires.

325. Nous avons indiqué dans les n°⁵ 98 et suivants, titre *de la grande voirie*, quels étaient les cas dans lesquels il était nécessaire, avant tout jugement rendu par les tribunaux compétents, et même quelquefois avant toute poursuite, de prendre des mesures provisoires à l'effet de réparer les contraventions qui nuisent à la liberté de la circulation ou compromettent sa sûreté.

En matière de petite voirie, les cas d'urgence qui justifient l'emploi des mesures provisoires sont les mêmes que ceux que nous avons signalés dans les numéros ci-dessus cités.

Ainsi les maires, conformément aux attributions générales que leur confie l'art. 3 du titre 11 de la loi du 16-24 août 1790, ont le droit de prendre des arrêtés pour faire cesser sur-le-champ le dommage causé à la voie publique, s'ils estiment que l'urgence, dont ils sont seuls les appréciateurs, ne permet pas d'attendre que la justice ait prononcé.

326. Le droit des maires en cette matière n'est point absolu. La loi de 1790 semble le borner elle-même à l'enlèvement des encombrements et à la démolition ou réparation des bâtiments menaçant ruine. On ne peut supposer d'ailleurs que le législateur ait entendu leur accorder plus de droits à cet égard qu'il n'en a accordé aux sous-préfets par l'article 113 du décret du 16 décembre 1811 (voir le n° 99) où nous voyons que ce magistrat ne peut ordonner, *sur-le-champ,* la réparation des délits par les délinquants, ou à leur charge, que lorsqu'il s'agit de *dégradations, dépôts de fumier ou autres substances.*

Tels sont les objets dans lesquels doit être circonscrit le droit de mesures provisoires.

Ainsi, comme on ne peut comprendre sous le nom de dégradations ou de dépôts, des constructions formant anticipation sur la voie publique, le droit de prendre des mesures provisoires accordé aux officiers municipaux ne va pas jusqu'à leur permettre d'ordonner sur-le-champ, et sans le concours de la justice, la démolition de ces constructions. Le maire peut bien ordonner par un arrêté qu'elles seront démolies; mais il s'arrête là, et s'il y a refus ou négligence de la part du propriétaire, il constate ou fait constater la contravention et saisit le tribunal de police. Ce tribunal, en prononçant la peine pour la contravention commise, est chargé d'assurer l'exécution de l'arrêté municipal, et doit ordonner en conséquence la suppression des constructions.

Ce n'est que lorsque la suppression est ainsi prononcée par justice que le maire, en exécution du jugement, peut la faire opérer aux frais du propriétaire, si celui-ci ne consent pas à l'opérer lui-même dans les délais qui lui ont été assignés. (Arrêt de cassation du 12 avril 1822, Dalloz, an 1822, p. 373. Henrion de Pensey, *Pouvoir municipal*, p. 245. Cormenin, *Droit administratif*, p. 620.)

C'est à tort que quelques personnes ont cru apercevoir dans une ordonnance royale en date du 30 juillet 1817, un principe contraire à celui consacré par la cour de cassation. Cette ordonnance dit à la vérité qu'il est du devoir de l'autorité d'ordonner que, faute par un particulier de retirer lui-même la construction formant anticipation, *il sera procédé d'office et à ses frais à leur démolition.*

Ces dernières expressions ne signifient pas que la démolition pourra être effectuée par l'autorité avant que la justice l'ait ordonnée. Elles indiquent seulement aux maires quels sont les devoirs qu'ils ont à remplir en cas d'anticipation sur la voie publique.

Ils doivent alors prendre des arrêtés à l'effet d'ordonner la destruction des ouvrages. Voilà tout ce que dit l'ordonnance; mais elle ne dit pas qu'en cas d'infraction aux arrêtés rendus, les maires seront juges de l'infraction. Elle reste à cet égard dans les termes du droit commun, qui veut que toutes les contraventions aux arrêtés municipaux soient soumises aux tribunaux, qui seuls sont compétents pour leur donner force exécutoire, en prononçant néanmoins des peines contre les particuliers qui n'ont pas exécuté volontairement les injonctions régulières qui leur étaient adressées. Voir Cormenin, *Droit administratif*, 2ᵉ vol., p. 620.

Voilà quels sont les principes qui n'admettent d'exception que dans les cas d'urgence extrême et de péril imminent. Dans les nᵒˢ 284 et suivants, relatifs aux démolitions pour cause de vétusté, nous trouvons des exemples de ce péril imminent qui autorise les mesures provisoires.

327. Les arrêtés des maires qui prescrivent des mesures provisoires peuvent être déférés aux préfets; mais ils sont exécutoires nonobstant le recours.

328. Ils n'interrompent pas l'action de la justice qui a pour objet, après l'exécution de la mesure provisoire, de statuer sur les amendes encourues et sur les frais de la réparation de la contravention ordonnée d'office par l'autorité municipale. (Arrêt du conseil d'Etat du 13 juillet 1828, Macarel, t. 10, p. 563.

329. Le droit de prendre des mesures provisoires conféré à l'autorité municipale peut être exercé par elle sur toutes les rues de la commune, sans distinction de grande ou de petite voirie, lorsqu'il s'agit de dépôts de fumiers ou d'autres substances, ou de démolition des édifices menaçant ruine. Ce qui concerne la propreté, la salubrité et la sûreté des rues

appartient à la police, dont le soin est confié aux maires dans toute l'étendue des communes qu'ils administrent. Voir le n° 278.

CHAPITRE VII.

'JURIDICTION CONTENTIEUSE.

330. La juridiction contentieuse, en matière de voirie, se divise en contentieux administratif et en contentieux judiciaire, suivant la nature des matières et l'objet de la contestation.

Le contentieux judiciaire est dévolu aux tribunaux de police, aux tribunaux correctionnels, aux juges de paix comme juges civils, aux tribunaux civils et au jury spécial chargé d'évaluer les indemnités dues en cas d'expropriation pour cause d'utilité publique.

Dans les n°ˢ 60 et suivants, au titre *De la grande voirie*, nous avons fait connaître quelles sont les autorités administratives auxquelles est attribué le contentieux administratif. Nous nous bornerons donc sur ce chapitre à énoncer les règles spécialement applicables à la voirie urbaine, renvoyant pour le surplus à ce qui a été dit précédemment.

Tribunaux de simple police.

Compétence des juges de paix comme juges de simple police.

331. La connaissance des contraventions de simple police est attribuée aux juges de paix. Art. 138 du Code d'instruction criminelle.

Sont considérés comme contraventions de simple police les faits qui ne peuvent donner lieu à une amende de plus de quinze francs et à un emprisonnement de plus de cinq jours, qu'il y ait ou non confiscation des choses saisies, et quelle qu'en soit la valeur. Art. 137 du Code d'instruction criminelle ; 465 et 466 du Code pénal.

332. Parmi ces contraventions, les unes ont été nommément et spécialement prévues par la loi qui applique à chacune d'elles des peines particulières.

Les contraventions ainsi prévues d'une manière spéciale n'ont pas besoin, pour être punissables, d'avoir été prohibées par des règlements particuliers de police. Elles le sont par la seule force de la loi. Arrêt de cassation du 18 mars 1810. Dalloz, *Jurisprudence générale*, v° *Voirie*, sect. 1re, art. 3.

333. D'un autre côté, des règlements particuliers ne peuvent point ajouter ou retrancher aux circonstances légales qui les constituent, et imposer des conditions autres que celles qui sont imposées par la loi dans ses prescriptions ou dans ses défenses. Voir le n° 377, art. 471, note g.

334. Il n'est point permis non plus au pouvoir administratif ou municipal de placer ses arrêtés sous la protection de peines non autorisées par la législation ; et, s'ils le faisaient, les tribunaux ne devraient avoir aucun égard aux peines prescrites parlesdits arrêtés, en tant qu'elles excéderaient celles que la loi a établies.

C'est ainsi qu'il a été jugé par la cour de cassation, le 17 janvier 1829 (Dalloz, an 1829, p. 113), que l'infraction à un règlement de petite voirie qui défendait de construire ou réparer sur la voie publique, sans avoir préalablement obtenu la permission, ne devait être punie que d'une amende de 1 à 5 francs, conformément à l'art. 471, n° 5, du Code pénal, quoique le règlement eût prononcé une amende de 11 à 15 francs.

Un autre arrêt de la même cour, du 12 novembre 1830 (Dalloz, an 1831, p. 18), a décidé qu'il y avait lieu de casser un jugement pour violation des art. 3 et 5, titre 11, de la loi du 24 août 1790; 46 de la loi du 22 juillet 1791; 600 et 605 du Code du 3 brumaire an 4, soit que ce jugement ait déclaré que des contrevenants à une ordonnance de police prise dans les attributions légitimes du pouvoir municipal n'étaient passibles d'aucune peine, soit qu'il ait prononcé des peines autres que celles de simple police.

335. La réduction des peines doit être opérée également par les tribunaux de police relativement aux anciens règlements, qui sont maintenus comme règlements de police par l'art. 484 du code pénal, quant à la défense qu'ils contiennent, mais qui sont virtuellement réduits, quant aux peines, à celles de simple police, ou portées par le Code pénal, ou, dans le silence dudit code en cette partie, fixées par les art. 600 et 606 du Code du 3 brumaire an 4. (Actuellement par l'art. 471, n° 15 du Code pénal.) (Arrêt cass. du 29 avril 1831, Dalloz, an 1831, p. 183.)

336. De même que les juges doivent réduire aux proportions des peines de simple police celles qui seraient prononcées par les anciens règlements ou par les arrêtés municipaux, si elles dépassent ces proportions, ils doivent aussi, si les arrêtés ou règlements ne prononçaient aucune peine, infliger aux contraventions qui y seraient commises les peines indiquées par la loi, parce que tout règlement de police qui a pour objet de rappeler une prohibition écrite dans la loi, ou d'ordonner l'exécution des dispositions qui y sont renfermées, se réfère de droit, quant à la sanction pénale, aux peines que le législateur a attachées à l'inobservance de ces

prohibitions ou dispositions. (Arrêt cass. du 21 nov. 1628. Dalloz, an 1829. p. 25.

Mais dans aucun cas, le tribunal de police, s'il s'agit ce la contravention à un règlement ou arrêté statuant sur un objet confié à la vigilance de l'autorité municipale, ne pourrait se déclarer incompétent en se fondant sur ce qu'aucune peine n'est prononcée ou que la peine fixée excède sa compétence.

337. Les dispositions suivantes du Code pénal déterminent les peines de simple police qui s'appliquent aux contraventions en matière de voirie et de police urbaines.

Première classe.

Art. 471. Seront punis d'amende depuis 1 f. jusqu'à 5 f. inclusivement :

. . . .

2°. Ceux qui auront violé la défense de tirer en certains lieux des pièces d'artifice.

a. Tirer des armes à feu malgré la défense qui en est faite par un arrêté municipal est une contravention punissable : car, l'arrêté ayant pour but de prévenir les incendies et d'assurer la tranquillité des habitants, est pris dans les attributions conférées à l'autorité des corps municipaux. Mais la peine à appliquer par le tribunal de police n'est point celle de l'art. 471, n° 2; c'est celle qui résulte des dispositions combinées de la loi des 16-24 août 1790, et des art. 600 et 607 du Code du 3 brumaire an 4. (Arrêt cass. 7 oct. 1826, Dalloz, an 1827, p. 362.) Depuis la révision du Code pénal, la peine encourue par cette contravention est celle fixée dans le n° 15 de l'art. 471.

3° Les aubergistes et autres qui, obligés à l'éclairage, l'auront négligé ; ceux qui auront négligé de nettoyer les rues ou passages, dans les communes où ce soin est laissé à la charge des habitants.

(Voir, en ce qui concerne l'obligation de balayer les rues, les n°s 307 et suivants, ainsi que les notes ci-après.)

a. Lorsque l'obligation de nettoyer les rues est mise à la charge des habitants, les propriétaires, ou, à leur défaut, les principaux locataires des maisons ou terrains longeant la voie publique, doivent remplir cette obligation. Ils ne pourraient être renvoyés de l'action intentée contre eux, sous prétexte qu'ils n'occupent pas la maison dont il s'agit. (Arrêts de cass. 6 avril et 10 août 1833, Dalloz, an 1833, p. 287 et 336.) **1**

b. Nulle cause d'excuse autre que celle admise par la loi ou les règlements ne peut faire exempter le contrevenant des peines de police. Par exemple, le contrevenant à un arrêté municipal qui prescrit le balayage des rues à certains jours déterminés ne peut être excusé sous prétexte que le jour précédent il n'avait pu enlever du bois qui était déposé devant sa maison. (Arrêt cass. 4 oct. 1827, Dalloz, an 1827, p. 508.)

Cependant l'omission du balayage, en contravention à un arrêté municipal, peut être excusée par la circonstance que la maison se trouve située sur une ruelle, dont le nettoyage avait jusque alors été fait aux frais de la ville. (Arrêt cass. 23 nov. 1833, Dalloz, an 1834, p. 60.)

c. S'il a été constaté plusieurs contraventions commises par plusieurs habitants à un arrêté qui prescrit de nettoyer les rues, il doit être prononcé autant d'amendes qu'il existe de contrevenants. (Arrêt cass. 22 avril 1813, Sirey, vol. 13, p. 348.)

d. Les cabaretiers, obligés à l'éclairage, ne peuvent être renvoyés de l'action exercée contre eux pour ne pas avoir rempli cette obligation, sous prétexte que la lune suffisait pour éclairer. (Arrêt cass. 13 juin 1811, Sirey, vol. 12, p. 62.)

4° Ceux qui auront embarassé la voie publique en y déposant ou y laissant, sans nécessité, des matériaux ou des

---

(1) Ainsi la cour de cassation met le balayage à la charge des propriétaires ou principaux locataires ; mais ceux-ci, lorsqu'ils sont poursuivis, peuvent signaler au juge de police les locataires habitant les lieux qui ont omis d'exécuter l'obligation de balayer. Il est alors sursis à prononcer jusqu'à ce que ces derniers aient été cités par le ministère public. S'il est ensuite prouvé que la contravention commise ne doive être reprochée qu'aux locataires habitant les lieux, régulièrement mis en cause, eux-seuls sont condamnés, et les propriétaires ou principaux locataires sont renvoyés de l'action. C'est ainsi que jugent constamment les douze juges de paix de Paris.

choses quelconques qui empêchent ou diminuent la liberté ou la sûreté du passage; ceux qui, en contravention aux lois et règlements, auront négligé d'éclairer les matériaux par eux entreposés ou les excavations par eux faites dans les rues et places.

a. Il ne faut pas confondre les voies publiques, dont les embarras et dégradations sont prévus par l'art. 605 du Code du 3 brumaire an 4, et par l'art. 471, nº 4, du Code pénal, avec les chemins publics, qui ont appelé l'attention et la sévérité du législateur dans l'art. 40, titre 2 du Code rural du 6 octobre 1791. Par voie publique on ne doit entendre que les rues, places et carrefours des villes et villages. Les art. 605 du Code de brumaire, et 471, nºˢ 4 et 5, du Code pénal, investissent les tribunaux de police de la connaissance de tout embarras ou dégradation de la voie publique ou urbaine dans l'intérieur des villes et villages, de quelque nature que soit le fait ou l'entreprise qui cause cet embarras ou cette dégradation; que ce soit, par exemple, une anticipation par des constructions sur une rue. (Arrêt cass. 15 fév. 1828, Dalloz, an 1828, p. 134.)

Il faut remarquer que le fait d'anticipation par des constructions sur une rue suppose, dans le plus grand nombre des cas, une contravention d'une autre nature. En effet, l'édit de 1607 et les règlements postérieurs imposent aux propriétaires qui veulent bâtir la nécessité d'en demander l'autorisation à l'autorité compétente, et leur défendent de commencer les constructions avant d'avoir obtenu cette autorisation, qui doit comprendre, en même temps, délivrance de l'alignement. Par conséquent, le fait d'anticipation ne peut avoir lieu que dans les deux cas suivants : ou parce que la construction a eu lieu sans en avoir obtenu l'autorisation, ou parce que le propriétaire ne s'est pas renfermé dans les limites de l'alignement qui lui a été tracé. Dans ces deux cas, il y a violation d'un règlement de voirie, et, par suite, lieu à l'application de l'art. 471, nº 5.

b. L'infraction à un règlement municipal prohibant le stationnement des voitures dans les rues d'une ville ne peut être excusé sous prétexte que ce règlement nuirait aux intérêts du commerce. (Arrêt cass. 23 mars 1832, Dalloz, an 1832, p. 159.)

c. Il en est de même de l'infraction à un règlement défendant le stationnement dans certaines rues des bêtes de trait ou de charge. Le prévenu ne pourrait être renvoyé de l'action parce qu'il prétendrait avoir été dans la nécessité de stationner devant la boutique d'un bourrelier pour des réparations à faire au harnachement de ses bêtes de trait. (Arrêt cass. 9 février 1832, Dalloz, an 1832, p. 120.

d. Le défaut d'éclairage de matériaux déposés dans une rue ne peut être excusé, sous prétexte d'ignorance ou de bonne foi. (Arrêt cass. 15 juin 1832, Dalloz, an 1832, p. 346.)

e. Il ne peut être excusé non plus sur le motif qu'aucun règlement de police locale n'aurait ordonné cet éclairage, l'obligation d'éclairer étant prescrite par une disposition générale. (Arrêt cass. 27 décembre 1828, Dalloz, an 1829, p. 83.)

f. Le dépôt des matériaux n'étant punissable que lorsqu'il a eu lieu *sans nécessité*, la déclaration du tribunal de police que le prévenu n'a pu placer ses matériaux *ailleurs que sur la voie publique* suffit pour constater la nécessité dans le sens de l'art. 471, nº 4. (Même arrêt que ci-dessus, et arrêt du 21 novembre 1833, Dalloz, an 1834, p. 60.)

g. L'autorité municipale ne pouvant rien ajouter ou retrancher aux obligations de la loi, un maire ne pourrait pas ordonner qu'un dépôt de matériaux, même nécessaire, ne pût avoir lieu sans autorisation. Voir à la page 312, note *j.*

h. L'embarras commis par le dépôt de décombres sur la voie publique est de la compétence du tribunal de simple police, encore que cette partie de la voie publique soit le prolongement d'une grande route, et, comme tel, entretenue aux frais de l'état. (Arrêt cass. 7 décembre 1826, Dalloz, an 1827, p. 353.) Voir le nº 87.

i. Le fait du stationnement d'une voiture dans une rue constitue une contravention, et ne peut être excusé qu'autant que le juge de police déclare *la nécessité* du stationnement. (Arrêt cass. 8 octobre 1825, Dalloz, an 1826, p. 72.)

j. Il y a nécessité du dépôt dans le cas où des tonneaux sont placés sur la voie publique, pour les pouvoir charger. (Arrêt cass. 1er juil. 1826, Dalloz, an 1826, p. 398.)

k. Le dépôt sans nécessité sur la voie publique est punissable, lors même qu'il n'y aurait pas eu embarras. (Arrêt cass. 2 juin 1825, Dalloz, an 1825, p. 392.)

l. Le défaut d'éclairage, pendant la nuit, des matériaux déposés dans les rues ou places, n'est pas excusable à raison de la clarté produite par la lune à l'époque de la contravention. (Arrêt cass. 1er mai 1823, Dalloz, an 1823, p. 270.)

m. Les maréchaux ferrants ne peuvent, sans y être autorisés par l'administration municipale et quelle que soit leur longue possession, exercer leur profession dans la rue sans encourir les peines de l'art. 471, nº 4. (Arrêt cass. 30 frimaire an 13, Sirey, vol. 7, p. 1048, 2e part.)

n. Exposer du fumier sur la voie publique, dans un lieu où il n'existe pas de règlement qui le défende, n'est pas moins une contravention punissable. (Arrêt cass. 18 mai 1810, *Bulletin crim.*, an 1810, p. 135.)

o. Les artisans ne doivent former leurs établissements que dans les lieux où ils peuvent exercer leur profession sans embarrasser la voie publique. La police ne peut être obligée de

souffrir que le sol même de la rue soit l'atelier d'un artisan.
(Arrêt cass. 27 juil. 1824, Sirey, t. 24, p. 392.)

p. Un entrepreneur de travaux publics, auquel il a été fait injonction par le maire d'enlever des matériaux par lui déposés sur la voie publique, et qui a contrevenu à cette injonction, peut être condamné aux peines de l'art. 471, n° 4. Si les matériaux déposés sur la voie publique ont été enlevés par les soins du maire, le tribunal de police doit condamner le contrevenant au remboursement des frais de l'enlèvement. (Arrêt cass. 31 mars 1832.

5° Ceux qui auront négligé ou refusé d'exécuter les règlements ou arrêtés concernant la petite voirie, ou d'obéir à la sommation émanée de l'autorité administrative, de réparer ou démolir les édifices menaçant ruine.

a. On désigne sous le nom de règlements ou arrêtés concernant la petite voirie les règlements ou arrêtés rendus par des autorités chargées de remplir quelques unes des fonctions propres au pouvoir municipal, à l'effet de pourvoir à la propreté, la sûreté, la salubrité des rues et places publiques des villes, bourg et villages, ainsi que pour l'embellissement, la largeur et la conservation des rues et places qui ne sont pas le prolongement d'une route royale ou départementale.

Au nombre des arrêtés de petite voirie on doit ranger l'arrêté d'un maire, relatif aux alignements des maisons et saillies sur la voie publique. Le refus d'obéir aux sommations de démolir, faites en vertu de cet arrêté, constitue une contravention punissable, aux termes du n° 5 de l'art. 471. Arrêt cass. 22 mars 1822, Dalloz, an 1822, p. 180.) Voir ci-après les notes *d, e, f, g.*

b. Le fait d'avoir laissé divaguer un troupeau sur la promenade publique, au mépris de l'arrêté d'un maire, constitue la contravention prévue par le n° 5 de l'art. 471. (Arrêt cass. 27 août 1825, Dalloz, an 1825, p. 444.)

c. Il en est de même de la divagation dans l'intérieur d'une ville, dans les promenades ou marchés publics, des cochons, canards, oies et autres animaux, nuisibles à la salubrité ou à la sûreté des habitants, lorsqu'il existe un arrêté qui le défend. (Arrêt cass. 20 juin 1812, *Bulletin crim.*, t. 17, p. 285.)

d. Les contraventions aux arrêtés de l'autorité municipale qui défendent d'élever, sans autorisation, des constructions dans les villes, ou d'excéder une hauteur déterminée, ou de construire des balcons en saillie sur les rues, sont de la compétence des tribunaux de police, et doivent être punies de la peine portée par l'art. 471, n° 5. (Arrêt cass. 7 décembre 1827, Sirey, t. 28, p. 255.)

e. Les règlements municipaux relatifs aux alignements pour les constructions sur les rues et à des objets de salubrité publique sont exécutoires provisoirement et doivent être appliqués, nonobstant tout recours devant l'autorité administrative supérieure. (Arrêts cass. 26 juillet 1827 et 9 mai 1828, Sirey, t. 27, p. 502, et 28, p. 439.)

f. En matière de petite voirie, les tribunaux de police sont compétents pour réprimer les contraventions aux règlements faits par l'autorité municipale pour l'application des plans d'alignement approuvés par le roi. Lorsqu'ils jugent les contraventions constantes, ils doivent ordonner les démolitions demandées. (Arrêt cass. 2 décembre 1825, Dalloz, an 1826, p. 145.) Il en est de même dans le cas d'alignements donnés par le maire seul, sans approbation de l'autorité supérieure. (Arrêt cass. 10 septembre 1831, Dalloz, an 1831, p. 319.)

g. Ils sont également compétents pour réprimer les contraventions aux arrêtés municipaux qui défendent d'établir des saillies sur la voie publique sans autorisation, ou qui ordonnent de les établir dans des dimensions et à une hauteur déterminées. La contravention ne pourrait être excusée sous prétexte que, depuis le procès-verbal qui la constate, les conditions imposées pour la construction de saillies auraient été accomplies. (Arrêts cass. 30 mars 1827 et 14 mars 1833, Dalloz, an 1827, p. 429 et 1833, p. 177.)

• h. La contravention à un arrêté municipal qui fixe la hauteur des maisons est punissable aux termes de l'art. 471, n° 5. (Arrêt cass. 7 décembre 1827, Dalloz, an 1828, p. 51.) Voir aussi l'arrêt cité note *g* ci-dessus.)

6° Ceux qui auront jeté ou exposé au devant de leurs édifices des choses de nature à nuire par leur chûte ou par des exhalaisons insalubres.

a. Le fait d'avoir laissé couler sur la voie publique des eaux répandant une exhalaison infecte ne peut être excusé sous prétexte que le contrevenant exerçait, depuis longues années, l'état de mégissier, sans réclamation aucune des citoyens ou de l'autorité. (Arrêt cass. 16 juin 1832, Dalloz, an 1832, p. 289.)

b. Est obligatoire l'arrêté d'un maire qui défend de former aucun dépôt de boues et immondices, et ordonne qu'elles seront transportées dans un lieu de la commune par lui déterminé. (Arrêt cass. 6 octobre 1832, Dalloz, an 1833, p. 81.)

c. Le fait de jeter de l'eau par les fenêtres constitue une contravention punissable lors même que l'eau jetée n'aurait atteint personne. Arrêt cass. 26 juillet 1828, Dalloz, an 1828, p. 351.)

d. L'art. 471, n° 6, n'est applicable qu'à ceux qui, en jetant ou exposant au devant de leurs édifices des choses de nature à nuire par leur chute, n'auraient causé aucun dommage. S'il y a eu dommage, le fait alors s'aggrave en raison de la nature du dommage. (Arrêt cass. 20 juin 1812, Sirey, vol. 13, p. 61.)

7° Ceux qui auront laissé dans les rues, chemins, places, lieux publics ou dans les champs des coutres de charrue, pinces, barres, barreaux ou autres machines ou instruments ou armes dont puissent abuser les voleurs ou autres malfaiteurs.

12° Ceux qui, imprudemment, auront jeté des immondices sur quelque personne.

15° Ceux qui auront contrevenu aux règlements légalement faits par l'autorité administrative, et ceux qui ne se seraient pas conformés aux règlements ou arrêtés publiés par l'autorité municipale en vertu des art. 3 et 4 titre XI de la loi du 24 août 1790, et de l'art. 46 titre I de la loi du 19-22 juillet 1791.

a. Le numéro 15 de l'art. 471 a été ajouté par la loi du 28 avril 1832. Il est destiné à remplacer les art. 600, 605 et 606 du Code du 3 brumaire an 4, qui prononçaient des peines de simple police contre ceux qui contrevenaient aux arrêtés ou règlements municipaux.

b. Les expressions d'arrêtés ou de règlements dont se sert le n° 15 prouvent que la validité de ces actes ne dépend pas de leur intitulé, et que le pouvoir municipal peut leur donner indifféremment le titre d'arrêtés ou de règlements. Cependant celui d'*arrêtés* est le titre légal ; il doit être adopté préférablement à tout autre.

c. Les art. 3 et 4, titre 11, de la loi des 16-24 août 1790, déterminent, d'une manière générale, les objets sur lesquels les maires ont le droit de rendre des arrêtés. Dans le chapitre II du présent titre, n°° 163 et 164, nous citons les dispositions des lois de 1789, 1790 et 1791, applicables en matière de voirie ; nous expliquons ensuite les conséquences légales qui résultent des attributions conférées par ces lois à l'autorité municipale, les limites imposées auxdites attributions, l'approbation que les mesures municipales doivent recevoir, et enfin, le mode de se pourvoir.

d. Il est impossible d'offrir une nomenclature exacte et complète des cas qui rentrent dans les termes généraux de la loi des 16-24 août 1790. Chaque jour il peut se présenter des circonstances nouvelles et imprévues, qui exigent des mesures qui assurent la sûreté et la liberté de la circulation. Les exemples que nous offrons dans les chapitres II, III, IV, V et VI du présent titre, pourront servir de guide aux officiers municipaux.

e. Il est expressément interdit aux tribunaux d'interpréter, reformer ou modifier les actes de l'autorité administrative dans la classe desquels sont rangés les arrêtés pris par les officiers municipaux en matière de police ou de petite voirie. (Lois du 16-24 août 1790, art. 13; Henrion de Pansey, *Pouvoir municipal*, p. 189.)

f. Ces arrêtés, pour être exécutoires, n'ont pas besoin d'avoir été approuvés par le préfet. Il s'ensuit que les juges ne peuvent les écarter, sous prétexte qu'ils ne seraient pas revêtus de cette approbation. (Arrêt cass. 5 septembre 1812, *Bulletin des arrêts criminels.*)

g. Ils ne peuvent davantage se dispenser de les appliquer sous prétexte qu'ils doivent être changés en raison des circonstances survenues depuis qu'ils ont été faits (arrêt cass. 28 août 1818, Dalloz, an 1818, p. 76), ou bien sous le prétexte qu'ils sont d'une exécution plus ou moins difficile. (Arrêt cass. 20 octobre 1831, Dalloz, an 1832, p. 25.)

h. Il ne leur est pas permis non plus d'en suspendre l'application, sur l'annonce, faite par le contrevenant, d'un pourvoi devant l'autorité administrative supérieure. Nonobstant le pourvoi, et tant qu'il n'a pas été réformé, l'arrêté doit être exécuté par provision. (Arrêts cass. 16 mai 1811, Dalloz, an 1812, p. 355, 26 juillet 1827 et 19 juillet 1833, Dalloz, an 1827 p. 325, et 1833, p. 342.)

i. S'il est ordonné aux juges de ne point écouter les plaintes qui seraient produites contre des arrêtés municipaux régulièrement rendus, et d'assurer, avant tout, l'exécution de ces arrêtés, quel que soit leur contenu, il leur est enjoint aussi de ne pas sortir des limites de la compétence qui leur est assignée. Ainsi, n'étant appelé à statuer que par provision sur des contraventions déterminées par la loi, et à ne prononcer que les peines que le législateur a fixées, ils ne pourraient faire droit à un arrêté qui ordonnerait ou défendrait un fait que la loi n'a point placé dans les attributions du pouvoir municipal, ou bien qui infligerait une peine autre que la peine légale.

La première question sur laquelle les juges doivent porter leur attention est donc celle de savoir si l'arrêté contre les dispositions duquel une infraction a été commise a été rendu dans l'exercice légitime du pouvoir conféré aux corps municipaux, c'est-à-dire s'il a été rendu sur des objets confiés à la vigilance de l'autorité municipale. Voir ci-dessus le n° 5 de l'art. 471

S'ils reconnaissent que cette autorité a excédé ses pouvoirs, ils doivent, non pas réformer l'arrêté, mais refuser de prononcer la peine demandée : car ils frapperaient en aveugles, dit M. Henrion de Pansey, s'ils punissaient les contraventions à un règlement qui, lui-même, est une contravention à la loi. Nous allons rendre sensible ce principe en citant un des arrêts de la Cour de cassation qui l'ont consacré (26 novembre 1819, Dalloz, an 1819, p. 601) :

« Vu l'art. 46 de la loi du 22 juillet 1791 ;

Vu les art. 3 et 4 du titre 2 de la loi du 24 août 1790 ;

« Attendu que l'ordre de tapisser l'extérieur des maisons pour les cérémonies d'un culte ne rentrerait dans aucun des objets de police confiés à la vigilance de l'autorité municipale par les art. 3 et 4 de la loi du 24 août 1790 ; qu'il ne pourrait particulièrement être considéré comme une mesure de police propre à prévenir le trouble dans les lieux où il pourrait se faire de grands rassemblements d'hommes ;

« Que les tribunaux de police seraient donc sans caractère pour connaître des désobéissances qui pourraient y être commises, parce que ces tribunaux n'ont reçu de la loi, d'attributions pour connaître des contraventions aux règlements de police, que relativement à ceux de ces réglements qui portent sur un objet de police confié à la vigilance de l'autorité municipale par lesdits art. 3 et 4 de la loi du 24 août 1790 ;

« Et attendu que le sieur Roman a été condamné à l'amende par le tribunal de police du canton de Cadenet, pour avoir refusé d'obéir à une ordonnance du maire de la commune de Lourmarin qui enjoignait à tous les habitants de cette commune de tapisser l'extérieur de leurs maisons pour le passage des processions de la Fête-Dieu ;

« Que le jugement de condamnation a été confirmé par le tribunal correctionnel d'Aix ; en quoi ce tribunal a violé les règles de compétence qui dérivent des art. 1, 2, 3, 4 et 7 de la loi du 24 août 1790, et 29 et 46 de celle du 22 juillet 1791 ;

« D'après ces motifs, la cour casse, etc.»

Trois autres arrêts de la même cour ont confirmé les mêmes principes. L'un est du 20 novembre 1818, le second du 15 janvier 1820, et le troisième du 27 du même mois. Depuis, la cour de cassation a rendu encore plusieurs arrêts dans le même sens, et particulièrement le 25 août 1832 (Dalloz, an 1833, p. 75, 1re part.). Ce dernier arrêt déclare que l'arrêté d'un maire qui défend à tous les propriétaires de la commune de blanchir la face de leurs maisons, ou de leur donner toute autre couleur dont l'éclat pourrait blesser ou fatiguer la vue, n'étant pas pris dans la sphère des attributions conférées par la loi à l'autorité municipale, n'est pas obligatoire pour les citoyens,

« Attendu, dit la cour de cassation, que les cours et tribunaux, chargés de la répression des crimes, des délits et des contraventions, ne peuvent puiser que dans la loi les condamnations qu'ils prononcent contre les coupables ; que, s'ils ne peuvent pas connaître des actes administratifs ni mettre des entraves à leur exécution, ils ne peuvent aider à cette exécution que par les moyens qui rentrent dans le cercle de leur autorité ; qu'en matière de simple police, et en cas d'infraction à des réglements faits par les administrations chargées de cette partie, les tribunaux ne peuvent punir cette infraction qu'autant que ces règlements se rattachent à l'exécution d'une loi existante et portant une peine contre les contrevenants, ou qu'ils rentrent dans les objets confiés à la vigilance et à l'autorité des administrations municipales par l'art. 3, tit. 11, de la loi du 16-24 août 1790, qui, dans l'art. 5 du même titre, ordonne que les contraventions à ces règlements soient punies des peines de police. »

j. C'est aussi conformément à ces principes que la cour de cassation (arrêt du 10 déc. 1824, Dalloz, an 1825, p. 77) a décidé que, lorsqu'il avait été formellement statué par une loi sur des objets confiés à la vigilance de l'autorité municipale, cette autorité ne pouvait, par ses arrêtés, qu'ordonner l'exécution de cette loi, sans rien ajouter à ses dispositions et sans en rien retrancher ; et *spécialement* que l'arrêté d'un maire qui défend de déposer des matériaux dans les rues, *sans en avoir obtenu l'autorisation*, offre, dans cette dernière disposition, une addition à l'art. 371, n° 4, du Code pénal, qui se borne à défendre et à punir le dépôt *sans nécessité ;* que dès lors le seul défaut d'autorisation ne peut constituer une contravention, si la nécessité du dépôt est reconnue, si les matériaux étaient éclairés pendant la nuit, et s'il est constaté qu'ils n'ont empêché ni diminué la liberté ou la sûreté du passage. Arr. de cass., 16 fév. 1833, Dalloz, an 1833, p. 182.)

k. Nous avons dit que, lorsqu'un règlement de police municipale portait une peine autre que la peine déterminée par la loi, le juge ne pouvait faire droit à ce règlement, en faisant observer cependant que, dans ce cas, le juge ne devait pas renvoyer le contrevenant en ne lui infligeant aucune peine ; mais qu'il devait, s'il reconnaissait du reste que le réglement avait été pris dans les bornes du pouvoir municipal, prononcer une peine réduite à la mesure déterminée par la loi pour les contraventions de police municipale. C'est ce qui a été jugé par un arrêt de cass. du 28 avril 1819. (Henrion de Pansey, *Pouvoir municipal,* p. 308.)

l. Aux lois et arrêtés administratifs ou municipaux qui régissent la voirie il faut ajouter les édits, ordonnances, lettres patentes, déclarations et autres actes qui avaient force de lois avant la révolution de 1789, et qui doivent continuer d'être exécutés dans toutes les parties qui n'ont pas été modifiées par des lois postérieures, ou par des règlements nouveaux pris dans l'exercice légal de l'autorité municipale. (Arrêt cassation 11 juin 1818, Dalloz, an 1818, p. 445.)

L'art. 29 de la loi du 19-22 juillet 1791 est ainsi conçu :

« Sont confirmés provisoirement les règlements qui subsistent touchant la voirie, ainsi que ceux actuellement existants, à l'égard de la construction des bâtiments et relatifs à leur solidité et sûreté, sans que de cette disposition il puisse résulter la conservation des attributions ci-devant faites à des tribunaux particuliers. »

L'art. 484 du Code pénal a de nouveau consacré la force obligatoire des règlements anciens, et l'art. 471, n° 15, y a attaché une sanction pénale.

m. Parmi les règlements maintenus par la loi du 22 juillet 1791, les uns avaient un caractère de généralité et s'appliquaient à toute la France ; les autres n'étaient applicables qu'aux localités pour lesquelles ils avaient été faits. Voir à la fin du volume les règlements généraux qui ont conservé force obligatoire.

n. Il est trois observations à faire sur l'exécution actuelle des anciens édits et règlements.

Première observation. Les attributions des corps municipaux en matière de voirie sont réglées par les lois des 14 décembre 1789, 16-24 août 1790, 28 septembre 1791, 19-22 juillet 1791. Voir les n°ˢ 163 et 164.

Hors des attributions déterminées par les lois qui viennent d'être rappelées, les corps municipaux sont incompétents pour prendre des arrêtés ou ordonner l'exécution d'arrêtés antérieurs. Et d'un autre côté, les tribunaux de police ne peuvent prononcer de peine pour des infractions à des arrêtés ou des règlements qui traiteraient d'objets autres que ceux confiés à la vigilance de l'autorité municipale.

Par conséquent les anciens règlements ne doivent être observés qu'autant qu'ils portent sur des objets désignés dans les lois ci-dessus mentionnées.

Seconde observation. Les anciens règlements ne sont applicables que quant aux prohibitions ou injonctions qu'ils contiennent, mais non quant aux peines qu'ils prononcent. Ces peines doivent être remplacées, en matière de petite voirie, par la pénalité déterminée pour les contraventions aux arrêtés municipaux.

Troisième observation. Jusqu'à l'arrêt du conseil du 18 novembre 1781, qui a ordonné que les rues, chemins et communications particulières, qui ne faisaient point partie des grandes routes et chemins royaux, cesseraient d'être entretenus par l'administration des ponts et chaussées, la grande et la petite voirie étaient soumises aux mêmes lois. En sorte que les règlements antérieurs à 1781, ont confondu les dispositions relatives aux grandes routes avec celles qui doivent s'appliquer aux chemins vicinaux, aux rues et places des villes, bourgs et villages. Il en résulte que ces règlements, à l'exception des dispositions qui sont expressément limitées aux chemins royaux doivent recevoir leur exécution en matière de petite voirie.

Art. 472. Seront en outre confisqués les pièces d'artifice saisies dans le cas du n° 2 de l'art. 471, les coutres, les instruments et les armes mentionnés dans le n° 7 du même article.

Art. 473. La peine d'emprisonnement pendant trois jours au plus pourra de plus être prononcée, selon les circonstances, contre ceux qui auront tiré des pièces d'artifice, contre ceux qui auront glané, ratelé ou grapillé en contravention au n° 10 de l'art. 471.

Art. 474. La peine d'emprisonnement contre toutes les personnes mentionnées en l'art. 471 aura toujours lieu, en cas de récidive, pendant trois jours au plus.

Deuxième classe.

Art. 475. Seront punis d'amende, depuis 6 fr. jusqu'à 10 fr. inclusivement,

. . . .

3° Les rouliers, charretiers, conducteurs de voitures quelconques ou de bêtes de charge, qui auraient contrevenu aux règlements par lesquels ils sont obligés de se tenir constamment à portée de leurs chevaux, bêtes de trait ou de charge et de leurs voitures, et en état de les guider et conduire ; d'occuper un seul côté des rues, chemins, ou voies publiques ; de se détourner ou ranger devant toutes autres voitures ; et à leur approche de leur laisser libre au moins la moitié des rues, chaussées, routes et chemins.

4° Ceux qui auront fait ou laissé courir les chevaux, bêtes de trait, de charge, ou de monture, dans l'intérieur d'un lieu habité, ou violé les règlements contre le chargement, la rapidité ou la mauvaise direction des voitures.

a. L'entrepreneur de voitures publiques qui a omis d'afficher dans l'intérieur de sa voiture le nombre de places qu'elle contient, ainsi que le prescrit l'art. 4 de l'ordonnance du 4 février 1820, est passible de la peine portée par l'art. 475, n° 4. (Arrêt cass. 20 décembre 1828. Dalloz, an 1829, p. 71).

b. Est passible de la même peine, l'entrepreneur de voitures publiques qui a reçu plus de voyageurs que sa voiture ne peut en contenir, suivant sa déclaration faite aux termes de l'ordon-

nance dé 1820. (Arrêt cass. 10 juin 1826 ; Dalloz, an 1826,
p. 384).

5° Ceux qui auront établi ou tenu dans les rues, chemins, places ou lieux publics, des jeux de loterie ou d'autres jeux de hazard.

7°. Ceux qui auraient laissé divaguer des fous ou des furieux étant sous leur garde, ou des animaux malfaisants ou féroces ; ceux qui auront excité ou n'auront pas retenu leurs chiens lorsqu'ils attaquent ou poursuivent les passants, quand même il n'en serait résulté aucun dommage.

a. Les chiens lévriers ne peuvent, d'une manière absolue, être rangés, par un arrêté municipal, dans la classe des animaux malfaisants ou féroces. (Arrêt cass. 16 décembre 1826, Dalloz, an 1827, p. 363).

b. Si les chiens ne sont pas classés en général parmi les animaux malfaisants ou féroces, ils peuvent être considérés comme tels, soit à cause du vice de leur naturel particulier, ou de leur mauvaise éducation : ainsi le maître d'un chien qui attaque ou mord les passants est passible de la peine fixée par l'art. 475, n° 7, pour le laisser divaguer et ne pas le retenir dans l'intérieur de sa maison, encore qu'il eût été absent au moment où le chien a attaqué et poursuivi les passants. Arrêt cass. 2 sept. 1825, Dalloz, an 1826, p. 30).

c. Un arrêté municipal qui défend la divagation des chiens est obligatoire. La contravention n'est pas de l'espèce de celles que prévoit et punit l'art. 475, n° 7. Elles est réprimée par les art. 600 et 606 du Code du 3 brumaire an 4. (Arrêt cass. 11 novembre 1824 Dalloz an 1825, p. 67).

8° Ceux qui auraient jeté des pierres ou d'autres corps durs ou des immondices contre les maisons, édifices ou clôtures d'autrui, ou dans les jardins ou enclos, et ceux qui auraient volontairement jeté des corps durs ou des immondices sur quelqu'un.

a. L'art. 475, n° 8, ne s'applique qu'au jet de pierres, ou corps durs, ou immondices, qui n'ont brisé, ni dégradé, ni endommagé les maisons ou clôtures et desquels il n'est résulté qu'une simple atteinte au bon ordre et au respect des propriétés. S'il y a eu bris de clôture, le fait constitue alors un délit prévu par l'art. 456 du code pénal. (Arrêt cass. 7 avril 1831, Dalloz, an 1831, p. 169).

Art. 476. Pourra, suivant les circonstances, être prononcé, outre l'amende portée en l'article précédent, l'emprisonnement pendant trois jours au plus, contre les rouliers, charretiers, voituriers et conducteurs en contravention ; contre ceux qui auront contrevenu à la loi par la rapidité, la mauvaise direction ou le chargement des voitures ou des animaux ; contre les vendeurs et débitants de boissons falsifiées ; contre ceux qui auraient jeté des corps durs ou des immondices.

Art. 477. Seront saisis et confisqués : 1° les tables, instruments, appareils des jeux ou des loteries établis dans les rues, chemins et voies publics, ainsi que les enjeux, les fonds, denrées, objets ou lots proposées aux joueurs, dans le cas de l'art. 476 ; 2° les boissons falsifiées trouvées appartenir au vendeur et débitant : ces boissons seront répandues ; 3° les écrits ou gravures contraires aux mœurs : ces objets seront mis au pilon.

Art. 478. La peine de l'emprisonnement pendant cinq jours au plus sera toujours prononcée en cas de récidive, contre toutes les personnes mentionnées dans l'art. 475.

Troisième classe.

Art. 479. Seront punis d'une amende de 11 à 15 fr. inclusivement :

. . . .

2° Ceux qui auront occasioné la mort ou la blessure des animaux ou bestiaux appartenant à autrui, par l'effet de la divagation des fous ou furieux, ou d'animaux malfaisants ou féroces, ou par la rapidité ou la mauvaise direction ou le chargement excessif des voitures, chevaux, bêtes de trait, de charge ou de monture ;

3° Ceux qui auront occasioné les mêmes dommages par l'emploi ou l'usage d'armes sans précaution ou avec maladresse, ou par jet de pierres ou d'autres corps durs ;

4° Ceux qui auront causé les mêmes accidents par la vétusté, la dégradation, le défaut de réparation ou d'entretien des maisons ou édifices, ou par l'encombrement ou l'excavation, ou telles autres œuvres, dans ou près les

rues, chemins, places ou voies publics, sans les précautions ou signaux ordonnés ou d'usage ;

. . . .

8° Les auteurs ou complices de bruits ou tapages injurieux ou nocturnes troublant la tranquillité des habitants.

a. Est obligatoire l'arrêté municipal qui défend aux boulangers ou garçons boulangers de pousser, pendant la nuit, des
cris bizarres ou des hurlements en pétrissant le pain ; et la contravention est punie par l'art. 479, n° 8. (Arrêt de cass., 21
novembre 1828, Dalloz, an 1829, p. 25).

b. Doivent être réputés nocturnes des bruits et tapages qui
ont lieu à huit heures du soir, au mois de février. (Arrêt
cass. 1ᵉʳ août 1829, Dalloz, an 1829, p. 318)

c. Des chansons et des cris scandaleux proférés pendant la
nuit, constituent un tapage nocturne. (Arrêt cass. 12 novembre 18 9, Dalloz, an 1829, p. 399).

d, Le bruit que produit nécessairement certaine profession
ne saurait être mis dans la classe des bruits ou tapages injurieux ou nocturnes prévus par l'art. 479, n° 8. Cependant l'autorité municipale peut, à défaut de loi pénale sur cet objet, déterminer par un règlement de police l'heure avant laquelle
l'exercice des professions bruyantes sera interdit. En cas d'existence d'un tel règlement, la peine à appliquer aux contrevenants est celle qui résulte des art. 600 et 605 du code du
3 brumaire an 4, combinés avec l'art. 5, tit. 11, de la loi du 24
août 1790. (Arrêt cass. 16 avril 1825 ; Dalloz, an 1825,
p. 306).

Art. 480. Pourra, selon les circonstances, être prononcée la peine de l'emprisonnement pendant cinq jours au
plus :

1° Contre ceux qui auront occasioné la mort ou la blessure des animaux ou bestiaux appartenant à autrui, dans les
cas prévus par le n° 3 du précédent article ;

. . . .

5° Contre les auteurs ou complices des bruits ou tapages
injurieux ou nocturnes.

Art. 482. La peine d'emprisonnement pendant cinq
jours aura toujours lieu, pour récidive, contre les personnes et dans les cas mentionnés en l'art. 479.

Art. 483. Il y a récidive, dans tous les cas prévus par le
présent livre, lorsqu'il a été rendu contre le contrevenant,
dans les douze mois précédents, un premier jugement pour

contravention de police commise dans le ressort du même tribunal.

Art. 484. Dans toutes les matières qui n'ont pas été réglées par le présent code et qui seront régies par des lois et règlements particuliers, les cours et les tribunaux continueront de les observer.

338. Outre les peines qui viennent d'être indiquées, le tribunal de police doit prononcer la réparation du dommage causé par la contravention qui a été commise. Lorsqu'il s'agit de dégradation, d'usurpation de la voie publique ou d'infraction à un arrêté qui prescrit un alignement, la seule réparation possible est le rétablissement des lieux dans l'état où ils doivent être, c'est-à-dire la destruction des ouvrages qui dégradent la rue ou entreprennent sur sa largeur. Le tribunal de police doit donc ordonner au contrevenant d'opérer cette destruction dans un délai déterminé, sinon autoriser l'autorité municipale à la faire opérer à ses frais.

Plusieurs tribunaux de simple police avaient reculé devant cette application rigoureuse, mais juste, de la loi. La cour suprême, à laquelle ont été déférés leurs jugements, n'a jamais hésité à en prononcer la cassation,

« Attendu, dit un arrêt de cassation du 26 mars 1830 (Dalloz, an 1830, p. 185), que les tribunaux de simple police sont tenus, d'après l'art. 161 du Code d'instruction criminelle, non seulement de prononcer les peines attachées par la loi aux contraventions dont ils sont saisis, mais encore de statuer par le même jugement sur la demande en restitution et dommages-intérêts; qu'en cette matière la restitution et les dommages-intérêts ne sont que la destruction des travaux qui ont été faits au mépris des lois et règlements; qu'infliger l'amende dont cette contravention est passible, sans prescrire en même temps la démolition qui peut seule la faire disparaître, c'est manquer à la disposition la plus essentielle de la loi pénale. »

« Attendu, dit un autre arrêt de la même cour, du 17 novembre 1831 (Dalloz, an 1831, p. 384), que le devoir des tribunaux de simple police n'est pas moins de faire disparaître les contraventions aux règlements légaux que d'en punir les auteurs, et qu'un jugement qui prononce une amende à raison d'un fait qu'il laisse subsister présente la contradiction de maintenir la contravention par lui réprimée. »

Cette jurisprudence constante est fondée sur un grand nombre d'autres arrêts de la cour de cassation et du conseil d'Etat qu'il est inutile de rapporter.

Le tribunal de police ne pourrait se dispenser d'ordonner la démolition des travaux faits sans autorisation préalable de l'autorité municipale, sous prétexte qu'ils n'ont causé aucun dommage, qu'il n'existe pas de plan arrêté en exécution de l'art. 52 de la loi du 16 septembre 1807, ou que les constructions dont il s'agit ne reconfortent pas la maison : car il est de droit public en France, aux termes de l'édit du mois de décembre 1607, qu'aucune construction ne puisse être légalement entreprise sur ou joignant immédiatement la voie publique, qu'après avoir demandé ou obtenu à cet effet, l'autorisation de l'autorité compétente, (arrêts de cassation des 10 octobre 1832 et 1er février 1833, Dalloz, an 1833, p. 177), ou sous prétexte que le contrevenant avait demandé l'autorisation, et que ce n'était que long-temps après, et dans la crainte de laisser passer la saison propre aux constructions, qu'il s'était déterminé à faire réparer sa maison. (Arrêt du conseil d'Etat du 12 avril 1832, Dalloz, an 1832, p. 112, 3e partie.)

Ce même arrêt décide avec beaucoup de raison

que les juges ne doivent ordonner que la démolition
des ouvrages nouveaux faits en contravention, mais
non pas la reprise de l'alignement, c'est-à-dire la
démolition des ouvrages anciens qui seraient au-
delà des limites de l'alignement. Quant à ces ouvrages anciens, l'administration ne peut en exiger
la destruction qu'autant qu'elle en ait payé la valeur
au propriétaire, ou que leur état de vétusté ne les
rende dangereux pour la sûreté publique.

339. Le droit qui appartient à l'autorité administrative compétente de prendre des mesures de sûreté
publique reste entier, lors même qu'il y aurait
poursuite devant les tribunaux ou décision rendue.
Ainsi dans le cas où le tribunal de police a fixé un
délai pour la démolition des constructions faites en
contravention, l'administration peut contraindre le
propriétaire à démolir dans un délai plus court. Le
tribunal en effet n'est pas juge de ce qui intéresse la
sûreté de la voie publique, mais seulement arbitre
de la réparation qui est due au public. Son jugement conséquemment ne fait pas obstacle à ce que
l'administration, agissant dans la sphère de ses attributions, ne prenne les mesures de sûreté qu'elle
trouve nécessaires, puisqu'elle pouvait les prendre,
selon l'exigence des circonstances, même avant la
condamnation. (Arrêt de cassation du 15 septembre
1825, Dalloz. an 1826, p. 35.)

340. Aux termes des art. 1er et 3 du Code d'instruction criminelle, les communes auxquelles un
délit ou une contravention aurait causé un grave
préjudice, et qui croiraient avoir droit à une réparation pécuniaire, pourraient, en qualité de parties civiles, intenter une action en dommages-intérêts devant le tribunal de simple police ou correctionnel saisi de la poursuite; mais pour exercer légitimement cette action elles seraient tenues de se

pourvoir de l'autorisation préalable du conseil de préfecture, après délibération du conseil municipal.

Cette nécessité de l'autorisation dans le cas où une commune se présente devant la justice répressive comme partie civile est établie de la manière la plus concluante par Merlin, Questions de droit, v° *Communes*, § 6, aux Additions.

341. Nous n'avons parlé jusqu'à présent que des contraventions commises dans les rues qui dépendent de la petite voirie ; quant aux contraventions commises dans les rues qui servent de prolongement aux grandes routes, il est nécessaire de répéter ici la distinction que nous avons déjà faite pour établir la juridiction de l'autorité municipale. La compétence des juges de paix et l'autorité des maires sont deux choses corrélatives en matière de voirie urbaine. Les juges de paix sont compétents pour rendre des jugements dans tous les cas où les maires le sont pour rendre des arrêtés. Ainsi, pour les rues servant de prolongement aux grandes routes, les tribunaux de police ne sont point compétents pour statuer sur des contraventions aux lois ou arrêtés administratifs relatifs à l'établissement, à la conservation, à l'alignement, à la direction et à la largeur de ces rues. Ces contraventions doivent être soumises exclusivement aux tribunaux administratifs.

Mais les tribunaux de police sont compétents, à ces exceptions près, pour réprimer toutes les autres contraventions prévues par les art. 471 et 475 du Code pénal, ou par des arrêtés régulièrement rendus, lors même qu'elles sont commises dans des rues assimilées aux grandes routes.

La cour de cassation a jugé, le 18 septembre 1828 (Dalloz, an 1828, p. 420), que les arrêtés pris par l'autorité municipale dans la sphère de ses attributions étaient obligatoires, soit pour les citoyens, soit pour les tribunaux chargés par la loi de réprimer leur violation ; que la compétence des maires à cet égard s'étendait à tous les lieux, à toutes les circonstances, sur lesquels la loi appelle leur surveillance, et qu'il importait peu que le terrain soit domanial ou communal.

Un autre arrêt de la même cour, du 7 décembre 1826 (Dalloz, an 1827, p. 354), a décidé que l'art. 471, nᵒˢ 4 et 5, du Code pénal, embrasse dans la généralité de ses dispositions tout embarras de la voie publique, et toute négligence et tout refus d'exécuter les arrêtés et règlements concernant la petite voirie, sans distinguer si les rues ou portions de rues sont ou non entretenues à la charge de l'état, sont ou non le prolongement des grandes routes, « attendu, dit l'arrêt, que la loi du 29 floréal an 10 n'est point restrictive des dispositions générales de police sur la voie urbaine ; qu'il importe à l'unité de l'administration, à la sûreté publique, au maintien de l'ordre, que tous les habitants d'une même cité soient soumis à l'autorité des mêmes règles et des mêmes juridictions. »

Ce dernier arrêt semble en contradiction avec les dispositions de l'art. 1ᵉʳ de la loi du 29 floréal an 10, que nous avons citées plus haut, et qui attribuent aux conseils de préfecture la connaissance des contraventions pour dépôt de fumier ou d'autres objets, et toutes espèces de détériorations commises sur des grandes routes. Il est contraire également à l'opinion de M. Henrion de Pansey, qui réserve expressément au jugement des autorités administratives les contraventions prévues par la loi de floréal an 10, soit qu'elles aient eu lieu sur des grandes routes ou sur des rues qui en sont le prolongement. Il est enfin combattu par une jurisprudence opposée du conseil d'État, dont voici un des nombreux arrêts rendus sur cette matière : Un sieur Mesnard ayant déposé des matériaux dans une rue faisant prolongation de route royale, le juge de paix le condamna à une amende de police. Le préfet éleva le conflit, qui fut confirmé par l'arrêt ci-dessous daté , « attendu que la loi du 29 floréal an 10 a réservé la connaissance des contraventions en matière de grande voirie à l'autorité administrative; qu'ainsi, le tribunal de simple police était incompétent pour statuer. » Arrêt du conseil d'État du 31 juillet 1822, Garnier, *Traité des chemins.*

Nous pensons qu'il est possible de concilier ces diverses autorités avec l'arrêt de la cour de cassation du 7 décembre 1826.

Il faut d'abord remarquer que les décisions contradictoires qui ont été rendues sur l'objet qui nous occupe sont toutes fondées sur des textes précis de lois qui n'ont pas cessé d'être en vigueur. En effet, si, d'une part, la loi de l'an 10 attribue aux conseils de préfecture les contraventions pour dépôt de fumiers ou d'autres objets sur les grandes routes, et par conséquent sur les rues assimilées aux grandes routes, d'une autre part, les art. 3 et 5 de la loi du 16-24 août 1790, l'art. 605 du code du 3 brumaire an 4, et les n°s 4 et 5 de l'art. 471 du Code pénal, attribuent aux tribunaux de police le jugement des mêmes contraventions commises sur les rues d'une ville, d'un bourg et d'un village, sans distinction de celles qui sont ou ne sont pas la prolongation d'une grande route.

Il résulte de ces différents textes que la contradiction de la jurisprudence n'est que la conséquence de la contradiction des lois. Mais cette contradiction n'est qu'apparente. Ces lois qui semblent opposées peuvent être conciliées. L'administration est chargée de l'établissement et de l'entretien des grandes routes, et par conséquent du soin de leur conservation. Il est évident que, puisqu'elle est obligée de réparer, elle doit être mise à même de réprimer les faits qui pourraient causer des détériorations. L'administration, dont la sollicitude s'étend sur la généralité des habitants du royaume, doit aussi, dans un but d'utilité publique, et pour maintenir la liberté et la sûreté de la circulation, faire enlever les obstacles qui pourraient les entraver. Sous ce double rapport, il y a attribution légitime de compétence en faveur des tribunaux administratifs. L'attribution en faveur des tribunaux de police est fondée sur des raisons tout aussi puissantes. Les dépôts de fumier ou d'autres objets sur les rues qui servent de prolongement aux grandes routes peuvent embarrasser les communications nécessaires aux besoins des habitants de la commune, ils peuvent nuire à la propreté des rues ou à la salubrité de la cité. Ces différents objets sont confiés à la vigilance de l'autorité municipale, et ne pourraient en être distraits sans préjudicier à l'unité de l'administration et entraîner les plus graves inconvénients par les lenteurs qu'éprouverait une poursuite dirigée par le préfet et portée devant le conseil de préfecture.

Les maires et les tribunaux de police, les préfets et les conseils de préfecture, sont donc compétents, chacun d'eux à des titres différents, pour prendre des mesures et statuer sur les dépôts de fumier ou d'autres objets dans les rues qui sont le prolongement des grandes routes. C'est ainsi que la loi de floréal an 10, les lois de 1790 et de l'an 4, et le Code pénal, doivent recevoir concurremment leur exécution. Ils établissent deux compétences et deux juridictions, parce que la même contravention peut blesser deux intérêts de nature différente. Cette contravention peut être poursuivie devant le conseil de préfecture ou devant le tribunal de police, suivant que l'autorité administrative ou l'autorité municipale aura la première fait des diligences pour sa répression ; mais il est évident qu'elle ne doit point être poursuivie à la fois devant les deux juridictions. Elle ne sera jugée que par celle des deux qui aura été saisie en premier lieu, sans nuire au droit qui appartient dans tous les cas au préfet de statuer par mesure administrative.

De ces explications il résulte que les arrêts du conseil d'état et les arrêts de la cour de cassation qui ont décidé, d'une manière absolue, que la justice administrative ou la justice civile était seule compétente, ont été trop loin. Nous le répétons, les lois et la force des choses veulent que, pour les embarras des *traverses des villes*, il y ait concurrence entre ces deux justices. C'est ce qui est établi au reste par un arrêt de la cour de cassation, rapporté par Merlin, dans son Répertoire de jurisprudence, v° *Voirie,* n° VI. Cet arrêt est du 13 juin 1811. En voici la teneur :

Attendu qu'il avait été constaté, par un procès-verbal faisant foi en justice jusqu'à preuve contraire, que Charles-François Richard, en contravention à une ordonnance municipale, avait exposé un amas de fumier devant la porte de sa maison, située dans une rue de Saint-Just faisant partie de la grande route de Paris à Amiens ; que ce point de fait ne se trouve nullement contredit par le jugement du tribunal de police, qui, à cet égard, se borne à déclarer que la maison de Richard n'est pas située sur une place publique, et qu'elle borde un des côtés de la grande route, ayant tout au plus sa largeur ; qu'une circonstance de cette nature ne suffit pas pour déterminer d'une manière *exclusive* la compétence que la loi du 29 floréal an 10 attribue à l'autorité administrative, relativement aux contraventions en matière de grande voirie ; que tout ce qui résulte de ce que le même terrain sert à la fois de rue et de grande route, c'est que les contraventions aux règlements de police qui s'y réfèrent peuvent être poursuivies *concurremment* par l'autorité administrative, d'après la loi du 29 floréal an 10, et par le tribunal de simple police, conformément à la loi du 24 août 1790 et au Code du 3 brumaire an 4 ; que, par cela seul qu'une maison ou autre édifice se trouve situé dans l'intérieur d'une ville, d'un bourg ou d'un village (lors même que la rue sert de grande route, et quelle que soit sa largeur), les propriétaires ou locataires sont sujets aux lois et aux règlements de police, ainsi qu'à la juridiction des tribunaux chargés par les lois générales de prononcer sur les contraventions à ces règlements ou à ces lois ; qu'il suit de là qu'en se déclarant incompétent, et en renvoyant devant l'autorité administrative, sur ce que la rue dont il s'agit ne formait pas une place publique et faisait partie de la grande route, le tribunal a contrevenu, par une fausse application de la loi du 29 floréal an 10, aux dispositions du titre 11 de la loi du 24 août 1790, à celles des art. 605 et 606 du Code du 3 brumaire an 4, et a violé les règles de compétence ; la cour casse et annule.

Un autre arrêt de la même cour en date du 15 avril 1824 (Dalloz, an 1824, p. 383) , contient une décision analogue fondée sur les motifs suivants :

Considérant que, si, à l'égard des grandes routes , la loi du 29 floréal an 10 veut que les contraventions de la nature de celles qui y sont énoncées ou seulement indiquées soient constatées, poursuivies et réprimées par voie administrative, il est évident qu'en cela le législateur n'a eu en vue que la conservation dans leur entier (surtout dans leur largeur) l'entretien et le bon état sous tous les rapports, des grandes routes royales ou départementales , et qu'il a laissé à l'autorité municipale et aux tribunaux de police toutes les attributions et tous les droits qui lui appartiennent, tant par la loi du 24 août 1790 que par les lois analogues et corrélatives ; mais que, quand il s'agit de faire l'application desdites lois de floréal an 10 et d'août 1790 à des terrains qui forment prolongement de grandes routes royales ou départementales, en même temps qu'ils sont des places publiques ou des rues de villes, bourgs ou villages, il faut

en combiner et concilier les dispositions de manière qu'elles
s'entr'aident, et que l'exercice de l'autorité administrative
ne puisse jamais paralyser ou entraver l'action municipale
et celle des tribunaux de police dans leurs droits et leurs
attributions.

Appel des jugements de simple police.

342. Les jugements des tribunaux de simple police ne sont soumis à l'appel, conformément à l'art.
172 du Code d'instruction criminelle, que lorsqu'ils
prononcent une peine d'emprisonnement, ou des
amendes, restitutions et autres réparations civiles
excédant la somme de cinq francs, outre les dépens.

Ainsi un jugement de simple police qui ne pro-
noncerait qu'une amende de moins de cinq francs,
mais qui en même-temps ordonnerait la destruction
de certains ouvrages, serait soumis à l'appel, parce
que la destruction des ouvrages ordonnée à titre de
réparation civile doit entraîner pour le propriétaire
condamné une dépense excédant la somme de cinq
francs.

343. Il est un cas où l'on peut appeler d'un jugement qui ne prononce aucune condamnation : c'est
lorsqu'il prononce l'incompétence du tribunal de
police. (Arrêt de cassation rapporté dans la *Gazette
des tribunaux* du 25 avril 1834.) Cet arrêt est contraire à une jurisprudence antérieure, suivant
laquelle il était décidé qu'on ne pouvait appeler
d'un jugement qui se bornait à déclarer son incompétence. (Arrêt de cassation du 18 juillet 1817,
Dalloz, an 1817, p. 439.) Il n'y avait d'autre moyen
alors que de se pourvoir en cassation.

344. L'appel des jugements rendus par le tribunal
de police est porté au tribunal correctionnel, art.
174 du Code d'instruction criminelle.

Prescription des contraventions

345. L'article 640 du Code d'instruction criminelle s'exprime ainsi :

L'action publique et l'action civile pour une contravention de police seront prescrites après une année révolue à compter du jour où elle aura été commise, même lorsqu'il y aura eu procès-verbal, saisie, instruction ou poursuite, si dans cet intervalle il n'est point intervenu de condamnation.

Il résulte de cette disposition que toutes les contraventions en matière de petite voirie que nous avons signalées, dans le n° 337, comme étant de la compétence des tribunaux de simple police, ne peuvent plus donner lieu à l'application d'aucune peine après l'expiration d'une année. Les tribunaux de police deviennent donc incompétents pour en connaître ; car ils ne peuvent prononcer que sur des faits susceptibles d'une répression pénale. Il en résulte aussi qu'après le laps d'une année on ne peut plus demander de dommages-intérêts contre le contrevenant pour le préjudice que sa contravention aurait occasioné.

Cependant si la contravention consiste dans une usurpation commise sur la voie publique, l'intervalle de temps qui s'est écoulé depuis qu'elle a eu lieu ne peut la légitimer, et la partie de la voie publique qui a été usurpée reste soumise à une action en revendication de la part de la commune. Cette action sera perpétuelle s'il ne s'agit que de l'usurpation d'une portion de la rue, et durera 30 ans s'il s'agit de l'usurpation de la rue dans toute sa largeur. Voir le n° 155.

L'action qui appartient dans ce cas à la commune est purement civile, et forme ce qu'on appelle, en termes de pratique, une action pétitoire. Elle doit être exercée devant les tribunaux civils

Si, après la prescription accomplie, la contravention continue de subsister, l'autorité municipale a le droit de poursuivre le contrevenant au civil, ainsi qu'il vient d'être dit; mais elle peut aussi prendre un arrêté pour enjoindre au contrevenant d'abandonner le terrain usurpé et de rendre à la voie publique la largeur qu'elle doit avoir. Si le contrevenant ne se soumet point à cet arrêté, sa désobéissance constitue une nouvelle contravention, qui l'expose à des poursuites devant le tribunal de simple police et aux peines et réparations que la loi prononce pour toute infraction aux règlements de petite voirie. La prescription de cette contravention nouvelle ne sera acquise que lorsqu'il se sera écoulé une année depuis le jour où la notification de l'arrêté municipalaura été faite au contrevenant, ou bien si cet arrêté fixe un délai, comme cela est convenable, pour remettre les choses en état, depuis le jour de l'expiration du délai fixé. C'est ce qui a été jugé par un arrêt de la cour de cassation du 25 mars 1830, (Daloz, an 1830, p. 182). Voir le n° 104.

COMPÉTENCE DES TRIBUNAUX DE POLICE CORRECTIONNELLE.

346. La quotité des peines qui peuvent être prononcées détermine la compétence du tribunal appelé à statuer sur le délit ou la contravention.

Les faits soumis à la compétence des tribunaux correctionnels sont ceux que la loi punit d'une peine pouvant excéder cinq jours de prison ou quinze francs d'amende. Tels sont :

1° La destruction, mutilation ou dégradation des monuments, statues et autres objets destinés à l'utilité ou à la décoration publiques, et élevés par l'autorité publique ou avec son autorisation. (Art. 257 du Code pénal.)

2° L'opposition, par voies de fait, à la confection des travaux autorisés par le gouvernement. (Art. 438 du Code pénal.) Par conséquent, l'opposition aux travaux de rétablissement et de réparation des rues, places et quais, aux travaux d'alignement ou de démolition des maisons riveraines, et autres travaux du même genre qui, se faisant d'après les ordres et sous la surveillance des autorités administratives ou municipales auxquelles le gouvernement a délégué une partie de son pouvoir, sont toujours censés exécutés d'après son autorisation, lors même que, dans certains cas, il ne serait pas intervenu directement.

3° La destruction ou mutilation des arbres plantés sur les rues et places. (Art. 445, 446, 447 et 448 du Code pénal.)

4° Les appels des jugements de simple police.

5° Les contraventions à la voirie de la compétence des conseils de préfecture, qui, outre la peine pécuniaire qui est prononcée par ces conseils, sont punies d'une peine corporelle qui ne doit être infligée que par les tribunaux correctionnels, si elle peut excéder cinq jours de prison ou quinze francs d'amende.

347. L'appel des jugements rendus par le tribunal de police correctionnelle est porté devant la cour royale, devant le tribunal du chef-lieu judiciaire du département, ou devant le tribunal du chef lieu judiciaire du département voisin, suivant les distinctions établies par les art. 200 et 201 du Code d'instruction criminelle.

348. Les délits de la compétence des tribunaux correctionnels se prescrivent par trois années à

compter du jour du délit, et, s'il y a eu des actes de poursuite, par trois années à compter du dernier acte. (Art. 637 et 638 du Code d'instruction criminelle.)

Nota. Nous n'avons pas eu la prétention, dans ce paragraphe, de faire l'énumération de tous les faits criminels qui peuvent se commettre dans les rues et places publiques. Il nous aurait fallu pour cela transcrire le plus grand nombre des dispositions du Code pénal. Nous n'avons voulu rappeler que les délits, d'une nature particulière, qui affectent la voie publique elle-même, si l'on peut parler ainsi, ou les objets destinés à son utilité ou à sa décoration. Pour tous les autres délits que nous n'avons pas mentionnés, tels que le vol de pavés, de matériaux, etc., nous ne pouvons que renvoyer au droit commun.

Il en est de même quant aux crimes dont la voie publique serait le théâtre, en faisant toutefois observer que les ponts, digues et chausséest sont placés sous une protection spéciale par l'art. 437 du Code pénal, qui prononce la peine de la réclusion contre ceux qui les auraient détruits ou renversés en tout ou en partie. La cour d'assises est seule compétente pour juger un pareil fait.

Questions préjudicielles devant les tribunaux de simple police et de police correctionnelle.

349. En matière pénale, on nomme question préjudicielle celle dont la solution doit influer sur la nature de la peine à appliquer ou le caractère du fait reproché. Une pareille question est préjudicielle, parce qu'elle doit être nécessairement jugée avant la question du fond. On ne peut en effet se prononcer sur la culpabilité du prévenu lorsqu'il est possible que d'un jugement préliminaire il ressorte la preuve

ou qu'il n'a pas commis le fait pour lequel il est poursuivi, ou qu'il avait le droit de le commettre. S'il arrive que le tribunal de simple police ou de police correctionnelle saisi de la connaissance du fond ne soit pas compétent pour prononcer sur les questions préjudicielles, ce tribunal doit surseoir à statuer sur le fond, renvoyer le jugement des questions préjudicielles devant qui de droit, et imposer formellement au défendeur l'obligation de les faire juger dans un délai déterminé, si non qu'il sera fait droit sur la plainte. (Arrêt de cassation du 31 janvier 1833. Dalloz, an 1833, p. 232.)

Mais, sur la production d'une question préjudicielle, le tribunal ne doit pas se déclarer incompétent ni se borner à surseoir, sans fixer un délai à l'expiration duquel il reprendra la connaissance du fond de l'affaire. (Arrêts de cassation, des 26 avril et 9 mai 1828, Dalloz, an 1828, p. 230 et 242.)

350. L'incompétence des tribunaux de police pour prononcer sur les questions préjudicielles résulte en général de l'application de l'un ou de l'autre des principes suivants :

1° Il est interdit à l'autorité judiciaire d'interpréter ou modifier, sous aucun prétexte, les actes de l'autorité municipale ou administrative : tels sont les termes de l'art. 13, titre 1er de la loi du 16-24 août 1790, et de la loi du 16 fructidor an 3.

2° Les tribunaux civils sont seuls compétents pour statuer sur les questions de propriété, de possession ou de servitude. (Cormenin, *Droit administratif*, 2e vol., p. 645. Arrêt de cassation du 3 ventôse an 13.)

Il est un seul cas où la question de propriété doit être déférée aux conseils de préfecture : c'est celui où le défendeur, excipant du titre de propriétaire, fonderait son droit sur un acte d'adjudication nationale. (Art. 4 de la loi du 28 pluviôse an 8. Arrêt du conseil d'Etat du 8 février 1831, (Dalloz, an 1831, p. 36, 3ᵉ partie.)

Des deux principes que nous venons de poser résultent les applications suivantes :

Toutes les fois que le tribunal de police ne peut prononcer sur la contravention qui lui est déférée qu'en s'appuyant sur un acte émané du pouvoir municipal ou administratif, s'il s'élève des doutes fondés sur l'interprétation à donner à cet acte, sur son application ou son étendue, le tribunal doit surseoir jusqu'à ce que la question d'interprétation ait été résolue par l'autorité compétente. En voici un exemple :

Un maire fixe un alignement à un particulier, et le fait citer ensuite devant le tribunal de simple police pour y avoir contrevenu. Le prévenu prétend s'y être conformé. C'est là une question d'interprétation de l'acte par lequel le maire a fixé l'alignement, question qui est du ressort de l'autorité administrative supérieure, et doit être décidée par elle *préjudiciellement* au jugement sur la contravention. Le tribunal de police doit donc surseoir à statuer au fond jusqu'à ce que cette question ait été jugée. Arrêt de cassation du 6 oct. 1832, Dalloz, an 1833, p. 83.)

Il y a également lieu à sursis lorsque le prévenu répond à l'inculpation qui lui est adressée : J'ai commis le fait, mais j'en avais le droit, parce que je suis propriétaire du terrain sur lequel ce fait a eu lieu.

Dans le cas où ce moyen de défense est opposé, il faut que le tribunal de police examine avec attention si le droit de propriété prétendu est en contradiction manifeste avec l'existence de la contravention, c'est-à-dire si, la propriété étant prouvée en faveur du prévenu, l'acte pour lequel il est poursuivi cesse d'être coupable. Alors seulement il y a lieu à surseoir et à accorder un délai à l'inculpé pour faire juger par les tribunaux compétents la question de propriété.

Ainsi, un individu traduit devant le tribunal de police comme prévenu d'avoir embarrassé par un dépôt de bois et de terre un terrain attenant à sa maison soutient que ce terrain n'est pas une voie publique, mais sa propriété particulière. Il est évident que, si le terrain sur lequel le dépôt a eu lieu est réellément sa propriété, on n'a aucun reproche à lui adresser, et que la contravention disparaît. La question de propriété est donc ici préjudicielle au jugement du fond. (Arrêt de cassation du 1er octobre 1825, Dalloz, an 1826, p. 67.)

Dans d'autres cas, au contraire, la poursuite est tout-à-fait indépendante du titre de propriétaire allégué par le prévenu, et, ce titre fût-il justifié, la contravention n'en subsiste pas moins. La question de propriété ne forme point alors de question préjudicielle : car elle ne peut avoir aucune influence sur le jugement du fond. Le numéro qui suit contient un exemple de cette hypothèse.

351. Nous avons dit, nos 222 et suivants, qu'il n'était pas permis de bâtir ou de réparer sur un terrain joignant la voie publique, sans avoir pris l'alignement ou sans se conformer à l'alignement donné. Si donc des constructions ou réparations avaient eu lieu en l'absence d'un plan ou contrairement à un plan d'alignement, il y aurait contravention punissable. Le contrevenant invoquerait en vain sa qualité de propriétaire. Elle ne pourrait l'excuser, car, fût-elle constatée, la contravention n'en subsisterait pas moins. En effet, cette contravention ne dérive pas de ce que les constructions ou réparations auraient été faites sur un terrain qui n'appartenait pas au contrevenant, mais uniquement de ce qu'elles ont été faites sans autorisation. La question de propriété n'est donc point ici une question préjudicielle, et le tribunal de police n'aurait point à s'y ar-

rèter. (Arrêts de cassation des 14 septembre 1827 et 24 août 1833, Dalloz, ans 1827, p. 495, et 1833, p. 372.) Voir le n° suivant.

352. La possession annale ne peut, pas plus que la propriété, excuser la contravention à des arrêtés d'alignement pris par l'autorité municipale dans la sphère de ses attributions. La question de possession annale n'est donc point une question préjudicielle en matière d'alignement, sa solution ne pouvant avoir aucune influence sur la décision de la contestation, puisque l'alignement, par sa nature et par les obligations qu'il impose, ne peut évidemment concerner que les propriétaires ou possesseurs des terrains sur lesquels il doit avoir lieu. (Arrêt de cassation du 6 septembre 1828, Dalloz, an 1828, p. 413.)

De cet arrêt quelques auteurs avaient tiré la conséquence que les contraventions aux arrêtés d'alignement ne devaient pas se prescrire par une année comme toutes les autres contraventions de police. C'était une erreur. L'arrêt ne dit rien de semblable. La possession annale dont il parle n'est point celle qui aurait couru depuis la contravention, mais au contraire celle qui l'aurait précédée.

353. La nécessité du sursis existe lorsque la question s'engage entre une partie civile qui poursuit et un prévenu qui répond que le fait reproché n'a point été par lui commis sur le terrain de la partie civile, mais sur un terrain dépendant d'une rue ou d'un chemin. (Arrêt de cassation du 28 août 1823.)

354. Si, sur une poursuite pour mutilation ou destruction d'arbres plantés sur des rues ou des places, il s'élève la question de savoir à qui des riverains ou de la commune les arbres appartiennent, cette question doit être renvoyée aux tribunaux civils. Arrêts du conseil d'État des 21 décembre 1808,

7 avril 1813, 24 décembre 1818. Loi du 12 mai 1825.)

355. Lorsqu'un tribunal civil est saisi d'une question préjudicielle de propriété, il doit se borner à statuer sur cette question, sans toucher en rien aux droits de l'administration. Ainsi il pourra bien ordonner que le particulier qui réclame est propriétaire; mais il ne pourra pas l'autoriser à élever des constructions sur la propriété qu'il lui adjuge, si le droit de construire lui est refusé par l'administration. (Arrêt du conseil d'État du 8 mai 1822.)

DE LA COMPÉTENCE DES JUGES DE PAIX COMME JUGES CIVILS. (Actions possessoires.)

356. L'art. 10, titre 3, de la loi du 16-24 août 1790, confère aux juges de paix le jugement de toutes actions possessoires.

L'article 3 du Code de procédure confirme cette disposition, et l'art. 23 de ce même Code établit les trois conditions requises pour autoriser l'action possessoire dont l'objet est le maintien de la possession.

Ainsi, 1° trouble dans la possession; 2° possession annale, paisible, à titre non précaire, avant le trouble; 3° action intentée dans l'année qui suit le trouble.

357. Une commune troublée par des usurpations ou des détériorations dans sa possession annale de la voie publique a plusieurs moyens d'obtenir réparation. Elle peut dénoncer le fait au ministère public et le faire poursuivre devant le tribunal de simple police. Elle peut aussi intenter une action au pétitoire devant le tribunal civil, et réclamer la propriété de la partie de la voie publique usurpée ou dégradée, si elle lui est contestée. Elle peut enfin

actionner au possessoire devant le juge de paix, et se borner à demander à être maintenue dans la possession dont elle jouit depuis plus d'une année.

Cette action possessoire, qui est dans le droit des communes, ne leur présente cependant que peu d'avantage. Les usurpations, embarras ou dégradations de la voie publique dont elles ont à se plaindre, seront plus facilement et plus promptement réprimés par une poursuite devant le tribunal de police, à moins qu'il n'y ait lieu de craindre que le contrevenant ne soulève une question préjudicielle et ne nécessite ainsi un sursis. L'action possessoire peut alors être exercée utilement à l'effet de réintégrer la commune dans sa possession avant le jugement de la question préjudicielle.

358. L'action possessoire appartient également aux particuliers contre les communes, lorsqu'ils sont troublés par celles-ci dans leur possession annale d'un terrain que les administrateurs municipaux prétendent faire partie de la voie publique. Plusieurs arrêts de la cour de cassation l'ont ainsi jugé, un entre autres, du 26 février 1833 (Dalloz, an 1833, p. 144).

Le trouble à la possession peut résulter d'un procès-verbal dressé par un agent ayant caractère à cet effet et constatant l'usurpation prétendue. (Arrêt de cassation du 10 janvier 1827, Dalloz, an 1827, p. 114.) Le trouble résulterait, à plus forte raison, de poursuites exercées en réparation de cette prétendue usurpation. Voir les n°ˢ 370 et suivants.

Les deux arrêts que nous venons de citer ne s'appliquent qu'à des chemins vicinaux ; mais il est évident que les principes qu'ils consacrent ont la même valeur lorsqu'il s'agit de rues ou de places. Cependant une distinction est nécessaire.

359. Le trouble apporté dans l'exercice des droits

d'un possesseur ne peut donner lieu à l'action possessoire que lorsqu'il est une négation de la possession. Ainsi un procès-verbal constatant une contravention à l'alignement ou un défaut de demande d'a-
lignement ne dénie pas la possession : car, quoique possesseur depuis plus d'une année, on n'en
doit pas moins se conformer à un arrêté d'alignement, de même qu'on n'en doit pas moins, avant de
bâtir ou de réparer, en demander l'autorisation. Le
procès-verbal étant rédigé et la poursuite ayant lieu,
abstraction faite des droits de possession, ils ne peuvent être considérés comme un trouble à cette possession.

360. M. Henrion de Pansey refuse aux particuliers l'action possessoire que nous avons reconnu
leur appartenir dans le n° 358.

A ce sujet, ce savant magistrat (*Compétence des juges
de paix*, p. 452) s'exprime ainsi : « Les chemins (et
les rues, p. 218 du même ouvrage) sont imprescriptibles. A leur égard, la possession, même la possession la plus longue, est donc comptée pour rien:
par conséquent celui qui aurait anticipé sur un chemin, et qui serait sommé de le rétablir dans son ancienne largeur, ne pourrait pas prendre cette sommation pour trouble, et intenter la complainte possessoire. »

Cette opinion est trop absolue. La complainte
possessoire ne doit être repoussée qu'à l'égard des
choses qui ne peuvent être acquises par la prescription. Comment en effet la possession annale serait-
elle comptée pour quelque chose, lorsque la possession la plus longue n'est comptée pour rien ? Ainsi l'action possessoire ne sera pas recevable quand il
s'agira d'anticipation sur une partie de la largeur
d'une rue, parce que cette anticipation, quelque prolongée qu'elle puisse être, ne serait jamais de na-

ture à faire acquérir la propriété par le moyen de
la prescription.

Il en serait autrement si l'anticipation portait sur
la largeur entière de la voie publique. Dans ce cas,
la possession de trente ans, revêtue des caractères
auxquels la loi attribue l'efficacité de prescrire, étant
de nature à faire acquérir la propriété, la possession annale devrait être respectée ; et, si elle ne l'é-
tait pas, le possesseur troublé par un procès-verbal
aurait le droit d'intenter l'action possessoire. Voir
le n° 155.

361. Un procès-verbal ou une poursuite ne sont
pas les seules causes de trouble qui puissent affec-
ter un possesseur. Il arrive fréquemment qu'une
commune, prétendant qu'un terrain voisin de la voie
publique en est une dépendance, fasse sur ce terrain des entreprises qui nuisent au droit de jouissance qu'un particulier aurait exercé depuis plus
d'une année. Le particulier ainsi troublé par des actes exécutés au nom de la commune a le droit incontestable d'intenter contre elle une action possessoire. Sous prétexte que le terrain en litige fait partie
d'une rue ou d'un chemin, il n'est point permis à la
commune de s'emparer provisoirement, et de sa
seule autorité, de la possession, avant toute décision sur le fond du droit. C'est ici que s'applique,
dans toute sa puissance, le motif d'un arrêt de la
cour de cassation que nous avons déjà cité (10 janvier 1827, Dalloz, an 1827, p. 114) : « Attendu que
le sieur Martin ne demandait pas à être maintenu
dans la possession d'un terrain ayant fait, de son
aveu, ou qu'on prouverait avoir fait partie d'un chemin public, mais dans la possession de la partie de son
pré sur laquelle il avait fait creuser un fossé pour séparer son héritage du chemin par lequel il est borné ;
action possessoire inhérente à son droit de proprié-

té ; que le voisinage du chemin n'avait pas pu lui faire perdre le droit d'exercer. »

C'est donc en vain que la commune prétendrait que le terrain litigieux, faisant partie de la voie publique, n'est point prescriptible et ne peut donner lieu à complainte. On lui répondrait avec raison que la question de savoir si le terrain fait ou non partie de la voie publique est contestée, et que c'est là la question au pétitoire ; que le juge de paix ne doit juger que le possessoire ; et que, sur la simple allégation de la commune qu'il s'agit d'une dépendance de la voie publique, il ne peut repousser la complainte.

362. Dans le cas que nous venons d'examiner, la complainte ne cesserait pas d'être recevable lors même que la largeur de la rue ou du chemin aurait été déterminée par des actes administratifs réguliers, tels qu'un plan d'alignement, un état de reconnaissance des chemins vicinaux, ou une déclaration de vicinalité, et que, d'après ces actes, le terrain en litige aurait été compris dans les limites données à la voie publique.

Ces principes sont consacrés par un arrêt de la cour de cassation du 26 février 1833 (Dalloz, an 1833, p. 144), ainsi conçu :

Attendu qu'il n'appartient qu'aux tribunaux de statuer sur la question de possession et de propriété des chemins vicinaux, soit que leur vicinalité ait été déclarée par l'autorité administrative ; soit qu'elle ne l'ait pas encore été ; qu'en effet, dans l'un et l'autre cas, le possesseur riverain est fondé à s'adresser aux tribunaux pour faire reconnaître s'il y a lieu sa possession et sa propriété, afin de réclamer, à tout événement, l'indemnité à laquelle il peut avoir droit ; que néanmoins le tribunal civil de Meaux a prononcé des fins de non recevoir contre la demande en preuve de la possession, en se fondant uniquement sur l'état du chemin vicinal et sur l'arrêté du préfet qui en avait déterminé la largeur; que par cette décision il s'est dépouillé du droit qu'il avait de prononcer sur la possession réclamée; que ce tribunal a ainsi faussement interprété l'art. 6 de la loi du 9 ventôse an 13 et violé l'art. 545 du Code civil.

La doctrine de cet arrêt est applicable aux rues des villes de même qu'aux chemins vicinaux.

363. Si l'acte administratif qui incorpore le terrain à la voie publique ne peut aucunement nuire à l'action possessoire, la sentence sur le possessoire ne peut davantage porter préjudice à l'exécution de l'acte administratif.

Dans les n°s 369 et 370 nous avons posé les règles qui déterminent les attributions respectives de l'autorité administrative et judiciaire.

364. Dans le cas où l'exécution de travaux de petite voirie ordonnée par le maire aurait causé des dommages aux propriétés voisines, le juge de paix serait compétent, aux termes des règles du droit commun sur la compétence des juges de paix, pour connaître de l'action en réparation formée contre les ouvriers, auteurs de ces dommages. Ainsi que nous l'expliquons dans le n° 375, une pareille action ne doit pas être portée devant le conseil de préfecture, parce qu'il ne s'agit pas de travaux publics. (Arrêt de cassation du 17 janvier 1831, Dalloz, an 1831, p. 50.)

365. Est aussi de la compétence du juge de paix la demande dirigée contre un entrepreneur de travaux qui aurait extrait des pierres d'une propriété particulière sans y être autorisé par l'administration et sans avoir mis le propriétaire en demeure de consentir le prix de l'extraction. (Arrêt du conseil d'Etat du 21 septembre 1827, Dalloz, an 1831, p. 38.)

COMPÉTENCE DES TRIBUNAUX CIVILS.

366. Les règles de la compétence des tribunaux civils que nous avons indiquées, n° 134, au titre *De la grande voirie*, sont également applicables à la voirie urbaine.

En matière de petite voirie urbaine, les tribunaux civils connaissent en outre 1° des répétitions d'indemnités pour occupation temporaire de terrains; 2° des demandes en réparation de dommages causés aux propriétés particulières par l'exécution de travaux publics; 3° du règlement des indemnités dues aux propriétaires dont les terrains ont été fouillés pour la confection ou l'entretien des rues; 4° et de toutes les questions de servitudes temporaires ou perpétuelles, actives ou passives, imposées sur un fonds ou réclamées en faveur d'un fonds. Voir sur ces différents objets le chap. 2 du titre *De la grande voirie,* les chap. 1er et 4 du titre *De la voirie urbaine*, et les nos 306, 316, 349 et suivants.

367. Les questions de propriété du terrain des rues, places, quais ou passages, sont de la compétence exclusive des tribunaux civils. (Cormenin, 2e vol. p. 645; Dalloz, v° *Voirie*, p. 1024. Arrêts du conseil d'État du 23 avril 1818, cass. 26 fév. 1833, Dalloz, an 1833, p. 144.) Dans ce dernier arrêt il n'est question que d'un chemin vicinal; mais les rues et les chemins, comme toutes les autres parties de la voie publique, sont à cet égard soumis au même principe.

La règle que nous venons de rappeler ne souffre d'exception que dans le cas où l'acquéreur d'un bien national prétendrait que le terrain que l'autorité veut attribuer à la voie publique a été compris dans la vente faite par le domaine. Il n'appartient alors qu'au conseil de préfecture d'interpréter l'acte de vente et de rechercher s'il comprend ou non le chemin en litige.

368. Les questions de servitude, ainsi que les questions de propriété, sont placées dans la juridiction des tribunaux civils, soit que les servitudes soient réclamées par des particuliers sur des rues ou places publiques, ou par un maire, au profit de sa commune, sur des propriétés particulières. Arrêt du conseil d'Etat du 30 juin 1806.

Il en en est de même si les servitudes sont réclamées par des particuliers, contre des particuliers : dans le cas, par exemple, où un propriétaire, ayant construit sur l'alignement qui lui a été régulièrement donné, serait en butte aux poursuites des propriétaires voisins, qui prétendraient que les nouvelles constructions nuisent à leurs propriétés.

369. Il est plusieurs observations générales à faire sur toutes les questions de propriété et de servitude soumises aux tribunaux civils : la première, que nous avons déjà présentée sous le n° 355, c'est que l'autorité judiciaire, dans la solution qu'elle donne à ces questions, doit avoir le soin de ne porter aucune atteinte aux droits de l'autorité municipale ou administrative, et se borner à statuer sur la propriété, la possession ou la servitude, sans prescrire aucune mesure qui puisse contrarier l'exécution d'un arrêté régulièrement rendu. Ainsi, quel que soit le jugement qui intervienne, les juges civils commettraient un excès de pouvoir s'ils ordonnaient que le propriétaire sera maintenu en possession du terrain ou de la servitude qu'ils ont reconnu leur appartenir, lorsqu'il résulte d'arrêtés pris par un maire ou par un préfet que ce terrain doit être réuni à la voie publique ou que l'exercice de la servitude

doit être interrompu pour cause d'utilité publique.

Dans ces divers cas, le jugement favorable aux prétentions du propriétaire ne peut lui donner d'autre droit que de poursuivre devant l'autorité administrative supérieure la réformation des arrêtés qui lui préjudicient, et, s'il ne se pourvoit pas, ou si les arrêtés sont maintenus, de réclamer une indemnité pour la perte de son terrain ou des servitudes actives qui lui sont enlevées, ou bien pour la charge des servitudes passives qui lui sont imposées.

Voici quelques applications du principe ci-dessus posé.

La cour de cassation a jugé, le 21 décembre 1824 (Dalloz, an 1825, p. 101), que les tribunaux n'étaient point compétents ni pour donner des alignements, ni pour modifier ceux tracés par l'administration, ni pour décider si l'alignement qu'un maire a donné est ou non obligatoire. Cet arrêt est fondé sur les art. 13 du titre 2 et 3 du titre 11 de la loi du 16-24 août 1790; sur la loi du 16 fructidor an 3 et les art. 50 et 52 de la loi du 16 septembre 1807.

Le conseil d'Etat a décidé, le 24 février 1825 (Dalloz, an 1826, p. 18, 3e partie), qu'un tribunal qui avait constaté que l'exécution d'un plan d'alignement donné en vertu de la loi du 16 septembre 1807, portait préjudice à la maison voisine en obstruant sa porte d'entrée, n'avait pu ordonner la démolition des constructions élevées conformément au plan d'alignement, et qu'en le faisant il avait modifié l'alignement et empiété sur les attributions de l'autorité administrative.

La cour de cassation a de nouveau jugé, le 31 janvier 1826 (Dalloz, an 1286, p. 151), que la question de savoir si un particulier qui avait établi un balcon, conformément à un arrêté du préfet, dans toute la longueur de la façade de sa maison , devait observer la distance prescrite par l'art. 679 du Code civil, était une question d'interprétation d'un acte administratif, sur laquelle les tribunaux civils étaient incompétents.

Dans les espèces que nous venons de citer et dans toutes les espèces semblables, la ligne de démarcation entre le pouvoir judiciaire et le pouvoir administratif est sensible. C'est devant le pouvoir judiciaire qu'il faut se pourvoir pour faire constater, lorsqu'il y a doute, la propriété, la possession ou l'existence de la servitude; mais c'est à l'autorité administrative supérieure qu'il faut s'adresser pour faire réformer les arrêtés dans celles de leurs dispositions qui blessent des intérêts privés. Si les arrêtés sont devenus définitifs, soit parce qu'ils n'ont pas été attaqués, soit parce que les réclamations dont ils ont été l'objet ont été repoussées, il y a lieu d'allouer une indemnité aux parties lésées par leur exécution. L'allocation de cette indemnité est attribuée aux tribunaux ordinaires, aux conseils de préfecture ou au jury, suivant les règles que nous avons tracées précédemment.

370. S'il est défendu à l'autorité judiciaire de s'immiscer dans la connaissance des actes administratifs, il est également interdit à l'autorité administrative de s'immiscer dans la connaissance des questions de propriété, de possession ou de servitude. Quelles que soient les mesures prises par l'administration, ces questions restent entières et ne peuvent être résolues que par la justice civile. Ainsi, quoique l'arrêté d'un préfet déclare que tel terrain est compris dans les limites d'un chemin vicinal, le propriétaire de ce terrain n'en a pas moins le droit de faire constater sa propriété par les tribunaux ordinaires ; et, s'il obtient un jugement favorable, de ré-

clamer une indemnité pour l'expropriation que lui fait subir l'arrêté du préfet. (Arrêt de cassation du 8 juillet 1829, Dalloz, an 1829, p. 295.)

371. Nous avons dit qu'un particulier pouvait réclamer, devant les tribunaux ordinaires, contre d'autres particuliers l'exercice des servitudes ou des droits individuels qui lui compètent sur la voie publique. Ce point est fixé par une jurisprudence constante. Voici quelques arrêts qui l'ont ainsi jugé :

Un particulier avait fait placer des barrières sur un terrain faisant partie de la voie publique, sans que le maire chargé des intérêts de la commune eût élevé de réclamation. Un propriétaire voisin, voulant ouvrir une porte sur ce terrain et y établir un passage, introduisit une instance devant les tribunaux pour faire ordonner l'enlèvement des barrières. Le défendeur soutint cette action non recevable sous le prétexte qu'il n'appartenait qu'au maire de revendiquer, au profit de tous les habitants de la commune, la libre jouissance de la voie publique. Arrêt de cassation du 15 juin 1829 (Dalloz, an 1829, p. 271), qui rejette ce moyen de défense, « attendu qu'il s'agissait d'un droit particulier sur une rue reconnue publique, indépendant des droits qui peuvent appartenir à la commune. »

Dejoux détourne un chemin vicinal et lui en substitue un autre qu'il prend sur ses terres. Ambert, auquel ce détournement portait préjudice, en ce que l'ancien chemin passait devant son habitation, fait citer Dejoux devant le tribunal de première instance. Jugement et ensuite arrêt qui ordonnent le rétablissement du chemin dans son état primitif : « attendu que chacun a le droit de réclamer l'usage d'un chemin public, lorsque ce chemin lui est utile, et que les œuvres faites, surtout par un individu non autorisé, portent préjudice à sa propriété ; que le principe contraire, qui remettrait à l'administrateur communal le droit de réclamer seul, violerait le droit inviolable de la propriété. » (Cour de Nîmes, 25 mars 1829, Dalloz, an 1829, p. 265.)

La cour de cassation a même été plus loin; et le 18 mai 1830 (Dalloz, an 1830, p. 249), elle a décidé que, si le mode suivant lequel un individu usait de la voie publique portait préjudice à la propriété d'un autre individu, le propriétaire lésé pouvait intenter une action devant les tribunaux ordinaires, sans le concours du maire de la commune; et particulièrement qu'il pouvait être interdit à un particulier, à la requête d'un autre particulier, de passer dans une voie publique élevée en terrasse, avec chevaux et voitures, à cause de l'ébranlement que cela causait aux propriétés inférieures.

Par tous les arrêts que nous venons de citer et par un grand nombre d'autres qu'il serait trop long de rapporter, il est jugé que l'action individuelle est permise pour demander devant les tribunaux ordinaires la réparation du dommage causé par la manière dont un tiers use ou abuse de la voie publique, et que cette action peut être exercée sans le concours du maire, paraissant au nom de la commune et venant soutenir l'intérêt privé en même temps que l'intérêt général.

372. Il faut remarquer que ce principe, que les habitants d'une commune peuvent intenter *ut singuli* toutes les actions relatives à la jouissance d'une voie publique sur laquelle ils ont un droit individuel, ne s'applique que dans les cas où la propriété de la voie publique prétendue n'est pas contestée; mais si le défendeur soutient qu'il est propriétaire de la partie de terrain sur laquelle le demandeur réclame un droit, cette question de propriété ne peut être vidée qu'en présence du maire de la com-

mune. (Arrêt de la cour de Lyon, 15 juillet 1828, Dalloz, an 1829, p. 13.) Il en est de même lorsque la publicité ou la vicinalité de la voie publique sont déniées. (Arrêt de cassation du 6 mai 1826, Dalloz, an 1826, p. 365.) Il est indispensable alors que le tribunal surseoie à statuer jusqu'au moment de l'intervention du maire.

Cette distinction est très juste. S'il est raisonnable de permettre à un particulier de poursuivre individuellement la réparation d'un dommage qui affecte principalement son intérêt privé, il serait contre toutes les règles de l'autoriser à faire juger, en l'absence de la commune, la question de savoir si cette commune est ou non propriétaire du terrain en litige, si ce terrain constitue une rue ou un chemin, si ce chemin est public, vicinal ou privé : car il ne saurait appartenir à un ou plusieurs de compromettre les droits de tous. Aux termes de la loi du 30 septembre 1796, ces droits ne peuvent être soutenus que par les maires ou leurs adjoints. qui sont seuls compétents pour demander les autorisations de plaider ou attaquer les arrêtés qui refusent ces autorisations. (Arrêt du conseil d'Etat du 6 septembre 1826, Dalloz, an 1827, p. 24. 3e partie.)

Lorsque ces diverses questions sont soulevées, le tribunal peut immédiatement déclarer le demandeur non recevable dans son action individuelle; mais il nous semble plus équitable qu'il surseoie à statuer en fixant un délai pendant lequel le maire sera mis en cause, sinon qu'il sera fait droit.

373. Le maire a qualité pour poursuivre la réparation des usurpations et détériorations commises sur la voie publique et des contraventions aux mesures d'ordre et de sûreté. Le plus généralement la poursuite est exercée devant les tribunaux de police. C'est le moyen le plus efficace pour obtenir prompte

justice. Cependant la poursuite peut être exercée également devant les tribunaux civils. Cette voie doit être préférée lorsqu'il y a contestation sur la propriété. Cette question étant élevée, le tribunal de police en effet serait obligé de surseoir et de renvoyer devant le tribunal civil. Il est donc plus simple de saisir aussitôt ce dernier tribunal, sans passer par une autre juridiction.

374. La cour de Montpellier a jugé, le 25 mai 1830 (Dalloz, an 1831, p. 69), que le tribunal civil était compétent pour statuer sur l'action exercée par un maire contre le propriétaire d'une maison menaçant ruine, afin d'en faire ordonner la démolition. Cet arrêt est fondé sur le principe que l'action civile peut être exercée séparément de l'action publique. L'arrêt ajoute que le maire a pu assigner devant le tribunal civil, sans autorisation du conseil de préfecture. Ceci est une erreur. Les lois du 29 vendémiaire an 5 et du 28 pluviôse an 8, confirmées par l'art. 1032 du Code de procédure civile, disposent, d'une manière générale, que les communes, représentées par leur maire, ne peuvent plaider sans en avoir reçu l'autorisation du conseil de préfecture, après délibération du conseil municipal. Ces lois ne reçoivent aucune exception de ce que l'affaire est urgente et de ce qu'il s'agit de l'exécution d'une mesure de police. Le fait de ne pas avoir démoli une maison menaçant ruine, malgré les arrêtés du maire qui ordonnaient la démolition, était une contravention qui pouvait être poursuivie devant le tribunal de police. La commune, ayant abandonné l'action publique pour choisir l'action civile, devait se conformer à toutes les conditions imposées à ces sortes d'actions.

375. Aux termes de l'art. 4 de la loi du 28 pluviôse an 8, le conseil de préfecture prononce sur les

difficultés qui pourraient s'élever entre les entrepreneurs de travaux publics et l'administration,
concernant le sens ou l'exécution des clauses de leurs
marchés ; sur les réclamations des particuliers qui
se plaindront de torts et dommages procédant du
fait personnel des entrepreneurs et non du fait de
l'administration ; sur les demandes et contestations
concernant les indemnités dues aux particuliers, à
raison des terrains pris ou fouillés pour la confection
des chemins, canaux et autres ouvrages publics.

Suivant cet article, la compétence du conseil de
préfecture n'existe que relativement à l'interprétation des actes ou à la réparation des dommages qui
auraient eu lieu pour l'exécution des travaux publics.
C'est donc à la nature des travaux exécutés qu'il faut
se référer pour déterminer la compétence.

Les travaux ordonnés par un maire dans un intérêt purement communal sont-ils des travaux publics ? Oui, si l'on n'examine la question qu'en général. Les intérêts d'une aggrégation d'habitants
composant une commune se confondent nécessairement avec l'intérêt public, et ce qu'on fait dans
l'intérêt de cette aggrégation est considéré comme
étant fait dans un but d'utilité publique. Aussi la
loi du 7 juillet 1833, art. 12, assimile-t-elle aux
travaux publics les travaux communaux. Mais la
question, réduite à l'interprétation du sens de l'article 4 de la loi de l'an 8, doit recevoir une autre solution. Dans l'esprit du législateur, ces mots, *travaux
publics*, dont se sert cet article, ne doivent s'entendre que des travaux ordonnés par l'administration
et exécutés dans l'intérêt de l'état ou des départements, en un mot des travaux de grande voirie.
Telle est l'interprétation très fondée donnée constamment à l'art. 4 de la loi de l'an 8 par le conseil
d'État et par la cour de cassation. « Considérant

que ledit article, dit un arrêt du conseil d'État du 12 avril 1829 (Dalloz, an 1829, p. 22, 3° partie), n'est applicable qu'aux ouvrages d'utilité publique, dont les plans ont été adoptés par le gouvernement dans les formes prescrites par les règlements, et dont l'exécution est surveillée par un agent délégué à cet effet par l'autorité supérieure. » Un autre arrêt de la même juridiction, du 25 avril 1828, est conçu dans les mêmes termes.

Cette jurisprudence, dont on ne doit pas s'écarter, parce qu'elle est fondée en raison, exclut évidemment de la compétence des conseils de préfecture toutes les contestations qui prennent naissance à l'occasion de l'exécution des travaux d'utilité communale, au nombre desquels se trouvent les travaux de petite voirie, qui ne se font qu'avec les deniers de la commune, sur les ordres du maire, et ne sont surveillés que par ses agents.

La juridiction exceptionnelle du conseil de préfecture étant écartée, on rentre dans les règles du droit commun, qui attribuent aux tribunaux ordinaires la connaissance de toutes les contestations, soit qu'elles s'élèvent entre le maire et des entrepreneurs de travaux, entre le maire et des particuliers, entre des entrepreneurs de travaux ou leurs employés et des particuliers, ou bien de particuliers à particuliers, pourvu toutefois que dans les débats entre un maire et des particuliers il ne s'agisse pas de l'interprétation ou de la réformation d'un arrêté municipal, et que les débats entre particuliers ne portent pas sur le maintien ou la réformation d'un plan d'alignement. Voir les n° 369 et suivants.

376. Ainsi, sont de la compétence des tribunaux ordinaires : 1° les contestations sur des marchés ou adjudications passés entre une commune et des entrepreneurs pour l'établissement et la réparation

d'une rue ou d'un chemin vicinal, ou bien pour la construction d'un pont. (Arrêts du conseil d'État des 18 février 1829, 16 décembre 1830, Dalloz, an 1829, p. 21 ; an 1830, p. 22, 3° part,)

Ces arrêts jugent également que les parties n'ont pu, par une convention privée, contenue dans le cahier des charges, déroger à l'ordre des juridictions et se soumettre valablement à la juridiction administrative, en cas de difficultés sur les clauses de l'adjudication.

2° Les demandes d'indemnité pour dommages, privations de jouissance, dépréciation de valeur des propriétés particulières ou pour terrains pris temporairement ou fouillés par suite d'exécution des travaux. (Arrêt du conseil d'État du 1er sept. 1819, Macarel, t. 9, p. 628. Arrêt de cassation des 18 janv. 1826 et 11 déc. 1827, Dalloz, an 1826, p. 130, et 1828, p. 54.)

La compétence des tribunaux ordinaires dans ces différents cas ne cesserait pas lors même que l'arrêté municipal qui ordonne les travaux aurait été approuvé par le préfet, car l'ordre émanerait toujours du maire, quoique le préfet l'ait sanctionné.

Elle ne cesserait pas davantage si les travaux communaux étaient confectionnés d'après des plans adoptés par le gouvernement, dans les formes prescrites par les règlements. Ces travaux, en effet, seraient toujours exécutés sur l'ordre des maires, surveillés par les agents et payés avec les seuls deniers de la commune. Ainsi, quoiqu'une ordonnance royale les ait autorisés, ils ne perdraient pas le caractère de travaux communaux, et ne prendraient pas celui de travaux publics dans le sens donné à ces mots par l'art. 4 de la loi du 28 pluviôse an 8.

COMPÉTENCE DU JURY SPÉCIAL.

377. Le titre 4 de la loi du 7 juillet 1833 a institué un jury spécial pour prononcer sur le règlement des indemnités dues aux propriétaires expropriés pour cause d'utilité publique.

Les terrains nécessaires pour l'ouverture des rues nouvelles, ou pour le redressement et l'élargissement des rues existantes, ne peuvent être acquis par l'état, à défaut de conventions amiables, qu'en procédant contre les propriétaires par la voie de l'expropriation.

L'expropriation prend diverses formes, suivant les circonstances. Ainsi, dans le cas d'ouverture de rues nouvelles, elle est soumise aux règles écrites dans les lois du 7 juillet 1833. Voir notre commentaire sur cette loi, art. 3, note *e*.

Il en est de même dans le cas de redressement ou d'élargissement des rues anciennes, lorsque l'expropriation est poursuivie immédiatement et par action directe; mais lorsque l'expropriation ne doit s'accomplir qu'indirectement, par l'effet successif de la démolition des constructions qui couvrent les terrains qui doivent être réunis à la voie publique, elle est régie par les dispositions de la loi du 16 septembre 1807. Voir les n°ˢ 211 et suivants, 245 et suiv.

Dans ces divers cas l'évaluation de l'indemnité due aux propriétaires expropriés est déférée au jury spécial.

Cette décision ne peut faire aucun doute relativement à l'évaluation de l'indemnité pour dépossession de terrains nécessaires à l'ouverture des rues nouvelles, ou à l'élargissement des rues anciennes, lorsque, pour arriver plus rapidement à l'élargissement, on procède par voie d'expropriation. L'expropriation et le règlement de l’indemnité sont, dans l’un et dans l’autre cas, soumis tous deux à l’empire de la loi de 1833.

En est-il ainsi dans le cas de dépossession par voie d’alignement, qui est réglée suivant la loi de 1807, ainsi que nous venons de le dire. Il aurait semblé naturel alors de soumettre le règlement de l’indemnité aux dispositions de cette même loi. Mais l’exécution de la loi de 1807, en matière d’alignement, s’arrête aux formes de la dépossession. Elle cesse lorsqu’il s’agit du paiement et du règlement de l’indemnité, qui, ne touchant qu’aux intérêts civils, sont régis par les règles du droit commun. Il faut distinguer en effet dans chaque affaire d’expropriation deux parties très distinctes : la dépossession et l’indemnité. Chacune de ces parties peut être soumise à l’empire de lois différentes. Nous avons établi, dans notre commentaire sur la loi du 7 juillet 1833 (art. 30, note *a*, n° 6), que le règlement d’indemnité pour alignement devait se faire par le jury spécial. Le jury spécial a succédé, quant au règlement des indemnités dues dans tous les cas d’expropriation, aux attributions conférées aux tribunaux par la loi du 8 mars 1810, qui a été remplacée par la loi de 1833, suivant l’art. 67 de ladite loi. Par conséquent toutes les questions d’indemnité qui, aux termes de la loi de 1810, étaient de la compétence des tribunaux, sont entrées dans la compétence du jury spécial. D’un autre côté, la loi de 1810 avait elle-même remplacé la loi du 16 septembre 1807 relativement au règlement des indemnités pour le cas d’expropriation. Ce point de jurisprudence était universellement reconnu par l’accord unanime des arrêts du conseil d’État et de la cour de cassation. Il en résulte donc que le règlement des indemnités provenant d’expropriations poursuivies suivant le mode de la loi de 1807 doit avoir lieu actuellement conformément à la loi de 1833. C'est ainsi au reste que cette dernière loi a été interprétée par le rapporteur de la commission de la chambre des députés chargée d'en examiner le projet (séance de la Chambre des députés du 9 février 1833), et ensuite par M. le directeur général des ponts et chaussées, dans ses instructions aux préfets. C'est ce qu'on peut induire au moins des termes d'une circulaire du 3 août 1833. Cette doctrine doit prévaloir. Le jury spécial exerce en matière d'indemnité pour expropriation la plénitude de la juridiction, et doit attirer à lui toutes les affaires de cette nature, à moins d'une disposition contraire de la loi.

378. Nous avons dit plus haut que le règlement des indemnités par le jury spécial ne devait avoir lieu qu'à défaut de conventions amiables entre le propriétaire et l'administration.

Les conventions amiables peuvent avoir pour objet la cession de l'immeuble et le prix, ou bien l'un ou l'autre séparément. Lorsque les conventions amiables portent sur le prix, l'intervention du jury spécial devient inutile.

Aux termes de l'art. 56 de la loi du 7 juillet 1833 les conventions amiables peuvent être constatées dans la forme des actes administratifs. Les actes administratifs sont passés par le préfet et signés de lui et des parties intéressées. Les actes passés par les maires n'ont pas le caractère d'actes administratifs. La cour de cassation vient de juger, par un arrêt du 27 novembre 1833 (*Gazette des tribunaux*, 7 décembre 1833), qu'un acte passé par un maire, agissant comme administrateur des biens de la commune, n'avait point la force exécutoire. Il en résulte que, si un maire constatait les conventions amiables arrêtées entre lui et les propriétaires menacés d'expropriation, l'acte qu'il aurait dressé et signé à ce sujet n'aurait d'autre valeur que celle d'un acte sous signature privée.

Il est donc prudent, lorsque les maires se sont arrangés à l'amiable avec les propriétaires dont les terrains doivent être réunis à la voie publique par suite d'un plan d'alignement, de recourir au ministère d'un notaire pour dresser l'acte qui doit servir de preuve aux conventions et donner le moyen d'en poursuivre la réalisation.

379. L'indemnité due aux propriétaires qui, par l'effet de l'alignement, sont forcés de reculer leurs constructions, consiste uniquement dans la valeur du terrain délaissé. Telle est la disposition de l'art. 50 de la loi de 1807. C'est aussi ce qui a été jugé par un arrêt de la cour de cassation du 7 juillet 1829.

Par conséquent les propriétaires ne peuvent réclamer, soit devant le jury, soit en traitant amiablement avec l'administration, que le prix du terrain, sans aucune indemnité pour la valeur des constructions démolies. L'administration en effet n'achète et n'a entendu acheter qu'un terrain non bâti. C'est pour cela qu'elle a attendu, pour la réunion à la voie publique, que les constructions fussent démolies. On ne peut donc lui faire payer au-delà de la valeur du terrain : car il faut toujours avoir le soin de distinguer l'obligation de reculer, qui est une charge municipale imposée aux propriétés riveraines de la voie publique, en compensation des avantages qu'elles en retirent, d'avec la dépossession du terrain au profit de la commune. L'indemnité n'a lieu que pour le terrain dont la commune s'empare, et non pour l'interdiction de bâtir ou de réparer, qui est la conséquence de l'obligation de reculer, et dont la perte est couverte par la compensation,

COMPÉTENCE DES CONSEILS DE PRÉFECTURE.

380. Les conseils de préfecture ne peuvent connaître des réclamations élevées contre les arrêtés des maires ou des préfets pris en matière de petite voirie urbaine.

Ils sont incompétents également pour statuer sur les contraventions commises en cette matière ou sur les questions civiles auxquelles elle donne naissance.

On voit que les conseils de préfecture n'ont, à proprement parler, aucune juridiction relativement aux rues qui dépendent de la petite voirie urbaine. La compétence que nous leur avons reconnue dans les n°s 60 et suivants, en matière de grande voirie, pour ce qui concerne les grandes routes et les rues qui en sont le prolongement, se partage, en ce qui concerne les rues qui appartiennent à la petite voirie, entre les tribunaux de police, les juges de paix et les tribunaux civils, ainsi que nous l'avons expliqué ci-dessus.

381. Cependant il est une juridiction générale que la loi leur attribue sur certains objets déterminés et qu'ils exercent sur toutes les voies publiques, quelle que soit leur nature, soit qu'elles dépendent de la grande ou de la petite voirie.

Ces objets sont les suivants :

1° La police du roulage. (Loi du 29 floréal an 10.)

2° Les travaux de salubrité qui intéressent les villes et les communes. (Art. 35, 36, 37 de la loi du 16 septembre 1807.)

3° Le règlement des comptes pour la levée des plans généraux des rues des villes. (Décret du 13 avril 1809.)

JURIDICTION CONTENTIEUSE DES PRÉFETS.

382. Les préfets prononcent sur les pourvois formés contre les arrêtés des maires.

Ils prononcent également sur les pourvois formés contre leurs propres arrêtés. Voir les nᵒˢ 54, 177, 178 et 188.

JURIDICTION CONTENTIEUSE DU MINISTRE DE L'INTÉRIEUR ET DES TRAVAUX PUBLICS.

383. Les décisions rendues, en matière de voirie, par les préfets, sur les recours exercés soit contre leurs propres arrêtés, soit contre les arrêtés municipaux, ne peuvent être attaquées que par un pourvoi porté devant le ministre des travaux publics. Voir les nᵒˢ 58, 178, 179 et 180.

Il n'y a d'exception à cette règle que lorsque les arrêtés préfectoraux sont attaqués pour cause d'incompétence. Le pourvoi doit alors être porté directement devant le conseil d'Etat. (Arrêt du conseil d'Etat du 16 juin 1831.)

Le droit que nous venons de reconnaître au ministre de l'intérieur de prononcer sur le pourvoi formé contre les décisions des préfets est un véritable droit de juridiction contentieuse, puisqu'il doit être statué sur la plainte d'une partie qui se prétend lésée.

Ce droit ne doit pas être confondu avec celui qui résulte pour le ministre de l'exercice de la juridiction volontaire qui lui est attribuée, et qui lui donne, en l'absence de toute réclamation, la faculté de réviser, approuver, annuler ou modifier les règlements d'administration locale rendus par les fonctionnaires qui lui sont subordonnés.

ll exerce ce dernier droit en sa qualité de supérieur administratif, au lieu que le premier, il l'exerce comme juge.

(Voir de plus amples développements sur cette matière des pouvoirs administratifs aux n°ˢ 122 et suiv., 182 et 189.)

JURIDICTION DU CONSEIL D'ÉTAT.

384. Ainsi que nous l'établissons dans les n°ˢ 125, 181, 182, 183, 184 et 188, le conseil d'État est compétent pour recevoir le pourvoi et connaître des réclamations contre tous les arrêtés ministériels qui ont une nature contentieuse.

On trouvera les applications et les développements de ce principe dans les n°ˢ 125, 126, 127, 128, 188, 207, 259 et 383.

Nous avons indiqué dans ces différents numéros toutes les règles qui déterminent la compétence du conseil d'État en matière de voirie.

Les numéros 129 et suivants renferment l'énonciation des formes à suivre dans les pourvois, et de leurs effets.

ÉDITS, ARRÊTS ET ORDONNANCES CONFIRMÉS PAR LA LOI DU 19-22 JUILLET 1791 (1).

385. *Edit du mois de décembre 1607, contenant l'ordre, la fonction et les droits du grand-voyer.*

Deffendons à nostredit grand-voyer ou ses commis de permettre qu'il soit fait aucunes saillies, avances et pans de bois estres aux bastiments neufs, et mesme à ceux où il y en a à présent, de contraindre les réédifier, ny faire ouvrages qui les puissent conforter, conserver et soutenir, ny faire aucun encorbellement en avance pour porter aucun mur, pan de bois ou autres choses en saillie, et porter à faux sur lesdites rues; ainsi faire le tout continuer à plomb, depuis le rez-de-chaus-

(1) Voir le n° 357, art. 471, n° 15, notes *l, m, n.*

sée tout contremont ; et pourvoir à ce que les rues s'embellis-
sent et élargissent au mieux que faire se pourra ; et en baillant
par luy les allignements, redressera les murs où il y aura ply
ou coude, et de tout sera tenu de donner par écrit son pro-
cez-verbal de luy signé, ou de son greffier, portant l'allignement desdits édifices de deux toises en deux toises, à ce qu'il
n'y soit contrevenu ; pour lesquels allignements nous luy a-
vons ordonné soixante sols parisis pour maison, payables par
les particuliers qui feront faire lesdites édifications sur ladite
voyrie, encore qu'il y eust plusieurs allignements en icelle,
n'estant comptés que pour un seul.

Comme aussi nous deffendons à tous nosdits sujets de ladite
ville, faux-bourgs, prévosté et vicomté de Paris et autres villes
de ce royaume, faire aucun édifice, pan de mur, jambes es-
trières, encoigneures, caves ny caval, forme ronde en saillie,
sièges, barrières, contre-fenestres, huis de caves, bornes,
pas, marches, siéges, montoirs à cheval, auvents, enseignes,
establies, cages de menuiserie, châssis à verre et autres avances sur ladite voyrie, sans le congé et allignement de nostredit grand-voyer ou desdits commis, pour quoy faire nous luy a-
vons attribué et attribuons le somme de soixante sols tournois.
Et après la perfection d'iceux, seront tenus lesdits particuliers
d'en avertir ledit grand-voyer ou son commis, afin qu'il recolle
lesdits allignements et reconnaisse si lesdits ouvriers auront tra-
vaillé suivant iceux, sans toutes fois payer aucune chose pour
ledit recollement et confrontation. Et où ils se trouveroient
qu'ils auroient contrevenu auxdits allignements seront, lesdits
particuliers, assignez par devant le prevost de Paris ou son
lieutenant, pour voir ordonner que la besongne mal plantée
sera abbattuë, et condamnez à telle amende que de raison, applicable comme dessus.

Deffendons au commis de nostredit grand-voyer de prendre
aucuns droits pour mettre les treilles de fer aux fenestres sur
rues, pourvu qu'ils n'excèdent les corps des murs qui seront
tirez à plomb ; et pour ceux qui sortiront hors des murs,
payeront la somme de trente sols tournois. Faisons aussi deffenses à toutes personnes de faire et creuser aucunes caves
sous les rues ; et pour le regard de ceux qui voudront faire de
grez pour monter à leurs maisons, par le moyen desquels le
ruës estrecissent, faire siéges esdites ruës, estail ou auvent
clorre ou fermer aucunes ruës, faire planter bornes au coin
d'icelles, ès entrées de maisons poser enseignes nouvelles, ou
faire le tout réparer, prennent congé dudit grand-voyer ou
commis. Pour lesquelles choses faites de neuf, et pour la permission première, nous luy avons attribué et attribuons la
somme de trente sols tournois pour la visitation d'icelles, et
pour celles qu'il conviendra seulement réparer et refaire, la
somme de quinze sols tournois ; et où aucuns voudroient faire
telles entreprises sans lesdites permissions, le pourra faire con-

damner en ladite amende de dix livres, payable comme dessus, ou plus grande somme si le cas y échet, et faire abattre lesdites entreprises, le tout au cas que lesdites entreprises incommodent le public; et, pour cet effet, sera tenu le commis dudit grand-voyer se transporter sur les lieux auparavant que donner la permission ou congé de faire lesdites entreprises. Pareillement avons deffendu et deffendons à tous nosdits sujets de jeter dans les ruës eauës ny ordures par les fenestres, de jour ny de nuit, faire préaux ny aucuns jardins en saillies aux hautes fenestres, ny pareillement tenir siens terreaux, bois, ny autres choses, dans les ruës et voyes publiques, plus de vingt-quatre heures, et encore sans incommoder les passants; autrement luy avons permis et permettons de les faire condamner en l'amende comme dessus, auquel voyer ou commis nous enjoignons se transporter par toutes les ruës, mesme par les maistresses, de quinze en quinze jours, afin de commander qu'elles soient délivrées et nettoyées et que les passants ne puissent recevoir aucunes incommoditez.

Deffendons aussi à toutes personnes de faire des éviers plus haut que rez-de-chaussée, s'ils ne sont couverts jusque audit rez-de-chaussée, et mesme sans la permission de nostredit grand-voyer, ses lieutenants ou commis, pour laquelle permission luy sera payé trente sols indistinctement, tant pour ceux qui sont au rez-de-chaussée que ceux qui ne se trouveront audit rez-de-chaussée.

Ordonnons à nostre dit grand-voyer ou commis de faire crier aux quatre festes annuelles de l'an, de par nous et de par luy, à ce que les ruës soient nettoyées, et outre qu'il y ayt à ordonner aux charretiers conduisant terreaux et gravois et autres immondices de les porter aux champs, aux lieux destinez aux voyries ordinaires, et au deffaut de luy obéir, saisira les chevaux et harnois des contrevenants pour en faire son rapport, sans qu'il puisse donner mainlevée qu'il n'en soit ordonné.

Enjoindra aux sculpteurs, charrons, marchands de bois, et tous autres, de retirer et mettre à couvert, soit dans leurs maisons ou ailleurs, ce qu'ils tiennent d'ordinaire dans les ruës, comme pierres, coches, charretes, chariots, troncs, pièces de bois et autres choses qui peuvent empescher ou incommoder ledit libre passage desdites ruës; comme aussi aux teinturiers, foullons, frippiers et tous autres, de ne mettre seicher sur perches de bois, soit ès fenestres de leurs greniers ou autrement, sur ruës et voyes, aucuns draps, toilles et autres choses qui peuvent incommoder et offusquer la veüe desdites ruës, sur les peines que dessus; et sur les contraventions qui se feront, lesdites deffenses estant faites par ledit sieur grand-voyer ou ses commis, seront les contrevenants condamnez en l'amende comme dessus.

Voulons et nous plaist que ledit grand-voyer et ses commis

ayent l'œil et connaissance du pavement desdites ruës, voyes, quais et chemins, et où il se trouvera quelques pavez cassez, rompus ou enlevez, qu'ils les fassent refaire et restablir promptement, mesme faire l'ouverture des maisons des refusants d'icelles, aux dépens des détempteurs desdites maisons, injonction préalablement faite auxdits détempteurs, et prendra garde que le pavé de neuf soit bien fait, et qu'il ne se trouve plus haut élevé que celui de son voisin. Deffendons au commis de nostre dit grand-voyer de donner aucune permission de faire des marches dans les ruës, mais seulement continuer les anciennes ès lieux où elles n'empeschent pas le passage.

Ne pourra aussi nostre dit voyer ou commis donner permission d'auvent plus bas que de dix pieds, à prendre du rez-de-chaussée en amont; et pour ceux qu'il donnera, ensemble pour les enseignes, luy appartiendra pour les permissions nouvelles trente sols tournois, et pour le changement des enseignes, réfection et changement d'auvent, n'en prendra que quinze sols tournois. Lesquels lieutenants et commis de nostre grand voyer pourront commettre en chacune ville un maçon ou autre personne capable, pour donner les allignements sur ruës.

386. *Tarif des droits que le roi veut et ordonne être payés aux voyers, experts-priseurs et arpenteurs-jurés, et aux voyers-greffiers de l'écritoire, pour raison de petite voirie, en exécution de l'édit de novembre 1697.*

Pour chaque permission ou congé pour apposition d'auvents, de pas, bornes, marches, éviers, siéges, montoirs à cheval, seuils et appuis de boutiques excédant le corps des murs, portes, huis de caves, fermeture de croisées et de soupiraux qui ouvriront sur la rue, enseignes, établis, cages, montres, étalages, comptoirs, plafonds, tableaux, bouchons, châssis à verre saillants, étaux, dos-d'ânes, rateliers, perches, barreaux, échoppes, abajours, auvents, montants, contrevents ouvrants en dehors, et autres choses faisant avance sur la voye publique;

Sçavoir :

Dans les villes où il y a cour supérieure, bureau des finances, ou présidial, dans celles d'Arles et Marseille, vingt-six sols huit deniers, cy   26 s. 8 d.

Dans les autres villes où il y a justice royale, vingt sols, cy   20 s.

Et dans les bourgs, treize sols quatre deniers, cy   13 s. 4 d.

Pour chaque boutique et échoppe posée de neuf des savetiers, revendeuses, tripières, bouquetières, vendeuses de sel de morues et salines; sçavoir :

Dans les villes où il y a cour supérieure, bureau des finances, ou présidial, et dans celles d'Arles et Marseille, vingt-six sols huit deniers, cy .... 26 s. 8 d.

Dans les autres villes où il y a justice royale, vingt sols, cy .... 20 s.

Et dans les bourgs, treize sous quatre deniers, cy ... 13 s. 4 d.

Pour les petits auvents, et pour les appuis saillants mis sur les croisées ou fenêtres ; sçavoir :

Dans les villes où il y a cour supérieure, bureau des finances, ou présidial, et dans celles d'Arles et de Marseille, treize sols quatre deniers, cy .... 13 s. 4 d.

Dans les autres villes où il y a justice royale, dix sols, cy .... 10 s.

Et dans les bourgs, six sols huit deniers, cy ...... 6 s. 8 d.

Et pour le rétablissement ou changement des choses ci-dessus, la moitié seulement des droits fixez par le présent tarif.

387. *Ordonnance du bureau des finances de Paris du 29 mars 1754, concernant la police générale des routes et des chemins.*

(Les articles **IV** et **XII** de ladite ordonnance, faite seulement pour la généralité de Paris, ont été confirmés et étendus à toute la France par l'arrêt du conseil du 27 février 1765). Voir le n° 389.

Art. 4. Faisons défense à tous habitants, propriétaires, locataires ou autres ayant maisons ou héritages le long des rues, grandes routes et autres grands chemins, de construire ou reconstruire, soit en entier, soit en partie, aucuns bâtiments sans en avoir pris alignement ; ni de poser échoppes ou choses saillantes, sans en avoir obtenu la permission : lesquels alignements et permissions seront donnés, tant dans les parties de la banlieue de Paris que dans les autres chemins de la généralité, par ceux de nous commissaires du pavé de Paris et des ponts et chaussées, chacun en son département ; ou, en leur absence, par un autre de nous, conformément aux plans levés et arrêtés, et déposés au greffe du bureau, ou qui le seront dans la suite ; et lesdits alignements seront donnés sans frais, ainsi qu'il s'est toujours pratiqué, à peine, contre les particuliers contrevenants, de trois cents livres d'amende, de démolition des ouvrages faits, et de confiscation des matériaux ; et contre les maçons, charpentiers et ouvriers, de pareille amende et même de plus grande peine en cas de récidive. Défense expresses sont faites à tous officiers de justice, et aux prétendus voyers, si aucuns y a, de donner aucun desdits alignements, le tout conformément aux règlements précédents, et notamment aux ordonnances et arrêt du conseil confirmatif, des 12 et 17 mars 1739 ; et seront toutes les ordonnances qui auront été données par les dits sieurs commissaires déposées au greffe du bureau.

Art. 7. Faisons défenses à tous gravatiers, laboureurs, vignerons, jardiniers, charrons et autres, de décharger aucuns gravois, terres, fumiers, immondices, pierres, bois ou autres empêchements au passage public, tant sur les chaussées de pavé, accotements et chemins de terre, que sur les ponts, aux avenues des ports et dans les rues, d'y laisser séjourner aucune voitures, charrettes, bois de charonnage, meules de foin ou paille, ou autres choses généralement quelconques qui puissent embarrasser la voie publique. Défendons à toutes personnes de faire aucuns trous et fouilles sur et à côté des chaussées ou accotements, ni sur les glacis, sous quelque prétexte que ce soit, même d'y prendre du sable, de la pierre ou autres matériaux. Faisons pareilles défenses à tous bergers, conducteurs de bœufs, vaches, moutons, chèvres ou autres animaux, et à toutes autres personnes, d'arracher ou endommager aucuns arbres le long desdits chemins ; le tout sous peine de cinquante livres d'amende, de confiscation des bestiaux, et de demeurer responsable du tort qui en pourra résulter aux arbres et plantations.

Art. 12. S'il se commet dans la suite de nouvelles contraventions aux règlements et à la présente ordonnance, les contrevenants seront assignés sur-le-champ, à requête du procureur du roi, pour être condamnés suivant l'exigence des cas. A cet effet, enjoignons expressément aux maires et échevins des villes, aux syndics des paroisses, et aux entrepreneurs du pavé de Paris et des ponts et chaussées, d'informer exactement l'un desdits sieurs commissaires, chacun dans leur département, ou le procureur du roi, des contraventions, et des noms, domiciles et qualités des contrevenants, à peine de demeurer garants et responsables, en leur propre et privé nom, desdites contraventions et des amendes dues pour icelles, le tout ainsi qu'il est prescrit par le règlement du 17 juin 1721. Autorisons en outre tous propriétaires ou tenanciers des maisons et héritages aboutissant sur les chaussées ou chemins à faire assigner par devant nous les contrevenants à l'art. 7 ci-dessus, pour être condamnés aux peines prononcées, ainsi qu'il est porté par l'ordonnance du 28 mai 1743.

378. *Arrêt du Conseil du 7 septembre 1755, portant règlement concernant les matériaux à prendre dans tous les endroits non clos, même dans les bois du roi et des communautés, pour l'usage des ponts et chaussées ; l'exemption de tous droits pour l'exportation des matériaux qui y sont*

destinés, et l'indemnité due aux propriétaires sur les ter-
rains desquels il aurait été fait des fouilles.

Le roi, étant informé que les entrepreneurs des ponts et chaussées du royaume sont quelquefois troublés, dans l'exécution des ouvrages dont ils sont adjudicataires, par les propriétaires de fonds sur lesquels ils sont obligés de prendre les matériaux qui leur sont nécessaires, ou même par les seigneurs directs ou justiciers desdits fonds ; comme aussi que, lorsqu'ils se trouvent obligés de prendre lesdits matériaux dans les bois et forêts appartenants à Sa Majesté, et sur les bords desdites forêts ou dans les bois appartenant à des ecclésiastiques, communautés de laïques et autres gens de mainmorte, il se forme des conflits entre les officiers des maîtrises des eaux et forêts, d'une part, à qui la police des bois et la manutention de tout ce qui concerne leur conservation est attribuée, et les officiers des bureaux des finances, d'autre, qui ont la connaissance de ce qui concerne les adjudications des ouvrages des ponts et chaussées; et Sa Majesté voulant tout à la fois prévenir les inconvénients ci-dessus, et assurer de plus en plus l'exécution des règlements précédemment rendus concernant l'exemption de tous droits pour lesdits matériaux, lors de leur transport par terre ou par eau, elle aurait jugé à propos d'expliquer ses intentions sur cet objet, et de donner de plus en plus des marques de sa protection à des ouvrages dont l'utilité est reconnue; et qui, en facilitant les communications et le commerce, augmentent les produits des droits mêmes auxquels on voudrait assujettir ceux qui les construisent. Sur quoi, ouï le rapport du sieur Moreau de Sechelles, conseiller d'État ordinaire et au conseil royal, contrôleur général des finances, le roi, étant en son conseil, a ordonné et ordonne ce qui suit :

Art. 1. Les arrêts du conseil des 3 octobre 1667, 3 décembre 1672 et 22 juin 1706, seront exécutés selon leur forme et teneur; en conséquence, les entrepreneurs de l'entretien du pavé de Paris, ainsi que ceux des autres ouvrages ordonnés pour les ponts, chaussées et chemins du royaume, turcies et levées des rivières de Loire, Cher et Allier, et autres y affluentes, pourront prendre la pierre, le grès, le sable, et autres matériaux pour l'exécution des ouvrages dont ils sont adjudicataires, dans tous les lieux qui leur seront indiqués par les devis et adjudications desdits ouvrages, sans néanmoins qu'ils puissent les prendre dans des lieux qui seront fermés de murs, ou autre clôture équivalente suivant les usages du pays. Fait, Sa Majesté, défense aux seigneurs ou propriétaires desdits lieux non clos, de leur apporter aucun trouble ni empêchement, sous quelque prétexte que ce puisse être, à peine de toute perte, dépens, dommages-intérêts, même d'amende et de telle autre condamnation qu'il appartiendra, selon l'exigence des cas, sauf néanmoins auxdits seigneurs et propriétaires à se pourvoir contre lesdits entrepreneurs pour leur dédommagement, ainsi qu'il sera réglé ci-après. Dans le cas où les matériaux indiqués par les devis ne seront pas jugés convenables ou suffisants, les inspecteurs généraux ou ingénieurs pourront en indiquer à prendre dans d'autres lieux ; mais lesdites indications seront données par écrit et signées desdits inspecteurs ou ingénieurs. Veut, Sa Majesté, que les entrepreneurs ne puissent faire aucun autre usage des matériaux qu'ils auront extraits des terres appartenantes aux particuliers, que de les employer dans les ouvrages dont ils sont adjudicataires, à peine de tous dommages-intérêts envers les propriétaires, et même de punition exemplaire.

2. Lesdits inspecteurs généraux et ingénieurs indiqueront, autant qu'ils le pourront, pour prendre lesdits matériaux, les lieux où leur extraction causera le moins de dommages ; ils s'abstiendront, autant que faire se pourra, d'en faire prendre dans les bois ; et, dans les cas où l'on ne pourrait s'en dispenser sans augmenter considérablement le prix des ouvrages, veut, Sa Majesté, que les entrepreneurs ne puissent mettre des ouvriers dans les bois appartenants à Sa Majesté, ou aux gens de mainmorte, même dans les lisières et aux abords des forêts et distances prohibées par les règlements, sans en avoir pris la permission des grands maîtres des eaux et forêts, ou des officiers des maîtrises par eux commis, qui constateront les lieux où il sera permis auxdits entrepreneurs de faire travailler, et la manière dont se fera l'extraction desdits matériaux, comme aussi les chemins par lesquels ils les voitureront. Voulant, Sa Majesté, que, dans le cas où lesdits officiers auraient quelque représentation à faire pour la conservation desdits bois, ils en adressent, sans retardement, leur mémoire au sieur contrôleur général des finances, pour y être statué par Sa Majesté ; et ne pourront en aucun cas lesdits officiers exiger desdits entrepreneurs aucuns frais ni vacations pour raison des visites et permissions ci-dessus ordonnées.

3. Les propriétaires de terrains sur lesquels lesdits matériaux auront été pris seront pleinement et entièrement dédommagés de tout le préjudice qu'ils auront pu en souffrir, tant par la fouille pour l'extraction desdits matériaux que par les dégâts auxquels l'enlèvement aura pu donner lieu. Sera payé ledit dédommagement auxdits propriétaires par les entrepreneurs, suivant l'estimation qui en sera faite par l'ingénieur qui aura fait le devis des ouvrages ; et en cas que lesdits propriétaires ne voulussent pas s'en rapporter à ladite estimation, il sera ordonné un rapport de trois nouveaux experts nommés d'office, dont lesdits propriétaires seront tenus d'avancer les frais. Veut, Sa Majesté, que les entrepreneurs rejettent en outre à leurs frais et dépens, dans les fouilles et ouvertures qu'ils auront faites, les terres et décombres qui en seront provenus.

4. Les bois, pierres, grès, sable, fer et autres matériaux que les entrepreneurs des ouvrages du pavé de Paris, des ponts et chaussées, et turcies et levées, feront transporter pour l'exécution de leurs ouvrages, même leurs outils et équipages, seront exempts de tous droits de traite, entrée et sortie, même de ceux dépendants des fermes des aides, domaine et barrage, droits d'octrois, péages, pontonnages, et de tous autres généralement quelconques appartenants à Sa Majesté, aliénés, engagés ou concédés, soit aux villes et communautés, soit aux particuliers, à quelque titre que ce soit, conformément à la déclaration du 17 septembre 1692, aux arrêts du conseil des 2 juin et 4 août 1705 et autres subséquents, en rapportant certificat de leur destination par l'ingénieur, visé des sieurs trésoriers de France, commissaires du pavé de Paris et des ponts et chaussées dans la généralité de Paris, et des sieurs intendants et commissaires départis dans les provinces et autres généralités du royaume. Enjoint, Sa Majesté, auxdits sieurs intendants et commissaires départis dans les provinces et généralités du royaume, aux officiers de bureaux des finances, aux grands-maîtres et autres officiers des maîtrises des eaux et forêts, de tenir la main, chacun en droit soi, à l'exécution du présent arrêt, qui sera lu, publié et affiché partout où besoin sera.

389. *Arrêt du Conseil du 27 février 1765, concernant le droit exclusif des trésoriers de France, commissaires du Conseil, pour donner les permissions et alignements sur les routes entretenues aux frais du roi.*

Le roi, étant informé que l'exécution des plans pour les traverses des routes construites par ses ordres dans les villes, bourgs et villages de quelques généralités, souffre différents retardements, et est même quelquefois totalement intervertie par des alignements donnés aux propriétaires de maisons ou autres édifices sur lesdites routes, par des officiers de justice ou prétendus voyers, qui, n'ayant aucune connaissance desdits plans, s'ingèrent, sous différents prétextes, dans l'exercice d'une fonction que Sa Majesté ne leur a pas confiée; et s'étant fait rendre compte de ce qui se pratique à cet égard au bureau des finances de la généralité de Paris, dans le ressort duquel, pour prévenir de pareils abus, ledit bureau a prescrit, par son ordonnance du 29 mars 1754, que tous les alignements pour constructions, reconstructions et permissions relatives à toute espèce d'ouvrages à la face des bâtiments étant sur lesdites routes, ainsi que pour établissement d'échoppes et choses saillantes seraient donnés par les trésoriers de France, com-

missaires de Sa Majesté, ou, en l'absence desdits sieurs commissaires, par un autre desdits trésoriers de France, et ce, dans
l'un ou l'autre cas, conformément aux plans levés et arrêtés
par ordre de Sa Majesté, qui sont ou seraient déposés par la
suite, ainsi que les minutes desdits alignements et permissions,
au greffe dudit bureau des finances, pour être par ledit bureau statué sur toutes les contraventions et exécutions des
édits et déclarations de Sa Majesté; et ayant reconnu que les
dispositions de cette ordonnance, en conservant et maintenant la compétence des bureaux des finances sur cette matière, parent à tous les inconvénients, Sa Majesté aurait cru,
en confirmant les dispositions de la susdite ordonnance, devoir
les étendre à tous les bureaux des finances du royaume. A
quoi voulant pourvoir, vu la susdite ordonnance du bureau
des finances de Paris, du 29 mars 1754, et ouï le rapport du
sieur de L'Averdy, conseiller ordinaire au conseil royal, contrôleur général des finances, le roi, étant en son conseil, a
ordonné et ordonne que, conformément à ce qui se pratique
au bureau des finances de la généralité de Paris, dont Sa Majesté a confirmé et confirme l'ordonnance du 29 mars 1754,
articles 4 et 12, les alignements pour constructions et reconstructions de maisons, édifices ou bâtiments généralement
quelconques, en tout ou en partie, étant le long et joignant
les routes construites par ses ordres, soit dans les traverses
des villes, bourgs et villages, soit en pleine campagne; ainsi
que les permissions pour toute espèce d'ouvrages aux faces
desdites maisons, édifices et bâtiments, et pour établissement
d'échoppes ou choses saillantes le long desdites routes, ne
pourront être donnés en aucun cas par autres que par les trésoriers de France, commissaires de Sa Majesté pour les ponts
et chaussées en chaque généralité, ou, à leur défaut et en
leur absence, par un autre trésorier de France de ladite généralité qui serait présent sur les lieux et pour ce requis; le
tout sans frais et en se conformant par eux aux plans levés et
arrêtés par les ordres de Sa Majesté, qui sont ou seront déposés par la suite au greffe du bureau des finances de leur généralité; et dans le cas où les plans ne seraient pas encore
déposés audit greffe, veut, Sa Majesté, qu'avant de donner
lesdits alignements ou permissions, lesdits trésoriers de
France, commissaires de Sa Majesté, ou autres à leur défaut,
se fassent remettre un rapport circonstancié de l'état des
lieux par l'ingénieur ou l'un des sous-ingénieurs des ponts et
chaussées de ladite généralité, et que dudit alignement ou de
ladite permission il soit déposé minute au greffe dudit bureau
des finances, à laquelle ledit rapport sera et demeurera an-
nexé. Fait, Sa Majesté, défenses à tous particuliers, propriétaires ou autres, de construire, reconstruire ou réparer aucuns édifices, poser échoppes ou choses saillantes le long desdites routes, sans en avoir obtenu les alignements ou per-

missions desdits trésoriers de France, commissaires de Sa Majesté, ou, dans le cas ci-dessus spécifié, d'un autre trésorier de France dudit bureau des finances, à peine de démolition desdits ouvrages, confiscation des matériaux, et de trois cents livres d'amende ; et contre les maçons, charpentiers et ouvriers, de pareille amende, et même de plus grande peine en cas de récidive. Fait pareillement, Sa Majesté, défenses à tous autres, sous quelque prétexte et à quelque titre que ce soit, de donner lesdits alignements et permissions, à peine de répondre, en leur propre et privé nom, des condamnations prononcées contre les particuliers, propriétaires, locataires et ouvriers, qui seront, en cas de contravention, poursuivis à la requête des procureurs de Sa Majesté auxdits bureaux des finances, et punis suivant l'exigence des cas. Enjoint, Sa Majesté, aux sieurs intendants et commissaires départis dans toutes les généralités, ainsi qu'aux commissaires des ponts et chaussées et aux officiers des bureaux des finances, de tenir, chacun en droit soi, la main à l'exécution du présent arrêt. Et sera, ledit arrêt, lu, publié et affiché partout où besoin sera, et exécuté nonobstant oppositions ou appellations quelconques, pour lesquelles ne sera différé, et dont, si aucunes interviennent, Sa Majesté s'est réservé la connaissance, et icelle interdit à toutes ses cours et juges.

TABLE

ALPHABÉTIQUE ET ANALYTIQUE

DES MATIÈRES.

Le chiffre indique le numéro de la page.

plan d'alignement, 237, 241, 242. — A qui appartient l'interprétation d'un arrêté d'alignement, 238, 344. — L'alignement est donné à la charge de respecter les servitudes établies, 240. — Ne doit point être donné d'alignement provisoire, 243. — Alignement dans le cas de démolition pour cause de ruine, 269, 272, 274. — Dans le cas de démolition, doit-on permettre la réparation des murs des maisons voisines ? 274, 275. — Les questions de propriété ou de possession ne peuvent arrêter les poursuites pour contravention à l'alignement ou à l'autorisation de bâtir, 334. — V. *Plans d'alignement*, *Contraventions*, *Démolition*, *Préfet*, *Maires*, *Pourvoi*, *Règlements*.

AMENDES en matière de grande voirie 98 et suiv., 111 et suiv. — Ne peuvent être modérées, 102. — Comment recouvrées, 116.

ANTICIPATIONS en matière de grande voirie, poursuivies devant le conseil de préfecture, 98. — Peines, 111 et suiv. — En matière de petite voirie urbaine, poursuivies devant le tribunal de simple police, 300, 305. — Peines, 304, 305. — L'anticipation peut être poursuivie par les habitants, *ut singuli*, si elle nuit à la desserte particulière des maisons, 295, 296. — Les constructions formant anticipation ne peuvent être détruites qu'après jugement, 267, 270, 298.

AQUEDUCS. A qui appartiennent, 25, 34, 22. — Débats entre particuliers à l'occasion d'un aqueduc, 73. — Droit d'aqueduc sous les voies publiques, 34, 73. — V. *Servitudes*.

ARBRES. — V. *Plantations*.

ARCHITECTES. Leurs obligations et leur responsabilité, 113, 201, 202.

ARRETE. — V. *Préfets*, *Maires*, *Conseil de préfecture*, *Conseil d'état*, *Ministre*, *Règlements*.

ATTRIBUTIONS. V. *Conflit*, *Juridiction*.

AUVENTS. V. *Saillies*.

BALCONS. V. *Saillies*

BALAYAGE DES RUES, 283, 303.

BANCS. V. *Saillies*.

BOIS. Essartement des bois le long des routes, 47.

BORNES. V. *Saillies*.

BOURGS. V. *Villes*.

CARRIERE. V. *Matériaux*.

CAVES, 132, 215.

CHEMINS. Leur classification. 18, 30, 32, 40, 80.

CHENAUX. V. *Saillies*.

COMMISSAIRES *généraux de police*, 171. Ne peuvent plus exercer les attributions de police municipale, 172.

COMMUNES. Ont-elles droit à une indemnité lorsqu'un chemin vicinal est élevé au rang de route départementale, 40. — Doivent planter les routes dans la traversée de leurs propriétés, 50. — Peuvent-elles exiger la réparation des chemins dégradés par l'exécution de travaux de grande voirie ? 95. — Les travaux communaux sont des travaux publics, 252 et suiv. — Dépenses communales, 278. — Ne peuvent plaider sans autorisation, 320, 349. — V. *Mare*, *alignements*, *Rues*.

COMPETENCE. V. *Juridiction*.

préfecture ou les tribunaux civils, 247, 248, 251, 255, 349 et suiv. — L'indemnité pour dommages n'est de la compétence du jury spécial que lorsque les dommages sont connexes à l'expropriation, 249. — L'indemnité pour dommages doit-elle être préalable, 250. — Règlement de l'indemnité pour dommages de toute nature causés à des propriétés particulières par l'exécution de travaux publics. 43, 45, 83 et suiv., 91, 125, 126, 133, 142, 241, 246, 250 et suiv., 255 et suiv.—L'indemnité n'a lieu que pour réparation d'un préjudice matériel, 257. — La reconnaissance de la propriété ou de la servitude donne lieu à indemnité en faveur du propriétaire, 344. — V. *Conseils de préfecture, Expropriation, Servitude, Jury, Tribunaux civils.*

ISSUE, 136 et suiv., 141 et suiv. — V. *Servitudes.*

JUGES DE PAIX. Jugent les actions possessoires relatives aux arbres plantés sur la voie publique, 134. — Peuvent connaître du trouble apporté au libre usage des rues par des usurpations, 242.— Les actions possessoires peuvent être exercées par les communes contre les particuliers de même que par les particuliers contre les communes, 336.—Quels sont les actes qui constituent un trouble. 337, 339. — De quelle nature doit être la possession invoquée, 336, 338. — Les juges de paix connaissent des actions en dommages causés par des travaux de petite voirie, 341, 349 et suiv. —Dans quels cas l'action ne peut être intentée que par le maire, et dans quels cas par la partie lésée, 316 et suiv.

JURIDICTION. Ce que c'est, 154. — A qui appartient, 154. — Juridiction volontaire, 154, 157, 168. — Contentieuse, 155, 168, 300.—Juridiction volontaire des maires. 157,177,180,187,259.—Des commissaires-généraux de police, 174. — Des préfets et du ministre, en matière de grande voirie, 36 et suiv., 78. — En matière de petite voirie, 173. — Du roi, en matière de grande voirie, 80. — En matière de petite voirie, 174. — Juridiction contentieuse des tribunaux de simple police, 300. — Des tribunaux correctionnels, 329. — Des juges de paix comme juges civils, 336. — Des tribunaux civils, 342.—Des conseils de préfecture, 82 et suiv., 357.—Des préfets, 358, — Du ministre, 358.

JURY SPECIAL. — V. *Expropriation, Indemnités.*

LOCATAIRES. — V. *Alignement, Démolition, Indemnité.*

MAIRES. Sont compétents concurremment avec les préfets pour prendre des mesures relativement aux dépôts de fumier et autres objets, ainsi qu'aux bâtiments menaçant ruine sur des rues dépendant de la grande voirie, 71, 260, 263, 265, 299, 321 et suiv. — Chargés de constater les contraventions de grande voirie, 103. — Chargés de la police des rues, sans distinction de grande et de petite voirie, 157, 158, 166, 259, 321.—N'exercent les droits de voirie que sur les rues qui ne sont pas la prolongation des grandes routes, 7 et suiv , 157, 166.—Attributions de police et de petite voirie, 158, 159 et suiv., 260, 303, 307, 309, 310 et suiv.—Les maires et adjoints remplacent les corps municipaux et l'agent municipal, 160.—Ne peuvent prendre que des mesures générales, 162.—Ne peuvent dispenser

MATÉRIAUX. Extraction, quand, et par qui autorisée, 44, 250, 252, 255. — Matériaux extraits sont soumis aux droits d'octroi, 46. — Indemnités pour extraction de matériaux, 91, 126, 251. — Forme de procéder, 92. — Comment est réglée la quotité des indemnités, 92, 93, 94, 95. — L'indemnité doit-elle être préalable? 94, 251. — Détériorations, en matière de grande voirie, poursuivies devant le conseil de préfecture, 98. — Dépôts de matériaux, 98, 99, 100, 260 et suiv., 299, 304. — Peines pour contraventions de grande voirie, 111 et suiv. — Peines pour dépôts de matériaux et autres objets, ou défaut d'éclairage, 304, 305.

MESURES PROVISOIRES. En matière de grande voirie, 106 et suiv. — En matière de petite voirie, 297 et suiv.

MINISTRE DES TRAVAUX PUBLICS. Sa juridiction en matière de grande voirie, 17, 49, 78, 79, 118 et suiv. — Pourvoi contre les arrêtés du ministre, 79, 119 et suiv., 167 et suiv. — Sa juridiction en matière de petite voirie, 174, 290, 358.

MUR DE FACE. — V. *Alignement.*

Mur de refend. — V. *Alignement.*

Murs de soutènement. A qui appartiennent, 22, 25, 34.

NUMÉROTAGE DES MAISONS, 291.

OCCUPATION TEMPORAIRE. Quand et par qui autorisée, 42, 250. — Indemnités pour occupation temporaire, 43, 83, 251.

OUVRIERS. — V. *Architectes.*

PANS DE BOIS. — V. *Maire, Tribunaux de police.*

PASSAGE sur la voie publique, 136, 141, 152.

Passages publics. Leur nature et leur police, 127, 128, 147. — V. *Rues, Servitudes.*

PAVAGE DES RUES. Est une charge communale, 278. — Peut être mis à la charge des propriétaires riverains, 279. — Mode de procéder, 281.

PÉRIL. — V. *Démolition.*

PERMISSIONS de réparer les bâtiments joignant les routes et les rues des villes, bourgs et villages. — V. *Alignements* (grande voirie et petite voirie), *Réparations.*

PLACES. A qui appartiennent, 25, 129. — Les alignements sur les places sont donnés par les maires, lors même qu'elles seraient traversées par une grande route, 55. — V. *Rues.*

PLANS D'ALIGNEMENT. Plans généraux en matière de grande voirie, 55, 62, 80, 180 et suiv. — Plans généraux en matière de petite voirie, 171, 178, 180 et suiv., 183, 239. — Plans partiels en matière de grande voirie, 58. — Plans partiels en matière de petite voirie, 167 et suiv., 178, 180, 185, 239.

Plans symétriques pour la forme d'architecture. Ne peuvent être imposés, à moins de conventions, 200.

PLANTATIONS sur les routes. A qui appartiennent, 22. — Comment et par qui doivent être effectuées les plantations, 50, 80. — Abatage et élagage des plantations, 52. — Détériorations, en matière de grande voirie, poursuivies devant le conseil de préfecture, 93. — Peines pour contraventions de grande voirie, 111 et

ticuliers à l'occasion d'un arrêté administratif ou municipal, 73. — Conflits d'attributions, 75 et suiv. — Seuls compétents pour statuer sur des entreprises non réprimées par une loi ou par un règlement, 99. — Ainsi que sur les dommages-intérêts réclamés par des tiers, en matière de grande voirie, 102. — Jugent les questions de propriété et de servitudes, 125, 126, 134, 242, 328, 342. — Arbitrent les indemnités dues pour suppression de servitudes ou entraves à leur exercice, et pour toute espèce de dommages aux propriétés particulières, en matière de petite voirie, 241, 248, 249, 251, 255. — Prononcent l'expropriation, 245. — Sont ils compétents pour prononcer sur les cas de démolition pour péril des bâtiments, 260 et suiv. — Connaissent des infractions aux marchés passés avec des entrepreneurs et des contestations sur ces marchés, en matière de petite voirie et de police 283, 286. — Dans quels cas les personnes lésées ne peuvent porter leur action devant les tribunaux, *ut singuli*, 296, 346 et suiv. — Les questions de propriété ou de servitude qui s'élèvent devant les tribunaux de police doivent être renvoyées devant les tribunaux civils, 331. — Compétence des tribunaux civils en matière de petite voirie et de travaux communaux, 342, 349 et suiv. — En statuant sur les questions de propriété ou de servitude, les tribunaux ne doivent porter aucune atteinte aux droits de l'autorité municipale, dont ils doivent respecter les arrêtés, 344. — Démarcation entre le pouvoir judiciaire et administratif, 345.

Tribunaux correctionnels. Compétence des tribunaux correctionnels, 329. — Questions préjudicielles, 331.

Tribunaux de police. Concurrence avec les conseils de préfecture pour dépôts de matériaux et autres objets sur les rues de grande voirie, 100, 321 et suiv. — Connaissent des contraventions en matière d'alignement de petite voirie, 177, 190, 203. — N'ont pas le droit d'interpréter ou de modifier les arrêtés municipaux rendus en matière de police ou de voirie, 237, 262, 265, 310, 333. — Répriment les contraventions ou arrêtés municipaux, et ordonnent la destruction des ouvrages, 270, 277, 278, 302, 307, 309, 318. — Les infractions à un marché passé avec un entrepreneur ne peuvent être soumises à leur compétence, 283, 286. — Mode de constater et de poursuivre les contraventions de petite voirie et de police, 293, 294. — Quand peuvent être poursuivies directement par la partie lésée, 295, 296. — Compétence des tribunaux de police, 300, 310, 312, 321. — Ne peuvent prononcer que les peines autorisées par la loi, 301, 302, 312. — Nomenclature des contraventions et des peines à appliquer, 303 et suiv. — Les arrêtés municipaux ne sont obligatoires qu'autant qu'ils ont été rendus sur un objet confié à la vigilance des maires, 310. — Appel du jugement des tribunaux de police, 327. — Prescription des contraventions, 328. — Questions préjudicielles, 331 et suiv. — V. *Anticipation, Amendes, Conseils de préfecture, Contraventions, Démolition, Règlements Maires, Préfets.*

TUYAUX DE CHEMINEES. — V. *Saillies.*

VILLAGES. — V. *Villes.*

VILLES. Voirie des villes, bourgs et villages. Ce qu'elle comprend

127, 157.—Appartient aux préfets pour les rues qui sont la prolon
gation des grandes routes, 53. — Appartient au maire pour toutes
les autres rues, 7, 157, 1 6, 180. — Les plans généraux d'alignement ne sont prescrits que pour les villes d'une population de plu
de 2000 âmes, 180.

VOIES PUBLIQUES. — V. *Rues, Routes, Chemins, Passages
Impasses, Places, Quais, Promenades, Alignem nts, Réparation
Servitudes.*

VOIRIE. Son objet, 1, 15. — Distinction entre la grande et la
petite voirie, 8, 15. — Différence entre la voirie et la police, 11,
157.

Voirie (grande . Ce qu'elle comprend, 8, 17. V. *Administration, Ministre, Préfets, Sous-préfets,* aires, *Roi, Alignements.*

Voirie de Paris. Sera traitée dans un volume à part, 16.

Voirie (petite) Ce qu'elle comprend, 8, 10.

Voirie des villes, bourgs et villages. Ce qu'elle comprend, 127,
128, 157 et suiv., 190, 191.—V. *Maires, Préfets, Ministre, Roi,
Alignements, Communes, Rues, Chemins, Police, Juridiction*

VOISINS. V. *Alignement, Démolition, Indemnité.*

VOYERS. Leurs fonctions, 204, 205, 222. — V. *Droit*

VUES, 136 et suiv., 141 et suiv. V. *Servitudes.*

USURPATION. V. *Rues.*

FIN DE LA TABLE ANALYTIQU

TABLE

DES MATIERES

FIN DE LA TABLE DES MATIÈRES.

LE CODE DES MUNICIPALITÉS, ou Collection de Lois sur l'administration des communes et des départements, expliquées à l'aide de la discussion dans les deux chambres, avec notes et commentaires puisés dans les lois antérieures, dans la jurisprudence du conseil d'état, de la cour de cassation et des cours royales, dans les décisions et circulaires ministérielles, et les opinions des auteurs, par MM. GILLON et STOURM, contiendra les lois suivantes avec leurs commentaires.

1º *Celles déjà publiées :*

LOI SUR L'EXPROPRIATION POUR CAUSE D'UTILITÉ PUBLIQUE, 1 vol. in-12....................... 1 fr. 50

LOI SUR LA GARDE NATIONALE, 1 vol............ 1 fr. 50

TRAITÉ DE LA VOIRIE des villes, bourgs et villages, 1 vol. de 400 pages............ .... 1 fr. 50

2º *Sous presse :*

LOI SUR LES CHEMINS VICINAUX, rues et places des bourgs et villages, cours d'eau, 1 vol..................... 1 fr. 50

LOI SUR LES ÉLECTIONS POLITIQUES ET DU JURY, 1 vol.

LOI SUR L'INSTRUCTION PRIMAIRE, 1 vol.